人才培养与教学改革

—— 浙江工商大学教学改革论文集（2021）

主　编　赵英军

副主编　伍　蓓　陈宜治

浙江工商大学出版社

ZHEJIANG GONGSHANG UNIVERSITY PRESS

·杭州·

图书在版编目(CIP)数据

人才培养与教学改革. 浙江工商大学教学改革论文集.
2021 / 赵英军主编；伍蓓，陈宜治副主编. —杭州：
浙江工商大学出版社，2023.10
ISBN 978-7-5178-5532-3

Ⅰ. ①人… Ⅱ. ①赵… ②伍… ③陈… Ⅲ. ①高等学
校—教学改革—中国—文集 Ⅳ. ①G642.0—53

中国国家版本馆 CIP 数据核字(2023)第 116983 号

人才培养与教学改革
RENCAI PEIYANG YU JIAOXUE GAIGE
——浙江工商大学教学改革论文集(2021)
赵英军 主编 伍 蓓 陈宜治 副主编

组稿编辑	任晓燕	
责任编辑	刘志远 唐 红	
责任校对	李远东	
封面设计	朱嘉怡	
责任印制	包建辉	
出版发行	浙江工商大学出版社	
	（杭州市教工路 198 号 邮政编码 310012)	
	（E-mail：zjgsupress@163.com)	
	（网址：http://www.zjgsupress.com)	
	电话：0571－88904980,88831806(传真)	
排 版	杭州朝曦图文设计有限公司	
印 刷	浙江全能工艺美术印刷有限公司	
开 本	787mm×1092mm 1/16	
印 张	18.5	
字 数	427 千	
版 印 次	2023 年 10 月第 1 版 2023 年 10 月第 1 次印刷	
书 号	ISBN 978-7-5178-5532-3	
定 价	86.00 元	

前　　言

高教大计，本科为本。学校为贯彻落实党的二十大关于高等教育的精神，实现建设一流大学和一流学科齐头并进的发展目标，积极优化学科结构、专业设置，引导学校科学定位、特色发展，创新人才培养机制，鼓励在不同学科不同方面争创一流，推进产学研深度融合、协同创新乃至一体化，积极投身实施创新驱动发展战略，服务国家区域发展战略，着重培养创新型、复合型、应用型人才，实现高等教育内涵式发展。

浙江工商大学作为一所具有百年历史的高校，以"双一流"为引领，工商融合、文理融通，凝心聚力、锐意创新，推进高质量发展和高水平治理，努力建设立足浙江、服务国家、贡献人类的卓越大学。学校的广大教师在育人和教学实践中，取得了一批重要的研究成果。本书是我校教师教改理论成果的集中展示，在内容上涵盖了教学理念、教学改革、课程改革、实践教学等方面。论文集主要分为以下四个部分：

第一部分，教学理念篇，共收录 12 篇论文。其中，《获得感视域下的本科教学质量提升研究——以浙江工商大学旅游与城乡规划学院为例》一文从学习方式、综合满意度、实践教学和个人发展四个方面展开研究和实证分析，探索获得感、满意度和教学质量之间的逻辑关系，并基于学生获得感体验优化提出本科教学质量提升策略。

第二部分，教学改革篇，共收录 13 篇论文。其中，《新工科背景下无机及分析化学实验中虚拟仿真实验教学改革》一文从着重于基础操作的基础类实验、有利于能力提升的综合性实验和基于行业热点的创新性实验三方面着手，构建多层次多维度虚拟仿真实验教学模式，虚实结合，探索虚拟仿真实验教学在新工科背景下培养人才的意义和作用；《"水质工程学（二）"教学改革探讨》一文从多个方面提出教学改革措施：优化教学内容，实现教学方式多元化，注重过程考核，丰富平时成绩构成，并将课程思政融入课程教学中，以期充分激发学生的学习积极性，增强教学效果，体现对学生能力培养的要求。

第三部分，课程改革篇，共收录 11 篇论文。其中，《新文科背景下一流课程建设的探索与实践——以首批国家一流课程"概率论"为例》一文中以"概率论"课程为例，从课堂教学改革、教学资源建设和思政内容挖掘等方面介绍了建设过程中的做法和经验，探索了"概率论"课程改革的方向性、可操作性和实效性；《依托在线教学平台的"统计决策方法与应用"课程改革实践》一文指出，多种在线教学平台、AI 实训平台以及新形态教材等教学资源相结合，多种教学方式融合使用，取长补短，以达到提高教学质量的效果。

第四部分，实践教学篇，共收录 11 篇论文。其中，《美学融入自然科学的教学实践——以"化学与生活趣味实验"为例》一文强调，为了实现多样化、全覆盖、高质量的美育教学，化学教师必须将美育思想融入学科教学过程中，充分挖掘教学内容、教学过程中美的元素，做好课程设计，实现专业教育与美育教学的充分融合，让学生从内心深处体会到化学之美,提升学生对美更深层次的认知水平以及核心素养;《基于 CLIL 的"大学英语"课程思政教学实践探究》一文基于 CLIL 的两个核心框架——4C 框架和金字塔式课程设计模型,通过呈现真实、具体的教学设计,探索 CLIL、课程思政与"大学英语"课堂有机融合的方法,旨在为 CLIL 的本土化实践和"大学英语"教学改革提供借鉴。

感谢各位作者对本书的辛勤写作。本论文集凝聚了全校教师的心血,体现了我校教师对于教学前沿问题的理论探索与实践精神。我们还要特别感谢浙江工商大学出版社对出版本书的大力支持。希望本论文集能给广大读者带来教学上的启示、思考。如有不足之处,请批评指正。

编　者

2022 年 10 月

目　录

课程改革篇

实践教学篇

教学理念篇

JIAOXUE LINIAN PIAN

构建"数字＋"培养体系 提升人才培养质量

伍 蓓① 陈宜治② 厉小军③ 王歆玫④ 谢湖均⑤

（浙江工商大学教务处）

摘 要：近年来,浙江工商大学非常重视数字高校建设,积极利用国家智慧教育平台全面推进环境数字化、教学数字化、管理数字化建设。学校通过建设数字高校、打造智能校园,制订行动计划、推进"数字＋"学科建设,以国家智慧教育平台试点为契机构建"数字＋"人才培养体系,落实相关制度保障"数字＋"人才培养顺利实施等举措,营造了"数字＋"教学生态,促进了课堂教学创新,推动了专业建设、课程实施、教学内容、教学方法、教学手段、教学评价等方面的研究探索,取得了良好的成效。

关键词：数字＋;人才培养体系;人才培养质量;智慧校园

一、引 言

近年来,浙江工商大学非常重视数字高校建设,积极利用国家智慧教育平台全面推进环境数字化、教学数字化、管理数字化建设,将数字化深入人才培养全过程,努力改变教师的"教"、改变学生的"学"、改变学校的"管",全面塑造学校本科教学新形态。截至目前,学校建设校级以上一流课程(慕课)183门,其中国家级线上一流课程5门,省级线上一流课程67门。2021—2022学年,学校共建设并在平台开放共享的慕课共53门,在全日制本科教学中应用的SPOC共194门,共有107位老师直接负责慕课的建设工作,近两年约有500位老师在本科教学中应用优质慕课开展线上线下混合式教学。同时,学校要求全体教师对国家智慧教育平台提供的数字资源进行深度了解和应用,目前共有18个学院、661门课程的负责人推荐了平台上的相应课程,并将充分使用这些课程开展混合式教学。

---

① 伍蓓,浙江工商大学教务处处长,教授,博士,研究方向为高等教育管理、创新管理。
② 陈宜治,浙江工商大学教务处副处长,教授,博士,研究方向为高等教育管理、统计理论与应用。
③ 厉小军,浙江工商大学管理工程学院院长,教授,博士,研究方向为高等教育管理、信息技术。
④ 王歆玫,浙江工商大学教务处副处长,副教授,博士在读,研究方向为思想政治教育、道德教育。
⑤ 谢湖均,浙江工商大学教务处副处长,教授,研究方向为高等教育管理、食品胶体与营养。

二、"数字＋"人才培养体系的创新与实践

(一)强化顶层设计,做好制度保障

1.建设数字高校,打造智能校园

实施数字高校工程,统筹推进数字技术与学生培养、教师发展、高校治理、校友服务广泛深度融合,丰富贯通学生培养、教师发展、校友服务的全生命周期各阶段,覆盖各治理场景的教育大数据,持续完善适应数字时代的师生终身学习发展体系,基本形成数字化、空间化、一体化的学校治理能力。学校已初步完成消息中心、资讯中心、事件中心、大数据仓库系统等基础架构建设,打通校内关键业务系统,实现教工考核免填表功能,夯实四位一体的"教育'一件事'"办公办事环境;建成仓流合一的"高校大数据库",逐步实现学生培养、教师发展、纵向智治等多跨应用场景,基本实现智治"一张图"示范应用。

2.制订行动计划,推进"数字＋"学科建设

2022年,学校推出"数字＋"学科建设行动计划,通过将"数字＋"与人才培养、科学研究、社会服务、师资团队、平台体系等学科要素紧密结合,构建"1个数字学科集群、5个核心要素体系、10项全新建设要求"的"1510"体系,推动数字高校建设从1.0版升级至1.0 plus版。学校以数字技术为牵引,推动学科核心业务领域的数字化改革,对人才培养模式、流程、体系进行场景化创新,对学科研究领域、问题、范式进行系统化重塑,对社会服务载体、形态、内容进行全景化创新,对师资团队能力、素养、组织进行全方位提升,对平台体系框架、资源、标准进行全流程再造。

3.以国家智慧教育平台试点为契机,构建"数字＋"人才培养体系

以培养"适应数智化时代的复合型、创新型卓越人才"为目标,构建全覆盖("数字＋"专业、"数字＋"通识等)、全过程("数字＋"资源、"数字＋"课堂、"数字＋"实践、"数字＋"评价等)、全方位(教学组织、教学激励、教学环境等)的立体人才培养体系,如图1所示,以国家智慧教育平台试点为契机,以一流课程、新形态教材和虚拟教研室建设为抓手,打造商大特色的本科教育质量文化体系。

4.落实相关制度,保障"数字＋"人才培养顺利实施

学校成立"数字＋"人才培养领导小组,建立国家智慧教育平台试点工作简报、例会制度,领导小组每月召开例会,听取"数字＋"人才培养和试点工作进度汇报,交流典型做法,分析堵点难点问题,研究部署下阶段重点工作;工作专班定期召开例会,确保各项工作落到实处。学校先后出台了《学院教学业绩考核办法》《教师教学业绩考核办法》《优秀基层教学组织评选办法》《教学科研高层次奖励办法》等办法,引导教师投入一流课程、新形态教材、线上线下混合式教学创新等工作。学校正在制订《在线开放课程教学管理办法》《教育教学奖励办法》《新一轮岗位聘任工作原则意见》和《教学质量监控与保障实施办法》,规范线上教学,加大教学奖励力度,明确各个岗位的教学任务要求,营造自觉的教学质量文化。

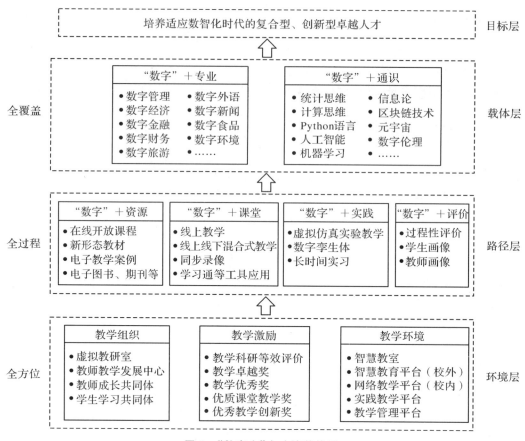

图1 "数字＋"人才培养体系

(二)营造"数字＋"教学生态,促进课堂教学创新

1."数字＋"资源建设

学校重视线上、线上线下混合、线下、虚拟仿真实验教学、社会实践等一流课程建设,重视引进省级、国家级一流线上课程等优质教学资源,推广"翻转课堂"等线上线下混合式教学,建设一批满足时代需求的新形态教材。学校目前建有国家一流课程12门,其中线上课程5门;1门课程入选中国大学100门"最美慕课";浙江省一流课程160门,其中线上课程67门;浙江省新形态教材57部,浙江省"互联网＋教学"优秀案例(线上线下混合式课程)19个,校级一流课程111门,建设课程思政案例库。

2."数字＋"平台建设

学校搭建校内外网络学习平台,提供课程建设以及支持利用各类在线教学资源进行线上线下混合式教学的功能,实现课程选择、作业提交、小组讨论、成果展示与学业评价等教学过程的数字化、信息化和网络化。引入学习通、云课堂等智能手机App工具,实现智能设备在教学和学习过程中的有效利用,提供覆盖所有课堂教学活动的课堂互动功能,如课堂签到、抢答、选人、测验、投票、多屏互动、讨论上墙、课堂报告等功能,从而提高课堂活跃度。建设虚拟仿真实验平台和文科实验中心数字孪生体(见图2),实现实验内容、空间、时间、人员、仪器设备等的高效利用和开放共享。

图 2　文科实验中心数字孪生体

3.智慧教务及大数据分析系统建设

升级现有教务系统,实现培养方案、教学任务、智能排课、学生自主选课、成绩管理、学位审核等教学运行全过程管理;实现与"互联网＋教学"平台、学生管理系统、人事管理系统、财务管理系统等的业务集成,实现教学相关数据的无缝对接。建设"学在商大",推进教学全过程的数字化,建设教学大数据分析系统,如图 3 所示,实现全校课程运行情况、教学运行情况的数据汇总与分析,对师生教与学过程中的数据进行跟踪,推进数据驱动的精准教学、精准学习和精准管理。

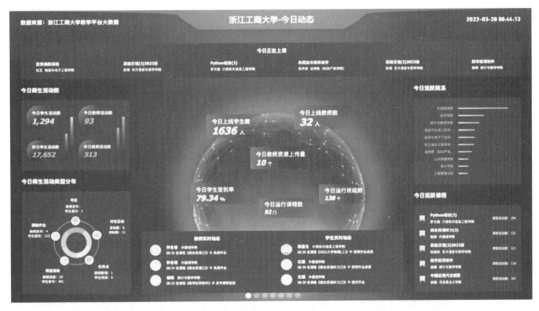

图 3　教学大数据分析平台

4."数字＋"教学环境建设

学校投入3000多万元对传统教室进行改造升级,实现所有教室的信息化管理,校园卡插卡取用,双话筒、无线话筒无线充电,多媒体设备自动开关机;同时建设50多间智慧型互动教室,打破传统单向教学模式,结合多种互动教学工具,如图4所示,实现双向高效互动式教学,以增强教学展示效果,丰富教学手段,让学生参与到课堂中,真正实现互动式课堂。

图4 智慧教室

(三)实现优质共享,打造通识教育学习共同体

学校成立通识教育教学指导委员会,负责学校通识教育的顶层设计和系统规划;成立通识教育中心,负责通识教育课程建设和管理。出台实施方案,加大经费投入,充分调动学院和教师参与通识教育的积极性,形成校内通识教育共同体,整合校内通识教育资源,系统推进通识教育各项活动。

牵头成立浙江省通识教育学习共同体。作为发起和组织单位,学校联合杭州电子科技大学、浙江理工大学、浙江农林大学、浙江海洋大学、杭州师范大学、浙江传媒学院、浙江工商大学杭州商学院等高校打造浙江省通识教育学习共同体。共同体建立了通识教育资源共建共享机制,联合建设一批全国领先的通识类线上一流课程,搭建网络学习平台,实现各高校优质通识课程共享;组建"经典阅读""电影赏析"自主学习社区,促进各高校师生间的交流互动。《光明日报》在头版对本成果相关内容进行了报道,人民网、《中国青年报》、中青在线、《科学报》、科学网、《都市快报》、学习强国等多家媒体也介绍了学校的通识教育成果。

(四)利用技术赋能,提升教师信息技术应用能力

学校开展形式多样的"互联网＋""数字＋""人工智能＋"等数字素养、数字技术应用能力培训,提升教师教学能力;持续举办"互联网＋教学"研习营、"信息技术进学院"、"云讲堂"等系列活动,围绕深入智慧教育的理念、平台、资源和方法等内容,邀请校外知名专家进行专题培训,不断提高教师教学素养和授课能力,推进信息技术与课堂教学的深度融合,以满足学生个性化学习需求。依托教师教学发展中心,举办"互联网＋教学"

研习营、"信息技术进学院"、"云讲堂"等系列活动,相继推出"培训篇、资源篇、工具篇、平台篇"四大在线教学主题,围绕深入学习"互联网＋"教学的理念、平台、资源和方法等内容,邀请校外知名专家进行专门培训,逐步推进现代信息技术的广泛应用,实现"互联网＋教学"培训全覆盖,不断提高教师运用现代信息技术的教学素养和授课能力。依托教师教学发展中心,加大本科教育教学数字化转型理念、方法、能力方面的培训,扩大国家智慧教育平台的宣传,注重培养教师使用平台的习惯和能力,引导教师广泛使用国家智慧教育平台提供的优质资源,积极推进"翻转课堂"等教学模式创新,充分利用数字化手段赋能教学、提高人才培养质量。打造精品教学资源库、优秀教学案例库、优质教师培训资源库等,推动优质慕课资源的共建共享;充分运用信息技术,探索高效便捷、形式多样、"线上＋线下"结合的教师教研模式,推动专业建设、课程实施、教学内容、教学方法、教学手段、教学评价等方面的研究探索。

学校近年来有 2 名教师分别获得全国青年教师教学竞赛一等奖和二等奖,2022 年获得第二届全国高校教师教学创新大赛二等奖 2 项,获浙江省"互联网＋教学"优秀案例(线上线下混合式课程)19 个。

三、提升人才培养质量的下一步工作重点

1. 进一步完善学校网络教学平台

学校网络平台要与国家智慧教育平台、浙江省高等学校在线开放课程共享平台进行对接,实现各级教学平台的单点登录和数据共享,实现统一账号、统一接口,做到师生用一个账号一个入口即可使用所有的相关平台资源,并且做好教学过程的记录和管理,给课程、教师、学生予以可操作的实时画像。鼓励更多的教师使用优质课程资源进行线上或者线上线下混合式教学。

2. 进一步加强平台使用的相关制度建设

学校要结合实际情况,制定相应的管理办法,对智慧教育平台建设和使用给予激励,并且纳入对学院和教师的教学业绩考核,引导学院、教师充分利用智慧教育平台开展"数字＋"教学、基层教学组织开展"云教研",鼓励教师利用智慧平台资源开展"翻转课堂"等教学模式创新,激励教师在智慧教育平台上开展线上课程和线上线下混合式课程建设;修订学分认定办法,学生线上学习获得的课程学分可以替代个性化学分、美育和劳动教育等相关课程学分,引导学生利用智慧教育平台自主学习,满足学生个性化学习要求。

3. 进一步重视教师教学能力的提升

学校要开展形式多样的"互联网＋""数字＋""人工智能＋"教学能力提升和培训,提升教师教学能力;依托教师教学发展中心,加大本科教育教学数字化转型理念、方法、能力方面的培训,扩大国家智慧教育平台的宣传,注重培养教师使用平台的习惯和能力,引导教师广泛使用国家智慧教育平台提供的优质资源,积极推进"翻转课堂"等教学模式创新,充分利用数字化手段赋能教学、提高人才培养质量。持续举办"互联网＋教学"研习营、"信息技术进学院"、"云讲堂"等系列活动,围绕深入智慧教育的理念、平台、

资源和方法等内容,邀请校外知名专家进行专题培训,不断提高教师教学素养和授课能力,推进信息技术与课堂教学的深度融合,以满足学生个性化学习需求,确保智慧教育平台试点工作顺利进行。

4.进一步加强共同体建设

为满足学生的个性化需求,为差异化教学和因材施教提供选择,依托学校网络教学平台,以专业、慕课群或某门慕课建立若干对应学习社区,教师在社区发布智慧教育平台的介绍、国家一流课程清单、专业介绍、课程学习任务等;进入同一个学习社区的学生自动组成学习共同体,学生之间、学生与指导教师之间可以单独交流也可以集体讨论。学校依托国家虚拟教研室平台,鼓励相关教师建设以课程为核心的虚拟教研室,跨越专业、学校、地域的限制,推动教师与其他高校、企业、行业间的教研交流,协同共建教学大纲、知识图谱、教学视频、电子课件、习题试题、教学案例、实验项目、实训项目、数据集等教学资源,打造精品教学资源库、优秀教学案例库、优质教师培训资源库等,推动优质慕课资源的共建共享;充分运用信息技术,探索高效便捷、形式多样、"线上＋线下"结合的教师教研模式,推动专业建设、课程实施、教学内容、教学方法、教学手段、教学评价等方面的研究探索。

四、结　论

学校于 2020 年 9 月在暑期读书班上首次提出建设"数字高校"。几年来,先后邀请王坚院士、阿里达摩院张建锋院长等到校指导,先后成立了数字化办公室和数字高校专班,出台学校"十四五"时期数字高校建设规划,形成"一事一库一图一体系一生态"的数字化改革框架和"1＋2＋5"数字高校治理体系[包括:1 个整体智治平台(一体化智能化公共数据中台)、2 个数字治理标准(高校数据治理标准体系、"数字档案＋"服务标准)、五大多跨场景应用(学生成长、教师发展、纵向智治、校友与社会服务、学科建设等多跨场景)],数字办和数字高校专班各牵头部门做了大量的工作,数字高校建设基础不断夯实,五大多跨场景应用和功能不断丰富。学校以构建"数字＋"人才培养体系为抓手,全面提升我校本科人才培养质量。

参考文献

[1] 中华人民共和国教育部.教育部关于发布《高等学校数字校园建设规范(试行)》的通知[EB/OL].(2021-03-12)[2023-12-08].http://www.moe.gov.cn/srcsite/A16/S3342/202103/t20210322_521675.html.

[2] 郁建兴.郁建兴书记在数字化改革推进会上的讲话[R].杭州:浙江工商大学,2022.

[3] 厉小军.本科教学数字化转型的几点思考[R].杭州:浙江工商大学,2022.

信息时代基于创新能力解构的大学广告创新人才培养探究

曾莉芬[①]

（浙江工商大学人文与传播学院）

摘　要:信息时代对大学创新教育提出了一些新的要求。同时,基于创新能力的创新教育开始被学者们所重视和探讨。信息时代对创新教育提出了以学生为主体,以创新活动和能力为核心的新的要求。本文通过对创新能力的解构,对目前的广告创新人才的培养提出一些自己的观点。

关键词:信息时代;创新能力解构;广告创新人才培养

创新能力是实现创新的重要条件之一。随着对创新研究的逐渐深入,我国创新人才培养研究的一些问题开始显现。倪国栋等人在《我国创新人才培养研究的现状、热点与趋势——基于 CSSCI 来源期刊文献的可视化研究》一文中对我国创新人才培养的研究热点进行了梳理,其中发现:我国创新人才培养研究的热点主要包括培养制度、培养模式、教学体系与培养标准,然而具体落实到教育实践过程中,在创新人才培养绩效改善、拔尖创新人才分类培养、创新人才培养课程体系建设、创新人才协同培养机制等方面还有待进一步提高和完善。少部分学者基于创新能力的内涵进行了一些研究和探索。人们普遍认为,创新能力是一个非常复杂的概念,它涵盖了经济学、心理学、创造学、认知论等方面。比如在《创新能力的多维阐释》一文中,作者谭志敏就从以上几个方面对创新能力进行了多维阐释。但是他的阐释仍然偏向于强调创新思维的重要性,但就创新能力到底包含哪些能力,仍缺少论述。不过,在这篇文章中,他提出了几个重要观点:一是人的创新能力蕴含了时代意蕴,其内涵只有从经济发展的阶段及与时代的"相关性"联系起来才能得到更好的诠释;二是作为人的能力的创新,它们都是一种与知识生产相关的生产活动,而知识的生产活动本身从一开始就是一个教育的过程,在这个生产知识比生产物质更加重要的时代,对创新活动的强调最终不可避免地导向人的创新能力的培养问题。

正如谭志敏所说,创新能力蕴含了时代的意蕴。将时代特色、大学教育、创新教育相结合进行探讨势在必行。

---

①　曾莉芬,浙江工商大学人文与传播学院讲师,硕士,研究方向为品牌战略、用户体验设计。

一、未来的信息时代对创新人才培养提出新的要求

进入互联网时代,信息文明的冲击波不可避免地延伸到高等教育领域。历经几百年的高等教育的理念、体系正在经历重大变革和考验,一些变化的现象和趋势也逐渐显现。

1.教育主体的变化

尽管"知识中心主义"受到一些质疑,但当前大学的教育体系仍是以"知识中心主义"为主流,教师将对客观世界的认知构成知识和真理,直接传授给学生,进而形成了"教育者—教育影响—受教育者"这样一种从教师"主体"出发的教育逻辑,即便是后来者提出要从"知识中心主义"转向"研究型教学",但这种转变在实际教学当中,仍是以教师为主导,教师居于主动地位引导学生做更深层的探讨。而进入信息时代,要求教育"翻转"过来,真正以学生为核心,教育主体的变化需从教师走向学生。

2.教育目标的变化

在信息化社会,快速变化的知识信息,也让大学教育的目标发生了变化。未来大学需要培养的是具备创新能力的终身学习者。从创新角度来看,这是强化了创新能力的重要性。如何让创新成为学生自身所具备的一种能力,是未来大学教育的目标所在。

3.学生学习方式的变化

在信息爆炸的时代,知识的获取已经唾手可得,而互联网上的知识和信息有着远超于大学校园及老师讲义的时效性,学生缺少的不再是"知识",而是知行合一后对知识的真正体悟,以及在此基础上获得的对自身能力和格局的不断提升,并形成"终身学习"的能力。这也要求,创新教育不能只是停留在认知和思维的层面上,而要落实到"行为"的层面。

4.大学教师的角色变化

面对不确定性和万物互联的信息时代,教师不再是"知识权威"的主导者,教师的"主体"位置须让位于学生,教师的身份也要从一个权威的知识传授者转变为学生学习的赋能者、协同者和引导者。

综上所述,面向未来的信息时代,在创新人才的培养上,需做到以学生为主体,以学生的创新活动和创新能力为主体,思考如何进行创新人才的培养,这既是目标,也是方法。

二、基于创新能力解构的创新力

艾克纳恩·戈登堡是国际著名的认知神经科学家。他将创造力研究的两个分支——神经科学和文化整合起来,并提出了将创新和创造力解构为一系列的创造主体的创造活动。在其著作《创新大脑》中,他提出:"要理解创造力和它的神经学基础,应该先区分它的各个部分,并研究各个部分。"同时,他将创造力解构为以下这些能力。

(1)凸显性:提出中心问题和重要问题的能力。

（2）新奇性：对以前没有解决过的问题感兴趣，并且能够找到解决方案。

（3）将旧知识与新问题联系起来的能力：在看似新颖独特的问题中识别熟悉模式的能力。

（4）生成能力和心理灵活性：针对同一个问题想出多种解决方案的能力。

（5）动力和顽强性：一种持续努力，直到问题被解决的能力。

（6）精神漫游：一种神秘能力，使人富有创造力，能够看似毫不费力地获得自己想要的创意。

（7）精神聚焦：和精神漫游相反，这是系统地追求逻辑思维的能力。

（8）反传统思维：一个富有创造力的人必须受到对知识、科学或艺术现状的不满的情绪的驱使。

（9）与主流的社会文化主题的共鸣：一个富有创造力的人领先于社会，但其工作必须是被社会认为对生存很重要和有效的东西，否则会被历史和文化抛弃。

（10）社交风度：那些具有超凡创造力的人因其社交礼仪和适应能力而闻名遐迩。

（11）有利的文化环境：从历史上来看，某些社会和时代比其他社会和时代有更多的发现和发明。

尽管如此，戈登堡也认为，创造力是一个非常复杂的概念，由许多活动的、往往是相互冲突的部分组成，作者否定"创造力是一个统一而同质化的过程"这一概念，并且得出这样的结论：表面上，创造性工作都差不多，但实际上，不同的人可能调用了不同的认知工具和过程，并且依赖不同的神经结构。而这一点，更是再一次强化了在信息时代，必须以单个的个体学生为主体，教师要通过教学活动的设计激发和培养出个体独属的创新能力和路径。同时，戈登堡关于创新力的解构对于立足于学生神经认知的创新教育仍有着非常有价值的可借鉴的意义。

因此，结合戈登堡的创新力解构及信息时代对于创新培养的要求，针对当下广告创新教育中的问题，提出大学广告创新人才培养中的一些新的目标和措施。

三、大学广告创新人才培养的改进措施

在当前广告创新人才的培养中，我们可以看到一些现象及问题：比如，要么偏重理论，要么偏重战术，而从广告的底层逻辑出发的较少；同时，重创意，轻问题，更看重广告的创意表达，忽略了学生提出问题的能力以及对现状的反思能力；再者，在实践课程当中重结果，忽略了其中的能力提升和培养。

因此，在大学广告创新人才的培养中，可以加强以下几方面的要求。

第一，重视学生提出问题的能力。

我们在教学中发现，学生在"提出问题"的这一项能力上相对较弱。造成这一现状的原因，主要包括两方面。一方面，提出问题是对于现状的不满。学生受东方文化的内敛性及过往教育过程的经历的影响，更容易将一切视为"理所当然"，从而难以关注到生活当中的一些不合理现象，即使关注到了，也会刻意地压抑。作为老师，需要鼓励、引导甚至激发学生的问题意识。让学生敢于表达，乐于表达。另一方面，提出问题是基于广告这一应用学科自身所需面对的甲方的问题。只有不断地从问题层面引导，才能让广

告这一创新手段,真正发挥出创造力的作用和价值。在这一过程中,学生能不断地将"问题"意识植入自己的认知当中,从而形成关于创新的一个最基础的底层意识。

第二,在学生实践的教学过程中,应该强化能力的训练,甚至包括刻意练习。

在现有的创新教育中,学生往往参加各类创新大赛、学社联合的实践活动和课题,甚至在一些课程本身的学习过程中,也是以相关实践为教学主旨的。这些活动较好地践行了以学生为主体,以"知行合一"为目标的创新教育。同时,我们也要意识到,在这一类教学活动过程中最终的结果并不是目的。学生的创意成果仍然较不成熟。而作为学生,更重要的是在这一过程中所形成的创新能力。这就要求我们意识到,任何的作业和实践,都只是磨刀石,其并不是目的本身,而只是用来"磨刀"的。而这"刀"则是学生真正的创新能力。所以,相比实践结果,在老师的带领下,对过程的反思、复盘、总结,甚至是基于部分活动的反复打磨和练习,显得更为重要。比如,在创意过程中,要让学生体会到生成能力和灵活性,则需要针对同一问题让学生刻意地生成许多不同的解决方案。在训练提出问题的能力时,需要进行大量的训练。只有一定量的刻意练习,才能让学生真正具备一种能力,并能在日后的学习和工作中随时调配,灵活应用。

第三,用创新的思维能力重构课程目标及课件内容。

做好创新能力的培养,需要意识到在所有学科的教学当中,不仅仅是知识的传递和对现象的阐述分析,而是要将"问题"意识、"解决方案"意识、"模式"概念、对社会文化的认知等更好地融入各个学科的教学当中。用"背景—主体—问题—可行方案—选择标准—结果反馈"这一思维重构课件及其内容。在课程教学目标的设置上,可以融入和设置创新的具体能力维度。在课程的具体教学过程中,也可用"创新"的思维去整合课程内容。比如,在广告创意的教学过程中,不能只侧重于创意的表现,而要从社会背景出发,思考企业面临的问题,再去审视广告创意的可行性,甚至提出更多解决方案。即便在一些基础学科当中,比如设计,或者摄影、艺术史等课程中,也可以按这一思路,去启发学生的创新思维。

第四,教师在与学生的对话过程中做好引导。

在这一过程中,老师的主体角色身份从知识传播者变成引导者。在和学生的对话过程中,达成更好的理解。同时,立足于学生自身的"行动、动机和想法",通过不断地提问,启发学生,甚至是引导学生更好地了解自己,从而更好地理解自身的创新模式。这样也是真正以"学生个体"为核心,追求创新的多样性。在这一过程中,教师需做好两方面的引导,一是思维引导,二是能量引导。在思维引导的过程中,从不同的高度、角度、深度、宽度,启发学生的思维,让其整合创新所需要的看似矛盾的思维。在让学生提出问题的同时,做好能量引导。一方面让学生往正向、积极的方向走。创新终归不是为了批判,而是为了创造更美好的未来。另一方面,老师还可以营造出更好的"创新社群"和创新氛围,在社群里共同创造,共同成长。

参考文献

[1] 倪国栋,高兰,王文顺,等.我国创新人才培养研究的现状、热点与趋势——基于 CSSCI 来源期刊文献的可视化分析[J].高等建筑教育,2022,31(01):51-60.

[2] 谭志敏.创新能力内涵的多维阐释.[J].广东社会科学,2021(02):81-86.

［3］朱林,马颖莉.创新人才培养的现状及对策[J].市场周刊,2020(04):147-148.

［4］李萍.新形势下大学多样性教学方式的深度融合及创新人才的培养模式[J].智库时代,2021(16):207-208.

［5］李勇,王军政,肖文英,等."四类型七维度"创新人才培养模式的探索与实践[J].学位与研究生教育,2021(12):20-26.

［6］艾克纳恩·戈登堡.创新大脑[M].杨琼,译.北京:中信出版集团,2019.

［7］娜塔莉·尼克松.创造力觉醒[M].张凌燕,译.北京:中国人民大学出版社,2022.

比较文学批判性思维教学

——以"世界文学"理论为案例

程丽蓉①

(学生研究小组:汉语 2019 级本科生程婧雯、李程程、王玥琪、
周军妙、边雪莹;中文 2021 级研究生温陈爽)

摘　要:文献综述和研究现状分析是课题研究的基础,也是训练学生批判性思维的一个很好的途径。"世界文学"理论是近年比较文学研究界的热点问题,体现着比较文学学科理论的重要发展,折射着世界格局、文化理念、文学观念以及文学思潮的变化,反映出人文学界学术视野与理念方法的变迁,呈现出一定的逻辑理路,非常适合作为案例进行批判性思维教学。我们在"比较文学"本科双语课程教学中,以"近十年'世界文学'理论文献综论"为研究论题,探索"案例教学＋小组合作＋线上线下结合＋课堂内外结合"的教学模式,将学术研究前沿成果、学科史知识、课题研究方法以及思辨创新探索结合在一起,培养和提升学生在知识掌握与观点辨析基础上的思辨能力和创新能力。

关键词:世界文学;逻辑理路;比较文学;批判性思维

一

文献综述和研究现状分析是课题研究的基础,也是训练学生批判性思维的一个很好的途径。"世界文学"理论是近年比较文学研究界的热点问题,体现着比较文学学科理论的重要发展,自歌德以来逐渐演变更迭,折射着世界格局、文化理念、文学观念以及文学思潮的变化,反映出人文学界学术视野与理念方法的变迁,呈现出一定的逻辑理路,非常适合作为案例进行批判性思维教学。有鉴于此,我们在比较文学基本理论教学中,结合"比较文学"概念和可比性问题的教学内容,融入"世界文学"概念和理论问题的探讨,以"近十年'世界文学'理论文献综论"为研究论题,探索"案例教学＋小组合作＋线上线下结合＋课堂内外结合"的批判性思维教学模式,将学术研究前沿成果、学科史知识、课

---

①　程丽蓉,浙江工商大学人文与传播学院教授,博士,主要从事比较文学教学,研究领域为小说与叙事学理论、文艺与传媒跨学科研究。

题研究方法以及思辨创新探索结合在一起,以此研究案例引导学生管窥和体验学术创新的道与技。在案例教学中,通过小组合作研究,结合课堂内外、线上线下学习,带领学生体验和实践整个论题研究过程,以小组合作带动全班学生主动参与学习和思考,培养和提升学生在知识掌握与观点辨析基础上的思辨能力和创新能力,取得了良好的教学效果。

我们探索"教学相长"的创新模式,整个教学过程从提出问题、探索问题、辨析问题、解决问题到复盘提升,形成了完整闭环。具体环节包括:教师结合教学内容在课堂上自然提出研究论题,以召集学生自愿组成研究小组;研究小组在教师线上指导下合作进行文献搜集整理、文献综述分析、思维导图制作;小组课堂展示分享文献综述和思维导图;教师课堂评析"世界文学"理论研究的逻辑理路和学生的思维路径,启发学生辩证性思考并在综述基础上提出自己的问题和改进方案;学生小组线上合作重新制作思维导图和文献综述,前后对比体现效果;师生线下餐叙分享研究经验体会,进一步提升其思辨意识和对学术探索的兴趣。

二

自1827年歌德提出"世界文学"概念以来的190多年中,这一理论问题被各类学科领域的理论家不断论述,至21世纪以来上升为学术热点问题,众多学者参与讨论,涉及比较文学、文学史、文艺学、文学经典、人文地理学、空间研究、语言学、翻译学等诸多学科领域话题,形成了超越学科领域、民族国家和不同文明背景学者的讨论。目前知网搜索关键词"世界文学"得到的资料超过1570条,通过Google Scholar搜索"world literature"得到的资料超过2650条,近10年专著超过19部,相关文献数量庞大。对于比较文学而言,这一理论问题关涉比较文学的基本概念、可比性原则以及比较文学学科发展进程和趋势等学科基本理论,既关联学科发展史,又体现学科发展前沿,既包含丰富的学科知识,又体现相当深度的学科理论思考。如果采用传统的讲授式教学,在有限的课堂教学时间内,很难处理好如此浩瀚的知识信息,更难真正引导学生理解不同理论观点的背景并主动思考和辨析。

在"比较文学"本科双语课程教学中,"世界文学"问题主要在学科基本理论部分中的"比较文学"定义、可比性问题,学科发展史部分中的学科的起源和21世纪新发展部分有深度交集。传统的讲授式教学,通常是讲解"比较文学"定义时将之与"总体文学""国别文学"和"世界文学"定义关联起来,提出"世界文学"的五种代表性定义,即便加入最新的定义理解,也仅仅是教给学生这几种不同定义的知识而已。在讲解"可比性"问题时,通常结合从法国学派、美国学派的"同源性""类同性"到中国学派提出的"异质性""变异性"的演变,以及达姆罗什的"世界文学"定义,让学生了解"可比性"问题内涵的变化。讲解学科史时,一般会结合19世纪后期歌德提出这一概念的时代文化背景、中西文化交流背景以及不同欧洲国家的学科发展状况,将"世界文学"作为时代文化观念和文化交流理想,铺垫为比较文学学科产生的背景,并会讲到马克思提出这一观念的物质生产背景。讲到21世纪时,又往往大而化之将"世界文学"问题大热归因于全球化背景,不可能有时间给学生详细讲解不同理论观念的立场方法、逻辑理路,只能提供一些参考文献让学生课外自学,但自学到什么程度、学习效果如何,完全不可控、不可见。总的来看,传统教授方式停留在知识传授层面,受客观时间、条件限制,加之"教"和"学"双方面的主观局限,难以真正践行启发性的、主动参与的、批判探讨式的"教与学"。

有鉴于此,围绕"'世界文学'理论研究"这一案例,我们探索采用线上线下结合、课堂内外结合、师生小组合作的方式,进行案例研究、示范展示和深化互动,利用批判性思维指导教学,着力于引导学生在知识掌握、文献搜集研读的基础上理清理论脉络,探究不同理论观点背后的底层逻辑,形成清晰的知识结构和思维路径,培养学生的批判性思维和学术兴趣,从概念生发和逻辑理路着手,启发学生主动探索创新。

三

按照整个教学内容进度安排,仅有一周时间完成整个教学过程,总体分为 10 个环节展开,每个环节环环相扣,先后衔接紧密:(1)课堂学习线上视频讲座片段,提出问题;(2)课后学生自愿组成研究小组并明确问题和任务;(3)微信群指导研究小组进行文献搜索;(4)研究小组反馈文献搜索情况和资料;(5)进一步指导梳理研读文献并形成综述报告和思维导图;(6)研究小组课堂展示分享主要文献、文献综述和思维导图;(7)全班同学参与评析;(8)教师课堂评析并着重进行思考方式和逻辑理路梳理的指导;(9)课后研究小组根据评析意见和教师提供的逻辑思路重新修改文献综述和思维导图;(10)师生餐叙,进一步比较前后思维导图和文献综述的差异及其成因,提升学生对于这一学术问题的逻辑理路和思考方式上的理解,提升其思辨和探索的兴趣。

第(1)(2)环节是提出问题阶段。我们通过结合曹顺庆先生"变异学与比较文学学科前沿"线上视频讲座有关可比性、学科新发展与"世界文学"研究转向翻译变异问题的关系部分内容,联系前面课程内容中提到的"世界文学"定义问题,将"世界文学"理论单独提出作为一个小专题进行观察研究,限额五位学生自愿组成研究小组,在老师指导下展开专题研究。

第(3)(4)环节是探索问题阶段。教师首先指导学生如何进行文献搜索,通过关键词+相关性排序及引用率排序等方式,在知网、Google Scholar、Amazon book 及各大图书馆检索文献,提取重要的代表性文献。同时,师生互动分享下载文献的途径方式,比如:(1)sci-hub,https://sci-hub.hkvisa.net/。(2)Researchgate:大部分研究论文或课题可下载。(3)Library Genesis(Libgen),http://libgen.rs,可下载大量学术出版物。(4)Z-library 无须翻墙,即可下载专著。在此过程中,学生主动提出问题:(1)搜索文献的年份有无限制?英文资料对国家/作者的选取倾向是怎样的(研究重心)?搜索量有无要求?(2)资料汇总是否包含原文献/专著、文献和专著里中主要观点的分析概述这两个部分?文献梳理到什么程度?英文文献专著需要用英文概述、中文概述还是双语?教师给予进一步明确。这样,学生在文献检索阶段更进一步明晰了研究对象、研究范围和研究任务。

第(5)(6)环节是辨析问题阶段。研究小组分头行动,搜集梳理并翻译主要研究文献成果,按照自己理解的逻辑进行分类整理,形成 1 万余字的研究综述,包含 52 帧内容的 PPT 展示报告,并制作思维导图如图 1 所示。

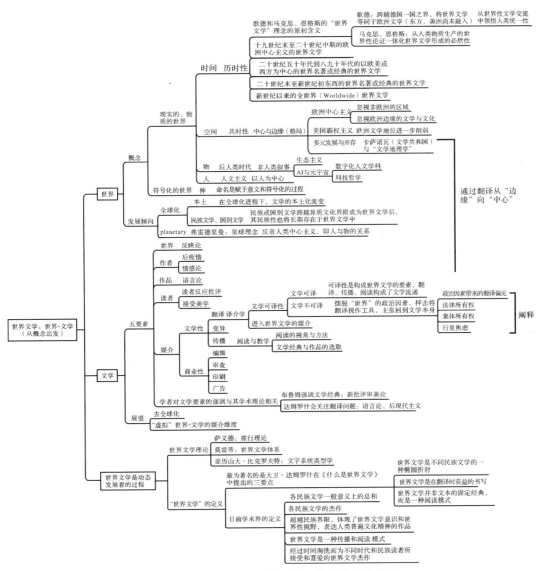

图 1　近十年"世界文学"问题研究综述思维导图

第(7)(8)环节是分享探索成果和解决问题阶段。这部分是关键步骤,在课堂上进行,目的在于以研究小组的展示和分享带动全班同学参与学习、评析,并通过教师的评析,在论证"世界文学"理论相关的知识信息基础上,深入剖析其底层逻辑理路,引导学生理解和思考知识背后的基本逻辑。

研究小组用 PPT 和思维导图展示搜集到的主要文献、代表观点和基本脉络,并对其思路进行了说明。之后,全班同学参与挑战、评析、补充和质疑,深入理解"世界文学"理论的有关知识和观点差异。在此基础上,笔者作为老师再评析和示范,引导学生回到逻辑推理的概念原点去理清 190 余年来"世界文学"理论演变的逻辑理路,并启迪学生沿着这一理路,展望这一理论问题的未来创新思路和逻辑。笔者指出,"世界文学"概念还不是思考这一理论问题的逻辑起点,应该再推后到"世界"概念和"文学"概念的理解,这两个概念关联延伸出的众多问题与时代历史进程交织起来,才会演变出后来不同时代不同视角的"世界文学"观念:"世界"概念溯源至创世神话,可析出"世界"是按照时间、空间、人、物、神等要素组成的,各要素相互组合就会出现不同的世界观念,历时、共时看问题,也会产生不同的观念,包括本土(local)、民族(national)、国家(state)、全球(global)、星球(planetary),神学世界观、人文主义世界观、后殖民主义世界观、生态主义世界观、非人类中心主义世界观、虚拟(符号、象征)世界观,以及中心与边缘及其互动变化等问题;"文学"概念溯源至古希腊时期,历经反映论、情感论、语言论、读者反应批评和接受美学等变化,围绕文学诸要素轮动切换关注中心,现在轮到以"媒介"(传播、转化)要素为关注中心。由此类推,基本上可以预见将来"世界文学"理论会朝着"'后疫情''去全球化''虚拟'世界+文学的媒介维度"方向发展。这两个主干线索中的不同要素或观念再发生交织互动,又会延伸出翻译、变异、传播(阅读、教学)等若干问题。这种从概念出发逻辑推理与时代历史进程结合的方式,可以很好地捋清知识脉络和逻辑理路,看似纷繁复杂的论著文献,其观点思路基本上都可纳入其中,从而帮助学生建立起关于"世界文学"理论问题结构化的知识和逻辑,启发他们从不同时代阶段和视角进行分析判断和思考。

第(9)(10)环节是复盘提升阶段。课后研究小组根据课堂讨论和评析意见,以及老师提供的逻辑思路,重新修改梳理综述,并修改思维导图如图2所示。

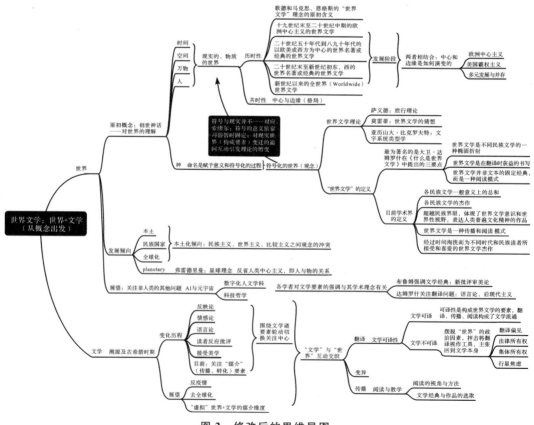

图 2　修改后的思维导图

对比前后思维导图,可见学生对问题的理解有明显进步,逻辑理路明显清晰很多,不过离真正完全理解还有一定距离。因而,在师生餐叙环节,我们再次有针对性地进行比较解析,在轻松交流的情境中陶冶学生的学术情怀和深度思考习惯。同学们表示,会再仔细琢磨,进一步完善文献综述和思维导图。我们关于"世界文学"理论这个专题的学习虽然告一个段落,但同学们运用批判性思维的思考和学习不会停止。

四

餐叙过程中,笔者有意识地了解学生对于我们这种"案例教学+小组合作+线上线下结合+课堂内外结合"的批判性思维教学模式的意见和建议。同学们纷纷谈到了自己在这次教学活动中的体会和所得,主要内容汇集如下:

程婧雯:在此次课题研究活动中,我主动担当课题小组长的角色,在做好自身工作的同时,领导小组同学开展课外讨论、合理分配各项工作细节、梳理整合探讨要点,并在课堂上向全班同学展示讲解了小组研究成果。老师的这种别开生面的教学方式有几个方面让我感受颇深:首先,资料收集与摘要提取。在此之前我对学术资料的搜集仅限于知网,而这次课题研究让我了解到 Z-library、Google Scholar、ResearchGate、读秀、Library Genesis、Sci-Hub 等多种搜索中英文研究资料的有效方式,让我们学生的视野从"中国"走向"世界"。其次,专著论文定位阅读。我主要负责英文专著部分。在阅读时,我深深震撼于大卫·达姆罗什 *World Literature in Theory* 一书的智慧,而艾米丽·阿普特的 *Against World Literature On The Politics Of Untranslatability* 则从翻译偏见、法律所有权、集体所有权(Possessive Collectivism)和行星焦虑(Planetary Dysphoria)四个方面阐述了文学在政治学层面上的不可译问题,其反省人类中心主义的思考令人耳目一新。最后,在思维导图制作与反思方面,老师给了我们莫大的启发,清晰地评析了我们的思维逻辑,并提供给我们另一种基于概念的思维模式,围绕着"世界"与"文学"的两大核心,让我们能够更明晰地理解"世界文学"理论的发展脉络和精神内核。

王玥琪:此次小组研究活动让我受益良多,在程老师的带领下,我和小组其他同学第一次体会到了做研究、做课题的基本流程,这是我在本科阶段从未有过的经历。在查找和阅读大量论文的过程中,我深切感受到了中外学者对于"世界文学"这一领域的关注点以及写作思路和风格的巨大差异。这不仅让我对于"世界文学"研究领域有了更深的了解,也让我感受到了高效的小组合作和小组讨论所带来的共同进步的成就感。在此次活动中,通过自己的亲身实践,我在文献梳理、文献综述、整合思维导图等方面的能力都有了一定提高,对今后自己如何开展研究也不似以往那般迷茫,有了一定的方向感。

李程程:在本次研究活动中,我主要负责英文论文的查找与要点提取工作,通过浸入英文语境,我的英语阅读能力和关键语句提取能力得到了一定的提升;阅读时,我也利用思维导图梳理其中的要点,以便小组讨论交流。在程老师的帮助下,我们五个同学将综述成果一步步有条理地完善,大家合作非常愉快,虽时间紧张,但依旧收获良多,这将是我大学生活中一次宝贵的研究经历。

周军妙:非常开心且荣幸能够参与本次小课题的研究,获得老师如此多耐心的指教。在这短短的一周时间里,几乎零课题基础、零研究经验的我,在老师的指导和小组成员的帮助下,有了颇多宝贵的收获。搜集、阅读并梳理英文文献资料,这看似简单的一句话概括,实际上经过了不少时间的摸索。好在老师向我们介绍了许多查阅、梳理资料的方法途径,成员们纷纷进行分享与补充,使得研究效率大大提高。遇到困惑时,老师总会及时地为我们答疑解惑,理清思路。在一次次畅谈中,成员们交换彼此的发现与见解,不断调整、完善思维框架,最后合力完成了本次小课题的基础研究。通过本次实践,我学习到了文学研究的一些基本方法与思路,但获益更多的则是思维上的拓展与锻炼。尽管我们的思考与总结存在着不少疏漏以及缺陷,但在这个过程中已经实现了对原先自我的一种超越,让我们在文学研究这条路上向前迈进了一步。最后,再次感谢老师给了我们这次难得的机会以及如此多的指导,还要感谢每个披星戴月的夜晚里小伙伴们的互相陪伴与共同努力!

边雪莹:这次小组合作研究是我在科研道路上迈出的第一步,对我自身亦是非常难忘的经历。课题工作刚刚起步时,面对知之甚少的研究领域和庞杂的信息,我们几个同学难免感到焦头烂额,但在程老师的悉心指点下,我们很快对研究的方向有了清晰的认知。接下来,在经历了一次又一次小组讨论、论文修改、综述构思后,终于诞生了较为完整的研究成果。通过本次研究,我对于课堂上学习的知识有了更为深入的了解。有机会参与课题的构思以及研究过程,不仅拓展了专业知识面,更锻炼了论文撰写、构思等实践能力,令我获益匪浅。学生得遇良师不易,再次感谢程老师的谆谆教诲。也感谢课题组的同伴们,是她们的鼓励与包容支持着我,使我从未停下前进的脚步。期待下次更好!

五

作为实践"案例教学+小组合作+线上线下结合+课堂内外结合"这一教学模式的教师,笔者也针对这一教学活动进行了分析和反思,深深体会到,相比于传统的单向讲授模式,这种结合专题案例进行小组合作探究的比较文学批判性思维教学模式具有以下优势:

(1)线上线下结合、课堂内外结合,可以有效地利用网上视频讲座和网络搜索文献进行教学,极大扩展知识容量和提高时间使用效率,也非常有利于学生英文文献阅读水平的提高。

(2)研究小组合作非常有利于激发学生主动学习和思考的积极性,有利于培养学生的文献检索整理能力、逻辑分析能力、辨析判断能力和团结合作能力,提升其思考力和行动力,使教学重心从知识传授转移到能力培养上来。

(3)师生课堂内外、线上线下交流互动,增进了师生感情和相互了解,有利于后期更有针对性地教学。学生搜集的材料也可弥补教师掌握材料的不足,有利于及时更新教学资源。教学过程中,教师言传身教,同学相帮相扶,引导学生形成良好的工作伦理和职业道德意识,真正实现教书育人同步。

当然,这种教学模式对教师本人的思维素质要求较高,付出的时间精力更多,也存在难以顾及全班学生接受程度的可能,在今后的教学实践中还可以进一步探索改进和完善。

在一周时间的小组研究合作过程中,笔者与同学们一起讨论、分析、思考、改进,同学们勤奋高效、认真严谨的学习态度和学习劲头令人感佩,使笔者深刻感受到作为教师教书育人的责任和幸福,这巨大的动力将使笔者更加全心投入教学,努力改进教学方式、探索教学改革,以培养真正具有批判性思维的具有独立思考力的人。

基于知识传递视角的网络与新媒体专业协同育人机制建设①

蒋三军②

(浙江工商大学人文与传播学院)

摘　要：协同育人机制是技术驱动新媒体业态新变下缓解专业教育实践知识焦虑的有效措施，并被教育主管部门大力倡导，成为网络与新媒体专业教育者的积极实践。它有利于网络与新媒体专业优化教学方向，有利于专业知识体系的发展，促进学习迁移，巩固学生的知识。当前我国网络与新媒体专业协同育人机制形成了项目模式、平台模式、联盟模式等三种模式，但在实践中普遍存在着学生知识吸收浅薄单一的问题。其主要原因在于高校在协同育人机制的设计中，并未将协同端—学生的知识传递作为建设的重点，而是将其作为项目关系的附庸。鉴于此，高校应围绕协同端—学生的知识传递展开，拓展多元的协同育人者，搭建多种渠道的知识传递方式，按照学生现有知识图式开展协同育人，注重课程外知识的总结和固化，建立与协同端的知识双向流动机制。

关键词：网络与新媒体专业教育；协同育人机制；知识传递

近年来，新技术的颠覆力量使得人类各个领域的生产和与之相关的知识产生了拓展与更新，并使得几乎所有相关的专业都产生了"红皇后假说"的焦虑，即专业学位教育只有不停地奔跑，和瞬息万变的业态知识需求协同进化，才能至少保持在原地。网络与新媒体作为与新技术贴合最为紧密并具有极强实践性的专业，新媒体生产领域的新知识增长更是飞快，专业知识的持有者身份越来越多元，远远超越了网络与新媒体专业所能掌控的范围。网络与新媒体专业教育一端连接学生，另一端连接我国庞大的网络新媒体行业，高等教育如果不能很好地传递这些新知识，将使所培养的网络与新媒体专业人才与用人单位的需求不匹配，专业教育地位将动摇。

教育主管部门已关注到这一问题。教育部在"双万计划"的指导文件《教育部关于加快建设高水平本科教育全面提高人才培养能力的意见》和《教育部办公厅关于实施一流本科专业建设"双万计划"的通知》中明确指出要"完善协同育人机制"，这些文件对于具有极强实践性质的网络与新媒体专业教育有很强的指导意义，并为网络与新媒体专

① 系 2020 年度省级一流本科专业建设项目"网络与新媒体专业数字报刊制作课程教学方法研究"(1140XJ0521033)阶段性成果之一。

② 蒋三军，浙江工商大学人文与传播学院讲师，博士，硕导，主要研究数字出版、出版史和出版文化。

业教学打开了视野:需要扩大教育的主体,引入多元的教育参与者,并对此进行机制化建构。协同育人机制作为缓解网络与新媒体专业教育知识焦虑的一个有效举措,是当下的一个重要议题。

当前我国网络与新媒体专业领域关于协同育人机制的探究仅有若干零敲碎打式的经验总结。协同育人机制作为一种知识传递行为,有必要从统一的知识传递视角来进行审视和研究,以使其能更好地服务网络与新媒体专业人才培养。

一、协同育人机制增值网络与新媒体专业教育知识传递

网络与新媒体领域生产知识主要由成体系的课程知识和来自课程外的其他知识组成:课程知识通过教师的阐释传达给学生,主要以课本的形式存在;课程外知识指的是由于外部环境的变化,为应对实践领域新情况所需要的知识。协同育人机制的主要目的是通过课程外知识的引入来弥补网络与新媒体专业教育自身知识的不足,对网络与新媒体专业教育的人才培养有多方面的好处。

(一)有利于高校网络与新媒体专业优化教学方向

做好专业协同育人机制有利于网络与新媒体专业教学方向更加符合实际情况。协同育人机制要求高校端将课程外知识的持有者,如新媒体企业、拥有网络与新媒体专业相关知识的其他专业领域的教育者,加入协同育人主体,而这建立在对课程外知识的全面掌握和深入了解的基础上。这与高校网络与新媒体专业教学方向的确定所要参照的信息维度相一致,包括:(1)产业维度:是否符合产业当下的发展需求。(2)同行维度:是否在全国网络与新媒体专业教育领域中突出了自身特色。(3)本校维度:是否利用好本院校的资源,契合所在院校的整体发展目标等。协同育人机制建设可以使专业建设更加了解身边的专业建设情况,找准自己的教学定位和方向。像浙江工商大学网络与新媒体专业结合前置专业——编辑出版学专业的内容创造优势,并依托所在院校的工商管理专业强项,将内容编创+数字营销作为自己专业的定位特色。

协同育人机制也可以帮助调整网络与新媒体专业教学方向。由于课程外知识存在状态的多样化,教育端需要把握这些知识的有效性,及时对其进行筛选。把学生安排到协同育人机制中具有了让学生这一教育"生产线"上的"产品"进行"市场"试水的意味。而在协同育人机制中,高校端可以接收到这一"产品"的"市场"反馈信息,进而得知自己的教学所传授的知识是否符合市场需求,从而进一步校准办学方向,使其在人才培养上更加符合实际情况。

(二)有利于网络与新媒体专业知识体系的发展

从知识发展的历史来看,人类的某一个学科的发展可以看成是学科原点生长起来的知识体系。其增长一方面是通过对实践领域的吸收提炼,另一方面是通过对其他学科相关知识的借鉴"嫁接"。这两种方式是人类知识增长和学科分野的元逻辑。而专业教育知识体系的增长有赖于和实践领域、相关学科的接触。

网络与新媒体专业协同育人机制将新媒体产业实践者和其他相关学科的知识持有

者吸收到协同育人机制之中,使得高校可以和产业端、相关学科都得到接触,进而实现自身知识体系的增长。同时,由于教育者通过专业协同育人机制让学生与产业实践者和其他相关学科进行全面接触,因此可以使专业知识体系得到更加深入的交融和发展。

(三)促进学习迁移,巩固学生的知识

学习迁移指的是"一种学习对另一种学习的影响,是用已获得的知识、技能、学习方法或学习态度对学习新知识、新技能和解决新问题所产生的一种影响"。教育心理学家布鲁纳甚至主张"迁移应该是教育过程的核心",以突出强调知识迁移在学习中的巨大作用。在协同育人机制中,学生与课程外知识进行接触。学生在其中参与"新知识接触—思考—印证—修订"的知识迁移循环过程,进而达到知识的牢固吸收。

网络与新媒体专业教育端通过将学生安排到协同育人机制中,使学生接触不同形态新媒体的生产知识,获得丰富的知识迁移体验,使其知识掌握程度更加牢固。这种迁移一方面发生在课程知识与产业实践之间。这使已有专业知识与实践技能得到印证、充实和巩固,发生举一反三的再造或者创造新经验或新成果,进而形成知识和实操相互支撑的效果。另一方面发生在其他专业之间。如在协同育人机制中将学生安排到其他与新媒体工作有关的专业教学中,使学生接触到不同学科关于同一新媒体现象的不同阐释,加深对网络与新媒体专业知识多维面向的理解。

二、我国网络与新媒体专业协同育人机制的发展现状与问题

当前我国网络与新媒体专业的协同育人机制初步形成了三种模式。一是项目模式。项目模式是以某个新媒体项目为核心纽带,新媒体运营机构和高校分别提供技术、人力等方面的资源,在一定时间段内临时性地共同完成该项目,并实现人才培养的一种模式。二是平台模式。平台模式是新媒体机构和高校共同投入资源建立合作平台,在平台内各方实现产学研合作,并开展人才培养的一种模式。三是联盟模式。联盟模式是新媒体领域的多方参与者进行联盟式合作,实现更广范围的新媒体政产学研合作,并开展人才培养的一种模式。在这种模式中,联盟方的数量庞大是其主要特点,如新媒体管理者、新媒体经营者、新媒体教育者等,所以可以实现更广范围的资源优势互补与长期合作。尽管一些高校网络与新媒体专业协同育人机制吸收了数量庞大的共建者参与,但学生所获得的知识仍存在一些问题:一是知识面较为狭窄,所吸收的知识整体上集中在新媒体生产的某一个固定环节;二是所获得的知识较为粗浅,往往是机械式的实操技能经验。

从知识传递的视角来看,学生在协同端的知识吸收效果有限的主要原因在于网络与新媒体专业在进行协同育人机制建设时,并未将协同端—学生的知识传递关系放在重要位置,而是将其作为协同端—高校的"附庸"。在协同育人机制中,存在三组知识传递关系:一是高校—学生关系,这是高校专业教育的传统路径,主要以专业教师授课的方式开展知识的传递;二是协同端—高校关系,这是协同单位和高校之间的知识传递路径,主要是双方基于新媒体项目、专业领域的平台和联盟开展建设,实现相关知识传递的过程;三是协同端—学生关系,这是协同端与学生之间的知识传递关系。而我国网络

与新媒体专业协同育人机制当前产生问题的主要原因正在于这三组知识传递关系的陷落。协同端和高校更加注重由此带来的资源配置效应和合作空间的搭建,学生的实践即使被纳入建设内容,也常常被安放到某一环节岗位实习一阵子,对新媒体生产流程参与度低,所获得的新媒体知识处于碎片化、浅层化的层面,对新媒体生产过程无法得到全面和深入的了解。项目完成则意味着协同育人关系的结束。同时,由于协同端—学生关系在整个协同育人机制中地位的弱化,导致高校和协同端对其知识传递,尤其是作为知识接收端的学生的特点把握不足。而作为协同端的新媒体机构缺乏将实践知识系统化地传递给学生的能力,使得协同育人机制的知识传递效果较差。更为严重的是,由于新技术的驱动,新媒体产业形态不断变化,有的学生所参与的产业板块很可能消失,其所获得的知识就成为明日黄花。

三、以知识传递为核心的网络与新媒体专业协同育人机制建设

本文主张将协同端—学生的知识传递作为网络与新媒体专业协同育人机制建设的重心,这就要求教育者围绕知识传递过程开展好协同育人。可以从以下五个方面入手。

(一)拓展多元的协同育人者

要做好协同育人,首先要求重新审视协同育人主体。协同育人主体是课程外知识的持有者,主要集中在以下几个领域:一是产业端。产业端是网络与新媒体专业知识体系的产生来源,也是网络与新媒体专业教育的直接面向,是专业协同育人机制的重要参与者。二是其他相关学科。像计算机科学、传播、大众文化、信息技术、经济等一系列学科是网络与新媒体专业课程外知识的重要来源。三是其他高校的网络与新媒体专业。其依托各自所在的高校特色形成了相关的网络与新媒体专业教育特色。如依托文学院对人文素养和编创能力培养的注重,依托新闻传播类学院对新传播手段的应用与研究的注重,依托于信息管理类学院对其产业属性的注重,还有的依托各自特色所在院校形成了农业、民族、医学等不同特色。高校端需要不断地关注和了解课程外知识的持有者,学习和了解产业动态、研究前沿问题,主动接触这些持有者,与其维持好关系,按照网络与新媒体专业的不同知识需求将其纳入专业协同育人机制中。

(二)搭建多渠道的知识传递方式

由于知识持有者自身有不同的情况,无法按照同一种方式实现知识的流通,所以应对知识的传递方式进行创新。

一是有针对性的产业实践。将学生送到产业端开展实践是较为传统和通行的做法。高校与产业端联合制订细致的实践方案是优化协同育人机制的一个方向。同时要加强对协同端、学生的指导,实现更为科学、高效的知识传递。除此之外,随着网络与新媒体业态的日渐多元,有些高校以创业为指向,指导学生在实践环节进行新媒体的实践,如经营公众号、微博号、抖音号等开展数字内容生产和数字营销,甚至一些高校培养学生成为网红,亦是值得借鉴的做法。像浙江工商大学网络与新媒体专业2019级的几

位学生开设个人抖音号、B站号，并获得了不少的粉丝量。

二是"借外脑"参与教学。一方面是组织本校其他学科师资参与教学。高校可以以网络与新媒体专业教学体系为核心，整合本校相关学科的教学力量，借助本学科外"大脑"丰富自身的课程体系。亦可以对本专业学生的选课进行指导，选择一些与新媒体生产关联较为密切的课程。另一方面是借助校外"大脑"传递知识。在这方面的做法有外聘行业专家定制个性化课程。像浙江工商大学网络与新媒体专业和下沙各网络与新媒体专业的师资互借就是一例，和位于杭州本地的中国品牌电商服务商综合竞争力排行榜单 TOP15——乐其电商联合开设新媒体前沿课程，亦是一个值得借鉴的做法。

三是"送出去"参加学习，即组织本校学生去其他高校网络与新媒体专业交换学习。在协同育人机制中纳入其他高校的网络与新媒体专业教育者，使学生去符合自身发展定位和兴趣的高校进行交换学习，接受来自不同特色的网络与新媒体专业教育。

（三）按照学生现有知识图式开展协同育人

课程外知识在整体上呈现出多样化的状态，高校端需要按照其知识特点选择合适的协同育人方式。根据知识的 DIKW 体系，在产业端的知识由于直接诞生于生产一线，倾向于具体的实操层面，其知识存在形态偏向于数据（data）和信息（information）层面，呈现出碎片化和不稳定的状态；其他专业学科的相关知识由于具有成熟的知识体系和课程设置，其知识存在形态偏向于知识（knowledge）和智慧（wisdom）层面，较为体系化，具有一定的稳定性；而其他高校的网络与新媒体专业致力于新媒体生产链不同环节的教学与研究，所"储备"的新媒体新知识处于"一边总结研究，一边系统化"的状态，这些新知识也具有不稳定状态。

"知识同化"理论认为，"学习者学习新知识的过程实际上是新旧材料之间相互作用的过程，学习者必须积极寻找存在于自身原有知识结构中的能够同化新知识的停靠点"，学习者只有做到把新学习的知识有序地纳入已有的知识图式之中，逐步使知识图式产生量的变化，才能取得最好的学习效果。这就要求专业教育提前掌握受教育者现有的知识图式，按照不同的知识状态和内容，使其能有序"生长"到学生的现有知识图式之上。像低年级学生对网络与新媒体专业的感知还停留在较为初级的阶段，可以将其安排到偏向于数据和信息层面的产业端，而高年级学生逐步形成了较为整体和宏观的专业认知，可以安排其到自己感兴趣的具有特色的外校网络与新媒体专业学习。浙江工商大学网络与新媒体专业在进行课程设置时，根据学生所处的不同年级的知识状况，在大二、大三、大四分别开设了在知识上具有递进性质的"新媒体前沿一""新媒体前沿二""新媒体前沿三"课程，使学生获得丰富的知识。

（四）注重课程外知识的总结和固化

在专业协同育人机制中，学生会接触到内容丰富的课程外知识。高校需要建立课程外知识反馈机制，及时了解、搜集、整理学生所接触到的课程外知识，将其通过教材、论文、课堂展示等不同的方式固化下来，以分享给其他学生，并丰富课程知识体系，从而不断壮大网络与新媒体专业教育自身的根基。像浙江工商大学网络与新媒体专业总结教学案例,即将推出《网络与新媒体专业教学案例精选》一书,在实践中沉淀知识,就是这方面的较好范例。

(五)建立与协同端的知识双向流动机制

知识的双向流动机制亦是协同育人机制需要建构的一个方面。协同育人机制需要制度化,而制度化建立在协同端的积极参与上。前述基于知识传递视角的网络与新媒体专业协同育人机制建设仅注重吸收协同端的知识和力量,而缺乏双向的知识流动。在进行制度设计时,需要注意将专业知识反向流动给协同端,使其获得本专业知识的反哺,以保证其积极性。如跨学科教材编写、联合出版图书、联合智库、联合科研攻关、学生互派等方式,让网络与新媒体专业与协同端实现知识的双向流动。

四、结　语

协同育人机制将多元的课程外知识持有者纳入协同育人体系中,向学生传递知识,这用保罗·莱文森媒介发展的"补救性措施"观点来看,具有了"补救性措施"的意味,其目的就是让高校培养的人才跟得上课程外知识的飞快发展,但这种补救不能脱离原有课程知识的特色和优势。协同育人机制是对作为教学主要方式——知识阐释行为的一种"补救"。网络与新媒体专业自身要在协同育人中不断更新专业的教学知识体系,及时将课程外知识吸收,才能使专业地位牢固,在未来的发展中立于不败之地。

参考文献

[1] 曾跃霞,刘运芳.学与教的心理学[M].天津:天津大学出版社,2014:196.
[2] 余文森.布鲁纳结构主义教学理论评析[J].外国教育研究,1992(03):14.
[3] 保罗·莱文森.软利器:信息革命的自然历史与未来[M].上海:复旦大学出版社,2011:3.

新文科视域下高校新闻传播人才培养质量的路径探索

——"中国新闻传播大讲堂"在我校的实施成效①

李　蓉②　张雅娟③　汤喜燕④

（浙江工商大学人文与传播学院）

摘　要："中国新闻传播大讲堂"作为新文科建设的四大关键性讲堂之一，自去年启动以来，在高校新闻传播教育中发挥着积极的作用。大讲堂的开设对于新闻传播教育理念的创新、教学模式的探索和课程思政的建设都具有重要的意义。本文结合我校开展大讲堂的工作实际，总结了在具体做法方面的三点体会：一是顶层设计，以制度保障扎实推进大讲堂的方案实施；二是三端协同，线上线下结合重返新闻现场；三是四业融通，多维创新提升新闻传播专业人才培养质量。

关键词：中国新闻传播大讲堂；新文科；人才培养；路径探索

2019年2月，教育部高等教育司司长吴岩在《加强新文科建设　培养新时代新闻传播人才》一文中指出："新闻传播教育是新文科建设中的重要组成部分。在新的教育形势下，新闻传播教育要打开新的发展局面，努力培养具有国际视野、中国特色的卓越人才，满足社会对新闻传播人才的需要。"

在此背景下，2020年11月，作为新文科建设的四大讲堂之一的"中国新闻传播大讲堂"率先启动，主题是"来自抗疫一线的报道"，为全国新闻传播院校的师生上了一节生动的思政大课和国情大课。2021年，大讲堂启动仪式于10月27日在中国传媒大学举行，主题为"践行四力，与时代同行"。来自18家新闻单位的32名优秀新闻工作者担任主讲人录制课程视频。《人民日报》《中国教育报》等20家媒体和新华网等60家网络媒体对活动进行了报道。

"中国新闻传播大讲堂"覆盖全国719所新闻传播院系，这系列课程给新闻传播教

①　该文系校新文科项目"新文科视域下高校新闻传播专业内涵建设与人才培养模式研究"的研究成果、校研究生教改"新文科视域下新闻与传播专业硕士实践教学路径探索"和校研究生课程思政项目"新闻传播理论基础"的研究成果。

②　李蓉：浙江工商大学人文与传播学院副院长，博士，教授，研究领域为新闻学、传播学、影视文化。

③　张雅娟：浙江工商大学人文与传播学院副教授，博士，研究领域为传播学、新闻学、历史学。

④　汤喜燕：浙江工商大学人文与传播学院副教授，博士，研究领域为传播理论、时尚传播、传播思想史。

学带来了新的思考,如何建立"中国新闻传播大讲堂"长效机制,推动其制度化、常态化,活动组织方中国传媒大学的高晓虹教授、王晓红教授、冷爽副研究员撰文指出:"以'点'授业,总结新闻报道的专业技巧;以'线'理机,分析媒体的采编运作机制;以'面'传道,思考媒体的职责与使命。"本文将结合我院在"中国新闻传播大讲堂"课程实施过程中的具体探索展开深入分析。

一、顶层设计,以制度保障推进大讲堂的方案实施

2021年,吴岩司长再次强调,高等文科教育应精准把握高等教育新形势,加快培养新时代文科人才。目前新闻传播教育中存在着以下问题:课程思政元素与新闻传播教育融入度不够;新闻传播专业建设内涵式发展与理念陈旧之间存在矛盾;人才培养模式僵化,缺乏注重以生为本的理念;制度建设滞后,缺乏分类评价机制和效果反馈机制;等等。

"中国新闻传播大讲堂"的开设无疑为解决上述问题开辟了新的窗口,以优秀的一线新闻工作者讲述采编工作,通过案例教学的方式创新马克思主义新闻观教学实践。大讲堂的开设对于落实立德树人、创新教育理念、加快推进新文科建设发挥了积极的作用。为了更好地推进大讲堂建设,我院结合自身实际情况出台《人文与传播学院中国新闻传播大讲堂实行方案》,从实施步骤、实施方式和组织宣传三个方面展开,以制度保障推进大讲堂建设。

(一)在实施步骤上,分阶段逐步推进

实施步骤分为过渡期安排和培养方案正式修订两个阶段。在过渡期,将大讲堂作为必修课程的内容构成列入"专业导论""马克思主义新闻观""新闻学概论""传播学概论""专业实践"等课程中。如将中国新闻传播大讲堂作为大一的专业导论、概论课的必修内容之一,由专业课程老师负责实施。大二大三学生由各专业自定,可落实到专业教学或专业实践中。正式培养方案修订时,各专业将大讲堂作为平台公共课列入,单独计1学分。此外,我院在《人文与传播学院课程思政"一院一品"》的方案中,将"马克思主义新闻观"课程与大讲堂进行深度结合,突出品牌效应。

(二)在实施方式上,采用课内外相结合

在教学安排上,由专业老师组织同学观看教学视频和安排课堂讨论等;以提交学习感悟、小论文等形式作为考核方式;学院每学年组织学生征文比赛,优秀征文予以奖励,参赛、获奖情况列入学生思政考核的重要内容;将大讲堂作为课程思政的重要内容,对教学突出的教师予以宣传报道,并在教学考核和工作考核中予以倾斜。

(三)在组织宣传上,加强院系指导管理

在大讲堂的组织宣传上,由教学副院长指导管理,新闻与传播专业系主任组织实施,相关老师具体落实。人文与传播学院的官微、官网对中国新闻传播大讲堂活动的启动、实施、评价等各个环节做好相关宣传报道工作,具体由第e线新闻实训室和浙商大人文研会负责。

二、三端协同,线上线下结合重返新闻现场

2020年大讲堂首次启动,我院立即组织师生集体观看启动仪式。之后第一时间由专业老师把由媒体人讲述的武汉抗疫前线的报道视频引入课堂教学。在本科生和研究生课堂展开讨论并让大家撰写心得,同时在学院官微推出了关于大讲堂"课程思政"专栏系列报道,如师生热议大讲堂等。2021年,在延续去年做法的基础上,我们积极探索了新的方式,即"线上线下结合,通过三端协同重返新闻现场"。

(一)业界端:邀请"讲堂"视频主讲人进课堂,打通线上线下教学,与师生"面对面"

在2021年大讲堂的授课老师中有来自《浙江日报》的俞佳友记者和浙江卫视的杨川源记者。考虑到地缘的接近性,我院在组织活动时邀请两位主讲老师分别进课堂授课交流,将线上的慕课教学延续到线下的真实课堂,效果非常好。

1.深化课程传播,重返新闻现场

两位业界老师和师生面对面,将大讲堂录制过程中的心得体会在课程中做了深化和延展。尤其是他们把自己在蹲点采访中的最新案例引入课堂中,非常具有感染力。这就不仅仅是让课程停留在慕课阶段,而是对其进行深入的再拓展和挖掘。如俞佳友老师讲述他在万阜乡采访的经历,体现了"新闻为民"的精神追求,杨川源老师以并村报道为例阐释"越难越有价值"的新闻真谛。他们的讲述构建了场景化的教学,带领师生重返新闻现场,具有很强的感染力。通过将大讲堂的主讲记者请到课堂的活动,我院实现了线上线下联动,课程被激活,学生热情被点燃,达到了非常好的教学效果。

2.树立榜样力量,塑造职业理想

除了授课之外,两位老师还与学生近距离互动交流。一是答学生问,针对学生提出的省市县三级媒体的区别、实践中的困惑、考研的选择、做新闻时的苦恼等问题予以解答;二是点评汇报,学生将观看大讲堂的心得做成PPT进行汇报,他们在课后接受学生短视频采访,寄语新闻传播专业学子并为其指明方向。先进人物的示范作用,让学生深受鼓舞。如钱骏杰同学写道:"俞老师以质朴的语言,结合他自身的经历向我们传道授业。他对于新闻业的热爱,舍小家为大家的精神,都将是我们前进道路上的标杆。"徐寒青同学写道:"在今天的交流课上,杨老师从自己从业16年的业务层面给我们讲了很多知识。这次杨老师从中国新闻传播大讲堂走下来,让我们认识到了在新时代记者的意义和价值。"

3.学校高度重视,加强校媒合作

我校对大讲堂活动高度重视,我校校长郁建兴和校组织部部长袁金祥分别走进课堂给杨川源、俞佳友两位记者颁发实务精英聘书,欢迎他们经常来课堂讲学,给学生实习实践提供指导和帮助,以此加强校媒协同育人。从长远看,这对于新闻传播学科整体的发展大有裨益。

(二)教师端:以集体备课＋研讨的方式,实施课程组分类教学,讲好"课中课"

大讲堂的教学是在专业课中融入视频案例,而视频案例由媒体精英来授课,可称其为"课中课"。

我院在"马克思主义新闻观"课程教学中有着较好的基础。专业团队持续8年参与《马克思主义新闻观百科全书》编撰,在CSSCI刊辟专栏发表相关论文,并将教研紧密结合。此次授课以"马克思主义新闻观""新闻采访与写作""新闻传播理论基础"的三位主讲老师作为骨干师资组,其他老师辅助讲授,贯穿到本科生和研究生课堂。在集体备课中,老师们结合自己的课程对视频案例进行选择,分头准备相应的内容,之后组织不同年级不同班级观看并布置作业。授课中,老师们及时沟通,课与课之间避免案例重复。同时通过组织教学午餐会,集中研讨交流,由老师们分享大讲堂的授课经验。

(三)学生端:注重知行合一,善于将学习力转为行动力,做到"实打实"

大讲堂的讲授,不仅仅是在于怎么"教",还要落实在如何"学"上。因此,注重学生的学习成效尤为重要。

1.在知的层面,注重学习反馈,以心得汇报方式提升学习质量

由学生们组成学习小组在课后观看讨论视频,做学习笔记。在课堂中,学生们围绕主题通过PPT进行汇报。如宿贺来同学在学习《农民日报》记者江娜授课后谈到"农业记者就要用手中的笔,为乡村振兴呐喊,为民族复兴助力"。刘京同学结合央视记者董彬的授课谈到"老西藏精神不仅能够在记者工作中发挥作用,在每个人的日常生活也值得去品味和学习"。研究生孟子涵和王清则在学习了深圳卫视陈红艳和新华社韩洁的课程后,结合当前对外传播和经济报道做出了自己的思考。

2.在行的层面,理论与实践相结合,以专栏化的方式融入实践

大讲堂开设的目的就是让学生能够领会精神,并付诸实践。因此,我们非常注重引导学生将课堂学习的内容进行转化,并将这一过程以专栏化的方式进行记录,推出了"课程思政""劳动教育""新媒观察""媒体调研""纪录片展映"等一系列专栏,以此践行和增强"四力"。如"课程思政"紧密围绕大讲堂的开展情况进行及时报道。"劳动教育"依托部校共建平台,通过专业老师和浙报记者带学生去农场体验农活,让学生们在边学边做中掌握农业报道的采写业务。再如"新媒观察"和"媒体调研"专栏,由老师带领学生去浙报集团、萧山日报、湖州和绍兴市柯桥区融媒体中心等展开实地调研。学生们将这些活动写成新闻报道,在学院官微和"人文研会"公众号推送,形成过程性记录。

三、四业融通,多维创新提升新闻传播专业人才培养质量

"四业融通"是我院对新闻传播人才提出的培养理念。所谓四业是指志业引领、专业融入、职业导向、行业协同。志业引领,是以马克思主义新闻观教育为核心,有效实施从"课程思政"到"专业思政"的综合育人改革,实现了思政与专业水乳交融、学养与素养相得益彰的综合育人成效。专业融入,践行新文科建设理念,实现课程思政三全育人。

职业导向,即以新媒体技术、全媒体传播为核心的职业导向实践教学模式与方法。行业协同,是指传媒行业深度融合、协同发展的教学资源开拓,实现与传媒行业深度融合型立体课堂。

以"中国新闻传播大讲堂"为依托,赋能教学研全面提质,推动新闻理论与新闻实践的深度融合,增强广大新闻传播类专业学生自信心、自豪感、自主性,提高新闻传播教育生动实践影响力、感召力、塑造力。两年间实施成效明显,体现为以下两点。

(一)经验推广,专业教师积极探索教学改革,获媒体关注和报道

在大讲堂授课中,老师们积极探索教学方式。如张雅娟老师在本科生的课堂采用BOPPPS教学法。她用案例导入暖场,讲述思政目标,以提问考察学生的预习情况,课堂教学中注重参与互动,通过学生汇报检验掌握情况,再进行归纳提升。汤喜燕老师在给研究生讲课时运用四阶段循环法,即"引入—解读—反思—提升"。通过对抗疫报道的引入,借助霍尔的编码-解码理论深度解读思政内容,在现实反思中深入理解思政意义,之后带学生去浙报报史馆和党建馆参观,通过实践教学中的"共感"提升学生思政修养。李蓉老师在浙江省课程思政交流大会的人文分论坛做"照亮镜与灯　传播力与美"的主题发言,并在省部校共建会做关于马克思主义新闻观和中国新闻传播大讲堂建设的经验汇报。

这些举措受到了媒体的关注与报道,中国传媒大学新闻传播学部公众号以"线上线下结合,重返新闻现场"介绍我院的大讲堂推广做法。浙江在线等6家媒体以《浙商大教改新探索:一线记者进课堂　大学校长来助阵》做了详细报道。杨川源老师说:"当初,大讲堂请我们这些一线记者去录视频,就是希望通过视频,把实践中的经验分享给新闻学子,将马克思主义新闻观以具体案例的形式呈现。今天,我从线上走到线下跟同学们面对面交流,对我也是一个鞭策,切身感受到了自己视频的价值,也实现了大讲堂设置的初衷。"

(二)学以致用,学生将大讲堂内容融入比赛和实践中,屡创佳绩

学生通过学习大讲堂知识并将其应用于比赛中,实现了育人成效的成果输出。如20级研究生冯欣欣以"新时代增强'四力'讲好党的故事"为主题,获校"红色擂台——研究生'研学党史'微党课决赛"第1名。她从大讲堂中新华社记者费茂华疫情期间在武汉拍摄的照片入手,从专业角度追溯了党史上的新闻传播实践,由此提出了新时代新闻人应有的责任与担当意识。20级本科生卢潇然同学以"传承红色基因——我与红色的不解之缘"为题,获省高校思政微课大赛特等奖,受聘为浙江共青团党史学习教育宣讲团成员,并作为仅有的两名学生代表之一参加首场全省公开巡讲。

此外,还有许多同学深入省内县市区开展实习实践,通过拍摄微纪录片关心残障人士出行、关注底层民众生活、思考非遗文化的传承等,用实际行动践行从大讲堂中学到的知识,其作品充满了家国情怀和人文精神,扎扎实实地把文章写在大地上。

综上所述,新文科建设着力于"新"。"中国新闻传播大讲堂"作为新文科建设的四大突破性讲堂,对于中国新闻传播教育的理念创新和建设发展具有积极的意义。

参考文献

[1] 吴岩.加强新文科建设 培养新时代新闻传播人才[J].中国编辑,2019(02):4-8.

[2] 高晓虹,王晓红,冷爽."新文科"语境下的新闻传播学科建设路径探析——以"中国新闻传播大讲堂"为案例[J].现代出版,2020(01):5-10.

研究生国际合作教育研究现状
及对地方院校国际化办学的启示[①]

——以浙江工商大学为例

曹瑞芬[②]　　苑韶峰[③]　　徐建春[④]

（浙江工商大学公共管理学院）

摘　要：研究生教育是我国高等教育的重要组成部分，随着全球经济文化交流日益加深，研究生国际合作教育逐渐成为高等教育发展的一种趋势。本文分别从研究生国际合作教育的法律体系、培养模式、成因与效果、实践探索四个方面进行归纳总结，并据此为我校博士生培养的国际化，特别是目录外自主设置二级学科博士学位点招生与培养提供参考依据。

关键词：研究生国际合作教育；地方院校；国际化办学

研究生国际合作培养顺应现代教育发展的国际化趋势，对培养具有世界眼光的一流人才，提高国家的国际影响力，促进教育国际化进程具有重要意义。因此，当前对研究生层次的国际合作的研究显得尤为重要。本文针对近年来研究生国际合作教育的研究现状与进展进行归纳总结，以期为我校博士生培养的国际化提供理论基础。

一、研究生国际合作教育法律体系研究

研究生教育国际化是将研究生教育的改革与发展置于整个世界中，不断吸收和借鉴国外先进的教育经验，同时注重教育资源的本土化。广义的研究生国际合作培养是指基于研究生培养过程中的一切跨国合作教育行为，其中既包括接受国内政府或组织资助直接留学国外的研究生教育机构，也包括国内外研究生教育机构合作参与研究生教育过程的各种培养方式。本文讨论的研究生国际合作教育主要侧重于上述第二种方式。发达国家制定了一系列教育法规体系，为推进研究生教育国际化提供了法律依据

---

①　浙江省"十四五"教学改革项目"大学生本硕衔接高质量培养模式构建"，浙江工商大学研究生教育改革项目（YJG2020204）"常态化疫情防控下自主设置目录外博士点建设国际化合作方略研究"。
②　曹瑞芬，浙江工商大学公共管理学院副教授，博士，研究方向为土地资源经济。
③　苑韶峰，浙江工商大学公共管理学院副院长，博士，教授，博士生导师，研究方向为土地资源管理。
④　徐建春，浙江工商大学公共管理学院教授，博士，博士生导师，研究方向为土地利用与调控。

和政策保障。如美国的《国际教育法》《跨国认证准则：对非美国高校和项目的认证》，英国的《高等教育境外合作办学实施准则》，等等。我国研究生教育国际合作的基本政策法规依据是《中华人民共和国中外合作办学条例》《高等学校接受外国留学生管理规定》等，由于这些都是面向整个高等教育的宏观政策法规，因此在指导中外合作办学方向上能够起到引领作用，但是，在指导研究生教育国际合作的具体层面时，就会出现针对性不足的问题。

二、研究生国际合作教育模式研究

经过多年的探索和努力，发达国家在研究生教育中形成了灵活多样的国际合作模式，有力地推动了人才培养的国际化合作。从研究生教育国际合作的主体入手，美、英、韩三国的研究生教育国际合作模式可分为高校与高校、高校与政府、高校与企业三大类。其中，高校与高校间的国际合作模式是目前发达国家中最普遍的一种合作模式，具体包括在互派研究生、互派教师、组织访学、科研合作以及跨国合作办学五种形式。如美国研究生院积极开展国际合作的主要模式是通过美国某一所大学与国外一所或者多所大学共同开展学术合作，具体包括海外设立分校、联合培养研究生、网络远程教育、国际科研合作等。

目前，我国最主要的研究生教育国际合作与交流模式有中外合作办学、联合培养研究生、参加国际会议和学术交流。其中，中外合作办学模式依据办学的规模和层次，可进一步分为融合型、嫁接型、松散型和网络型四种模式。同时国内外联合培养研究生模式经过多年的发展，与初期相比其内涵更加丰富，形式更加多样，管理更加规范。汪勇参照已有研究将国内研究生国际合作培养模式归纳为以下六种形式：一是研究生国际联合培养；二是研究生短期出境交流，如暨南大学的"研究生短期出国（境）研究项目"；三是研究生交换；四是聘请境外导师定期在国内开展科研教育工作，开设研究生课程，参与研究生科研团队的管理指导工作；五是成立中外联合实验室、联合研发中心，并安排实验室或中心的研究生定期交流；六是设立中外研究生联合培养基地，利用中外研究生暑期学校或中外研究生定期互访的机会来联合培养研究生。

三、研究生国际合作教育成因及效果研究

对于高等教育国际化的动因，很多学者从政治、经济、文化和学术等方面做过大量论证。研究生教育作为大学教育的高级阶段，其国际化的必要性更为显著。Altbach和 Knight 在对全球化和国际化进行基本界定的基础上，分析了高等教育特别是研究生教育国际化的动机，包括获得商业目的以及利用国际课程提高教学绩效等。Brooks 和Waters 则通过对亚洲、欧洲等国家的案例研究，从出国留学的角度，研究了研究生教育国际化的驱动因素。Rumbley 在高等教育国际化的动因分析中增加了外部背景因素和内部背景因素。国内学者多将研究生教育国际合作的动因划分为国际动因和国内动因，或者外部动因和内部动因。李盈指出，研究生教育中外合作办学的发展，主要归功于中外合作办学的强大驱动力，它主要分为国际和国内两个部分。范竹君以研究生教育国际合作硕士双学位培养为例，指出其开展与推进是内外部各种驱动力共同作用的

结果,其中外部驱动力包括政治、经济、学术、文化与社会等,内部驱动力包括研究生教育自身发展及其利益相关者的需要等因素。另外,李向明等以清华-伯克利深圳学院为例,进行外部因素与个人内部因素的多选排序,初步验证了研究生阶段选择中外合作办学的求学动机方面个人因素作用大于外部因素的假设。

顺应现代教育发展的国际化趋势,努力拓宽国际合作渠道,提高国际合作的层次和水平,对高质量研究生的培养具有积极的促进作用。唐春安等从学术起点、竞争力、学术环境、学术声誉等几个方面分析了国际合作与交流对提高研究生培养质量的意义,提出应以国际合作与交流为契机,采取切实有效的措施,提高高等学校研究生培养质量。查远莉以华中科技大学与德国两所知名院校合作举办的中德暑期学校为例,分析发现,中德合作研究生暑期学校教学中德方教师、中方学生的全英文教学模式对研究生创新意识、创新思维、创新能力等各方面有着积极的促进作用。陆建峰等基于南京理工大学-卡耐基梅隆大学硕士联合培养项目的实例分析,阐释了研究生合作办学对融合国内外优质教育资源的积极意义。

四、研究生国际合作教育实践研究

随着高等教育国际化的不断发展,各高校积极探索高层次国际专业人才培养的新模式。国内有关研究生国际合作教育实践的研究主要从学校、学院和学科三个层面进行探析。学校层面的研究主要包含农业院校、师范院校、综合类院校等的研究。如孟成民和魏旭娇以华南农业大学为例,介绍了农业院校研究生国际合作培养的具体措施。吕佳和吴恩英针对我国师范院校研究生国际合作培养的模式进行研究,并提出具体的改进措施。黄欣借鉴国外先进经验,以天津大学为例,提出更好的对研究生教育国际化培养的对策。学院层面的研究较多,周元琴以南京信息工程大学计算机学院为例,从积极推进研究生教育国际化进程的视角,阐述了研究生国际合作教育的内容具体包括师资队伍国际化、培养体系国际化、学术交流国际化、学科平台国际化以及质量保障。张林和孙春柳以清华-伯克利深圳学院为例,从学院国际合作办学实践出发,审视中外合作博士研究生教育的办学模式。学科层面的研究相对较少,汪勇等以暨南大学食品学科国际联合实验室为例,探索食品学科国际化研究生培养的相关模式和长效机制。雷雨针对我国体育学科研究生教育国际合作的现状进行分析,剖析其制约因素,并就此提出推进体育学科研究生教育国际合作的途径和措施。

五、启　示

作为浙江省重点建设大学,浙江工商大学率先尝试研究生国际合作教育。2016 年浙江工商大学设立法治经济学、大数据统计学、国土资源统计学、环境评价与绿色统计、流通经济与管理 5 个目录外自主设置二级学科及交叉学科博士点,2019 年又设立市场监管博士点。同时这些博士点为了规避招生指标限制,目前要求只招收国际生,进行国际合作教育。当前 6 个博士点已经开始招收国际生,现有的关于研究生国际合作教育的研究和实践可以为今后的国际化培养提供一定的参考依据。

(一)创新教育管理体制机制

为实现研究生国际化培养的科学规范化管理,学校应制订相应的研究生国际化培养原则和管理办法,对研究生国际化培养的内涵、目的、主要模式、运行机制和管理办法等做出明确规定和说明,使院系在开展研究生国际化培养的过程中有章可循。

(二)提高师资国际化水平,开设高水平研究生英文课程

师资国际化是开展教育国际合作的必要前提。实现师资国际化要求教师与国外高校有广泛的教学和科研合作联系,同时要求教师具备开设英文课程和用英文指导学生的能力。另外,学校可通过与国外高校开展研究生国际合作培养,加强国内外教师的教学和科研合作,逐步开设系列高水平英文课程,促进教师教学能力和研究生课程质量的提高。

(三)建立有效的运行和保障机制

有效的运行和保障机制有助于提高研究生国际化培养的质量。一是校级层面要在研究生国际化培养过程中保持学校意向与院系积极性一致。二是学校应落实项目协议制度和负责人制度,确保研究生国际化培养项目能够具体有效地落实。三是要完善激励机制,具体包括将国际化培养工作纳入教师评价体系,给予教师相应的奖励和报酬,引导院系重视国际合作工作,鼓励相关教师加大在国际化培养工作中的投入,等等。

参考文献

[1] 马永红,马万里.高等教育普及化背景下研究生教育发展阶段划分与走向思考——基于国际比较视角[J].中国高教研究,2021(08):26-33.

[2] 钱礼光,张小晟,邢华斌,等.加强研究生国际交流与合作的创新与实践——以浙江大学化工学科为例[J].化工高等教育,2020(04):15-20.

[3] 刘宗明,高新伟.欧美国家研究生教育国际化的进展、特征及其启示[J].中国石油大学学报(社会科学版),2016,32(01):107-112.

[4] 范竹君.研究生教育国际合作中硕士双学位授予问题研究[D].上海:华东师范大学,2013.

[5] 黄欣.高校研究生国际化培养问题研究[D].天津:天津大学,2011.

[6] 邹月辉,林金玉,孙法亮.我国研究生教育国际合作与交流模式研究[J].教育教学论坛,2017(33):46-47.

[7] 汪勇,薛枫,符钧甯,等.国际合作培养食品学科研究生的实践与思考——以暨南大学食品学科国际联合实验室为例[J].中国轻工教育,2016(03):5-8.

[8] 李海生.研究生教育国际合作学位项目类型探析[J].学位与研究生教育,2013(12):47-51.

[9] ALTBACH P G, KNIGHT J. The internationalization of higher education:motivations and realities[J]. Journal of Studies in International Education,2007,11(34):290-305.

[10] BROOKS R, WATERS J. Student mobilities, migration and the internationalization of higher education[M]. London:Palgrave Macmillan,2011:53-76.

[11] RUMBLEY L E. Internationalization in the universities of Spain:opportunities, imperatives and outcomes[D]. Boston:Boston College Dissertations and Theses,2007.

[12] 李向明,孙春柳,董宇涵.研究生教育中外合作办学选择动因研究——推拉理论的拓展与延

伸[J].清华大学教育研究,2017,38(03):108-112.

[13] 陆建峰,刘亚洲,魏松杰.研究生国内外优质教育资源融合的模式探讨——基于南京理工大学研究生国际合作办学的案例分析[J].教育评论,2017(04):156-160.

[14] 孟成民,魏旭娇.农业院校研究生国际合作培养初探——以华南农业大学为例[J].教育教学论坛,2012(07):205.

[15] 吕佳,吴恩英.我国师范院校研究生国际合作培养模式初探[J].教育教学论坛,2014(45):20-21.

[16] 周元琴.高校二级学院研究生教育国际化的开展与实践——以南京信息工程大学计算机学院为例[J].改革与开发,2015(12):101-102.

[17] 张林,孙春柳.清华—伯克利深圳学院中外合作博士项目办学实践之"外四问"[J].学位与研究生教育,2017(11):52-54.

破除高校通识课考评制度阻碍
"水课"变"金课"全面提升教学质量

于桂娥[①]　刘洪彬[②]

（浙江工商大学会计学院　浙江理工大学经济管理学院）

摘　要："水课"贻害无穷，而通识课之所以成为"水课"的代名词，并不是由课堂氛围、是不是专业课，以及学生个人兴趣等因素所决定的。经过对现行制度下教师与学生的博弈过程分析，可以发现"水课"的形成不是教师或学生单方面的短期行为结果，追根究底其深层次原因恰恰在于对教师和学生的考评制度设计允许教师与学生长期选择消极行为。为此，需要以积极激励和多元化考评目标为突破点来改进和完善对教师和学生双方面的考评制度设计，树立并强化以"教学为中心"的理念，以实现教师和学生长期积极行为选择的最优均衡，从而全面提高教学质量。

关键词：通识课；协同考评；制度设计；"水课"；"金课"

"水课"由来已久（刘燕吉，2011）[1]，而通识课已成为"水课"的代名词（陆一，2017）[2]。"全国各高校尤其是学生综合素质比较高的一流高校日益重视通识课教育"，虽然"我国的通识教育还处在一个起步阶段"（张友燕，2021）[3]，但我国高校课程体系至少有一半为通识课，按照这样的构成特征，通识课的教学质量必然成为影响本科教学质量的关键。面对全校性的、跨专业的通识课，在"宽基础、弱专业"的背景下，只有坚持以学习为中心的教学理念（Huba，M. E.，Freed，J. E.，2000）[4]，才能培养学生的自主持续学习能力，使其成为社会主义建设者和接班人（习近平，2018）[5]。

2018年教育部颁布的首个高等教育教学质量国家标准，是高等教育由规模增长向质量提升转变的重要保障。加强课堂教学以及过程学习管理是杜绝水课提升教学质量的重要手段（Jhony Choon Yeong Ng等，2017；陆国栋，2018）[6][7]。为此，强化以过程学习为依托，提升通识课教学质量，以培养学生自主持续学习能力为目标，完善课程考评的制度设计，对于加快建设高水平本科教育、全面提高人才培养能力具有重要意义（陈宝生，2018）[8]。

---

①　于桂娥，浙江工商大学会计学院副教授，博士，研究方向为会计理论、公司治理。

②　刘洪彬，浙江理工大学经济管理学院副教授，博士，研究方向为财务管理、农业经济。

一、高校通识课主要特征分析

1. 课程设置分散不成体系,且单门课程学分少,学生不重视

在"宽基础、弱专业"的人才培养理念指导下,目前高校通识课的总学分占到全部学分的 50% 以上,比重较大;在总学分既定的约束条件下,每门通识课通常只有 2 学分,而每门专业课尤其是核心专业课至少 3 学分,有的甚至达到 6 学分。因此,对学生而言,通识课常常成为"凑学分"的课,甚至"刷分"的课(陆一,2017)[2]。

面向全校同学开设的通识课,参与选修的同学是来自不同学科、不同专业背景的,这也恰恰是"宽基础、弱专业"教育理念下通识课的本意所在;然而,对于参与选修的同学而言,大多数时候其主要选课动机是因为受到培养计划的制度约束而不是为了适应"宽基础、弱专业"的人才培养需求而做出的主动选择,由此导致其学习的目的并不在于学到"宽基础"的其他领域的专业知识(刘洪彬等,2011)[9],而仅是获得相应的学分(陆一,2017)[2]。因此,此类通识课往往"得不到必修课应有的重视""学生也觉得这类课程不重要,抱着混学分的态度来应付"(张友燕,2021)[3]。因此,参与选修通识课的同学,其学习的主动性、积极性通常较低。

2. 课堂教学规模大,且多在边缘时段上课,教学双方效率较低

面向全校同学开设通识课,往往导致一门通识课参与选修的同学人数较多,通常超过 100 人,甚至超过 150 人或 200 人(白雅娟,2014)[10],120 人左右是非常普遍的现象;由于课堂教学人数众多,很多灵活而有效的教学方式、方法和手段不利于采用,教师的课堂教学组织和管理难度也相应提高,致使效率较低。专业是高校培养人才的平台,相应的专业课尤其是核心专业课的上课时段通常能够得到优先安排,而通识课的上课时段往往被"见缝插针"安排在边缘时间段,很多时候会安排在学习效率最低的下午第 1 和第 2 节课,或者晚间时段,有的甚至安排在周末,一定程度上影响了学生的学习效率。

3. 通识课教师与学生互为"过客",双方认同感低

通识课的典型特征是开放性选课,即面向全校学生,不仅参与选课的学生不受学科、专业限制,有的课程也不受年级限制,各年级的学生可以同时选课。对每位选课的同学而言,任意一位通识课教师几乎不会被选第二次;对任课教师而言,也是如此,一学期的课程上完后,彼此不再有交集。教师与学生双方的认同感相对较低。与通识课不同,本专业的学生,在一门专业课结束后,会与教师建立长期的联系,以便于接续的专业课程、实践、实习以及毕业论文等的后续学习,在拥有硕博学位点的学校,甚至会为进一步读研甚至读博做准备,而教师也希望在教学中发现并培养未来的专业人才。因此,无论是教师还是学生,普遍会将重心放在本专业层面,并不断提高彼此的认同感,以期达到双赢。

4. 通识课教学对教师的教学科研贡献不显著,影响教师积极性

"从我国高校建设的方案和实施策略来看,各校竞相比拼的主要是学科和科研建设,相对忽视教学。高校建设中存在的这种重科研轻人才培养的现象直接带来了通识课程不被重视的现状。"(张友燕,2021)[3]因为当前评价制度体系对教师的科研激励远大于教学激励(陆一,2017)[2],为此,教师要面对和承担更大的科研考核压力,在时间和精力有限的条件下,教师的理性选择必然是重科研、轻教学;而在教学工作中,专业课尤其是核心专业教学更容易得到教师与学生的共同重视,通识课教学则常常被边缘化。由于通识课教学对教师的教学、科研贡献不显著,因此教师在教学过程中积极性不足,表现为课堂教学、课程考核方式趋于简单化、便利化等不良现象,从而导致课堂教学比较单调、课程考核方式过于简单,更极端的则是教学态度不认真,甚至敷衍了事(Jhony Choon Yeong Ng 等,2017)[6]。

二、教师与学生考评制度的困局是高校通识课成为水课的诱因

高校通识课之所以会变成"水课",Jhony Choon Yeong Ng 等(2017)[6]认为,"主要取决于课程的内容和考核方式及任课教师的课堂行为"。周建新等(2016)[11]通过问卷分析认为"在高到课率课堂中,教师的态度往往比较主动,性格开朗,课堂互动较多,其中就包括教师与学生的交流",对于教师的鼓励与批评,"只有 8.15% 的学生表示如果教师指出自己的不足,则不会去上课了",他们也会反馈信息给教师,从而影响到教师在课堂上的行为选择;而借助对通识课主要特征的进一步分析可以发现,教师与学生双方面的不合理的考核制度设计所形成的制度困局则是更深层次的决定性影响因素,是涉及教师与学生的考核制度长期作用于教师和学生的行为选择所形成的结果。

1.教师与学生行为选择的制度困局

让自己的行为和成果得到认可,符合大多数人的心理需求,教师也不例外。大多数通识课教师,在第一次上通识课时,是希望能够高质量完成的,然而现实结果可能并不尽如人意。通识课通常是跨专业、跨学科的,而选课的学生又是不同专业、不同学科背景的,且选课人数通常 100 多人,各种情况交织在一起,导致教师对课程的内容把握有较大难度,不容易获得多数学生的认可;而且超过半数的学生选修通识课仅是为了获得学分①,因此学生更关注考核方式及难易程度,而对课程内容并不是很关心。

在现行的教师与学生考评制度框架下,教师与学生从理性出发所做出的最有利于自己的行为决策导致了"水课"的形成。教师方面,考核重科研、轻教学(陆一,2017)[2],教师职称的晋升、各种荣誉的获得,学科的评估与学位点建设等,无不倚重科研项目及学术论文,而在教学业绩的评价体系中,侧重结果的学生评价往往具有较大的影响。因此,教师的最佳选择应该是将主要精力放在科研层面,然后借助"水课"这种最有效的方式获得学生好的评价结果。学生方面,课业考核重在期末考试的结果,而非学习过程,较高的期末考试成绩,有助于获得好的学习绩点,从而有利于评奖、推优、推免研究生以

---

① 笔者在杭州下沙高教园区中的 4 所高校,向通识选修课学生发放问卷,为了尽可能获得真实的信息,分别在第一堂课的课堂上和考试成绩公布后的课后,先后发放了两次问卷,两次问卷都包含 10 个相同的核心问题和 15 个不同的问题。第一次发放了 360 份问卷,回收 360 份,回收率 100%;第二次发放 360 份,回收 348 份,回收率 96.67%。选修通识课的目的,是两次问卷中的 10 个相同核心问题之一,第一次问卷中回答"为了获得学分"的人数为 164 人,占比 45.6%,第二次问卷中回答"为了获得学分"的人数为 281 人,占比 80.75%,平均达到 61.83%。

及出国留学推荐等。

由于通识课的任课教师无法选择上课的学生,而学生则可以相对自由地选择通识课及任课教师,因此,教师与学生在两方面考核制度的作用耦合过程中,不可避免地陷入了"囚徒困境"。

2.教师与学生的"囚徒困境"

教师与学生的博弈过程恰似"囚徒困境"。两种不同的制度环境,即好的制度环境和不好的制度环境,会对博弈主体的行为选择产生不同的影响。好的制度环境不仅对教师和学生有着硬性的外在行为约束,还有引导、鼓励教师和学生采取正向的、积极的行为获得奖励和肯定的要素,从而形成积极行为选择的均衡结果;而不好的制度环境通常只有外在的硬性约束,不仅缺少引导、鼓励教师和学生采取正向的、积极的行为获得奖励和肯定的要素,而且存在着诱导、鼓励教师和学生采取负向的、消极的行为以此获得奖励和肯定的要素,形成消极行为选择的均衡结果。

无论怎样的制度环境,教师与学生的理性选择都应该是积极争取正向的激励,避免得到负向评价,从而让所得的激励效用最大化。因此,教师与学生的均衡应是最优纳什均衡,双方共赢,各自得利,然而如果是消极行为选择的均衡,最终受到损害的不仅是双方的未来,也是高等教育的未来;当然也可能会出现双输均衡,这将是教师与学生双方都会极力避免的,在理性的情况下,双方将会尽力避免"双输"的结局。

3.教师与学生的"囚徒困境"博弈过程分析

第一次博弈:第一次"囚徒困境"博弈将发生在通识课任课教师间。在教师的考核制度环境下,为了能够将更多的时间和精力集中在科研方面,部分教师必然减少在通识课教学方面的付出,并主动向学生示好,从而形成要求松、打分高、容易过的课程,其结果可能是好的教学评价;而与之相反的教师,可能得到的是不好的教学评价。两者博弈的结果,是教师将主动提供更多的水课,任课教师之间达成消极的次优均衡,最终劣币驱逐良币。

第二次博弈 a 均衡:第二次"囚徒困境"博弈将发生在任课教师与学生之间。假设教师在上课时严格要求,并且讲课很受欢迎,学生积极努力学习,学期结束后,考试成绩既得到教师认可,学生也满意,双方互相给予肯定,此时,教师与学生实现积极的最优纳什均衡,这将是最理想的教学结果。然而,a 均衡在当前的制度环境下实现难度较大。

第二次博弈 b 均衡:在科研激励导向下,教师没有积极性为通识课教学付出足够的精力,且不说课程内容及教学方式、方法的准备所付出的时间和精力,仅是 100 多人的各种形式的课堂调度、课后作业批改的工作量就很大,为此,教师必然会做出一定的取舍,从而使得课程教学效果大打折扣,任课教师将倾向于选择对课程教学过程及期末考核不同程度"放水",以博取学生的支持;对学生而言,在以获取学分为主要目的的情况下,也难以有较大的付出,进而倾向于接受任课教师的"放水"行为。此时,"课水、人好、分高、好过"的课便容易成为教师与学生的共同选择,其博弈的结果可能是消极的双输均衡。消极行为选择的均衡,恰恰是教师与学生考评制度设计内在的不足,是在教师与学生理性选择下的结果。

三、通识课考评制度弊端分析

对一门课程而言,其考核制度设计的难点在于平时成绩的考核。据笔者粗略调查,目前我国多数高校课程考核成绩构成体系强调平时成绩的比重,弱化期末成绩比重,甚至明文规定平时成绩比重不能低于 50%（张晓慧等,2016）[12]。因此,怎样在"宽基础、弱专业""强化平时考核、弱化期末考核"的背景下恰当地对高校通识课平时成绩进行考核成为非常重要的一个问题。

1.人数众多的通识课不适宜分组法

虽然平时成绩考核方式、手段可以是多种多样的,尤其是对小班的专业课而言,可以更加地灵活（胡光明等,2016）[13],但对于专业背景不同、人数较多的通识课而言,很多平时常用而且有效的考核制度却不太适用了。

比如,笔者在 16 人的专业选修课上,采用了分 4 个小组,每堂课确定不同的研究主题,请同学们做分析研究报告,同时采用一个组做报告,其他小组成员提问题,并请做报告的同学以回答的方式来完成平时成绩的考核制度,不仅考核的效果很好,而且激发了同学们积极发言讨论的热情,也提高了同学即席发言分析讨论问题的能力。但是"动辄一百多人的班级人数也很难因材施教"（张友燕,2021）[3],这种小组方式,很显然不适合人数众多的通识课的平时成绩考核。

2.课堂点名及出勤率存在严重不足

许成安、王家新（2005）[14],刘寿堂（2009）[15]等比较深入地分析了几种常见的平时成绩考核制度明显的、严重的不足及缺陷。如以学生出勤情况作为平时成绩的依据,以课后作业完成情况作为平时成绩,以上课提问情况为依据,多种方式综合运用,等等。

以点名结果作为平时成绩依据的制度设计常常会带来很荒谬的考核结果,即可能出现期末卷面 100 分的试卷而实际只得 18 分,但只要平时点名及出勤率成绩为优也是可以及格的。除了可能出现荒谬的考核结果外,也容易出现对学生不公平、效率低下、师生博弈,甚至成绩舞弊等弊端。利用点名制度来约束学生上课学习,是舍本逐末。作为高校和教师应该反思为什么学生不愿意到教室来上课,诚然,也确实存在相当一部分同学出于功利想法（于桂娥、刘洪彬,2009）[16],以对自己就业或工作有没有"用处"来选择是否学习,甚至笔者遇到的一些家长也有类似思想。因此,只有找到根源才能从根本上解决问题。

另外,高校通识课教学任务通常是由年轻教师承担的,在高校对教师考核体系偏重科研,相对弱化教学的背景下——由各高校的教师职称评定标准以及年度考核内容可见一斑,高校教师尤其是青年教师要分出相当大一部分精力用于科研。在这种情况下,对动辄 100 多人的通识课采用经常布置并批改课后作业的考核制度就变得非常不现实,不具有客观上的可行性。

四、重构高校通识课考评制度

鉴于高校通识课在课程体系设计中的重要性、特殊性以及常见考评制度存在的不足,有必要基于公平与效率考虑重新构建一套适合于高校通识课成绩考核的制度(许成安,王家新,2005)[14]。笔者对该制度基本结构的设计构想,即采用随堂作业+期中考试+期末考试的模式,结合了笔者具体的教学经历和经验,使其不仅更加完善也更具有现实可操作性。具体制度设计如下:

(一)重设平时成绩考核目标

因为高校通识课是为实现"宽基础"的高等教育人才培养目标而设计的,所以通识课的教学内容宜宽泛而不宜深入。在这样的教学目标下,平时成绩考核目标设计也要与专业课的考核目标有显著不同,通识课的平时成绩考核目标设计应以知识面考核为主,即重在熟悉、了解,以及适度掌握,为以后的进一步深入掌握和应用奠定基础。

(二)搭建畅通的信息交流平台和渠道

"五成左右的学生会自觉到课,不受点名与否的影响;如果点名的话,会直接影响六成左右的学生到课;而如果不点名只有一成多学生缺课"(周建新,林丽萍,2018)[17],点名确实对学生到课率提升有一定作用,但不点名只有一成多学生缺课,因此,完全具备条件实施不以点名考勤为约束条件的制度设计。在不受点名考勤约束条件下,由于部分同学不能准时到课,以及会有同学选择自修,因此会出现有的同学不能全勤,也就是将出现有些同学不同程度地缺课,从而,有的同学可能就无法及时有效地获悉任课教师课堂上公布的有关平时成绩考核情况的具体信息,从而造成教师与学生信息的不对称。

为避免信息不对称给彼此造成的不利影响,在采用"期中考试+期末考试"的考核模式下,任课教师需要在第一堂课,就明确告知学生期中考试和期末考试的具体时间和地点;另外,在现在网络联系非常普及的情况下,可以在第一堂课跟学生共同建立一个QQ、钉钉或微信的临时沟通交流平台,该平台只传递该门课程教学过程中的相关信息,不做他用,课程结束后即可解除。如果具备条件,也可借助任课教师个人网页或微信公众号进行沟通。其核心在于要有一个畅通的交流平台或渠道,避免因为信息不对称造成不必要的麻烦。

(三)随堂课后作业、两次期中考试+一次期末考试

在此,结合笔者的教学经验及教训,建议高校通识课任课教师,可以在每一堂课结束后布置一次课后作业,并采取两次期中考试的平时成绩考核方式。就如前文所分析的,这看起来是不现实的,不具有可操作性,但经过改进后在笔者的制度设计架构里将变得可行。

具体来讲,笔者的设计是这样的:

1.布置课后作业

平时的课后作业,可以不集中批改,而是鼓励学生课后互相交流,或者向该专业的

学生请教,其宗旨是鼓励学生自己完成。当然,任课教师需要每周拿出一个固定的半天时间(可结合教师自己和学生的时间共同协商确定)来解答学生关于课后作业的疑问,作为最终解决学生作业疑难问题的保障。不集中批改以及课堂统一讲解,其目的就是为了调动学生的主动学习积极性,提高其解决问题的能力,而且教师的固定答疑时间可以保障学生有最后解决问题的途径。这样的处理方式,不会额外增加任课教师的工作量,大量的工作由学生在课外完成。为尽可能避免学生课后作业"搭便车"行为,又起到平时成绩考核的目的,同时还需要结合期中考试的制度。

2.两次期中考试的制度设计

相关的文献中,有的教师提到,课时少,教学任务重,期中考试会浪费正常教学时间,更何况是两次期中考试。笔者对此也是有同感的。笔者之所以建议采取两次期中考试的方式,是基于"宽知识面"的出发点,并结合平时的课后作业情况,这样的设计有助于推动学生不间断地课后学习。具体的设计是:两次期中考试,每次只用一课时的时间即可,以 16 周教学安排为例,具体时间可以安排在第 5 周和第 10 周;考试内容就是前面布置的课后作业的内容,但是期中考试成绩不是以 60 分为及格线,而是以 85 分或更高的分数为及格线,这样的设计可以在一定程度上"强迫"学生去完成课后作业,哪怕是抄也要抄得"明白",否则很难达到 85 分或更高分数的及格线。将期中考核时间分成两次,可以适当减少一些学生平时不学习,期末临时"抱佛脚"的习惯,而且因为及格线提高了,平时作业如果完全是抄的,则期中考试很难及格,这样有助于适当减少"搭便车"行为。两次期中考试相当于批改两次课后作业的工作量,相对而言,这样的工作量对任课教师来说是在可承受的范围内的;同时,因为平时布置课后作业,能让学生通过完成课后作业来加深对本门课程的熟悉和了解程度。

3.一次期末考试

在期末考试的时候,可以考虑使两次期中考试所涉及的课后作业的内容占期末考试内容的 20%,第二次期中考试后至期末考试之间的作业内容占期末考试内容的 50%,课后作业外的内容占 30%。这样设计的目的是推动学生反复地熟悉和了解前后学过的知识,但又不是只依靠"背"课后作业就能够获得较好的成绩的。

五、结论与讨论

本文所设计的高校通识课成绩考核制度架构,整体而言有较强的实践操作价值;当然也存在着不足,比如,考核的方式虽然多元,但仍偏重传统形式而欠缺灵活的实践方式考核,尤其是未能充分考虑开放式或实践性较强的课程的考核要求。

另外,制度设计本身可能存在着不完善的地方,还有待于进一步改进完善。在我国的高等教育制度体系中,对高校教师的教学质量有着严格的评价考核制度,这一制度甚至在教师专业技术职务晋升中具有一票否决的决定性影响,不可谓不严格。然而从制度设计的目的和实施效果来看,并不理想,也没有显著达到提高教学质量的初衷。究其原因:第一,该制度设计对教授没有实质约束意义,因为教授已经没有专业技术职务晋升诉求,故而缺少约束力;第二,专业技术职务晋升一票否决制的制度含义,即教学质量不合格是专业技术职务不能晋升的充分而非必要条件,而教学质量合格是专业职务晋升的必要而非充分条件。也就是说,对大部分教师而言,理性的选择仍然是将主要的或大部分精力投放在"能够晋升"的决定因素即科研方面,只要教学质量合格不被一票否决就可以接受了而没有更高的追求。

考核类制度,其执行结果主要分为两类,即奖励与惩罚。惩罚对行为人的行为有抑制性作用,而奖励则是激励作用;现有的即使是强如一票否决的制度设计,其本质也是惩罚性制度设计,其发挥的是抑制作用而非激励作用,因而往往难以达到"引导教师热爱教学、倾心教学、研究教学,潜心教书育人"的目的。因此,从根本上杜绝水课,还需要让高校回归"教学"中心,并依此改进和完善对教师与学生的考评制度,从而使考评制度的理性与教师和学生的个人理性达成一致。

参考文献

[1] 刘燕吉."水课"别真上"水"了[J].中国大学生就业,2011(07):12-14.

[2] 陆一.通识教育核心课程质量监测诊断:"高能课"与"吹水课"的成因分析与甄别[J].复旦教育论坛,2017,15(03):53-60.

[3] 张友燕.哈佛大学通识课教育改革对我国高校通识课建设的启示[J].黑龙江高教研究,2021,39(02):59-63.

[4] Huba M E, Freed, J E. Learner centered assessment on college campuses:Shifting the focus from teaching to learning[J]. Community College Journal of Research and Practice,2000,24(9):759-766.

[5] 在北京大学师生座谈会上的讲话[EB/OL]. (2018-05-02)[2023-12-01]. http://www.xinhuanet.com/politics/2018-05/03/c_1122774230.htm.

[6] Jhony Choon Yeong Ng,陈红雪,宋凯文,等.基于扎根理论的高校"水课"教育改革研究[J].高教学刊,2017(22):15-18.

[7] 陆国栋.治理"水课" 打造"金课"[J].中国大学教学,2018(9):23-25.

[8] 坚持以本为本 推进四个回归 建设中国特色、世界水平的一流本科教育:新时代全国高等学校本科教育工作会议召开[EB/OL]. (2018-06-22)[2023-12-01]. http://www.gov.cn/xinwen/2018-06/22/content_5300334.htm.

[9] 刘洪彬,于桂娥,张艳彦.理工类高校会计学公选课教学改革研究[J].中国校外教育,2011(24):89-90.

[10] 白雅娟.高校课业考评中加大平时成绩权重的价值与困境浅析[J].陕西教育(高教版),2014(04):47-48.

[11] 周建新,杨桦,华吟.研究型大学人文通识课到课率与课堂因素关系探究:基于华南理工大学人文通识课调研的分析[J].高教探索,2016(12):41-44.

[12] 张晓慧,钟为慧,夏骏杰,等.关于我校实施课程教学平时成绩不低于50%的调研与思考[J].教育教学论坛,2016(39):232-234.

[13] 胡光明,胡九珍,罗进雄,等.国家级精品课程"沉积岩石学"考试改革[J].中国地质教育,2016,25(02):24-27.

[14] 许成安,王家新.大学课程平时成绩评定依据的比较研究[J].中国大学教学,2005(07):39-41.

[15] 刘寿堂.大学公共课程平时成绩考评手段质疑及商榷[J].黑龙江高教研究,2009(02):

174-196.

[16] 于桂娥,刘洪彬.优化课程体系设计提升跨学科研究生创新能力:以浙江理工大学为例[J].
中国高教研究,2009(06):48-50.

[17] 周建新,林丽萍.主客观视角下的人文通识课到课率影响因素研究:以华南理工大学人文通
识课为例[J].当代教育论坛,2018(02):95-107.

获得感视域下的本科教学质量提升研究

——以浙江工商大学旅游与城乡规划学院为例

谢梦巧[①]　陆诤岚[②]

（浙江工商大学旅游与城乡规划学院）

摘　要:增强学生获得感是提升教学满意度的必经之路,是深化教学改革的根本目标。本文以浙江工商大学旅游与城乡规划学院本科生为研究对象,从学习方式、综合满意度、实践教学和个人发展四个方面展开研究和实证分析,探索获得感、满意度和教学质量之间的逻辑关系,并基于学生获得感体验优化提出本科教学质量提升策略。

关键词:获得感;教学质量;提升策略

一、引　言

2015 年,习近平在中央全面深化改革领导小组第十次会议上首次提出"获得感"一词,此后"提高人民群众获得感"成为党中央治国理政的重要理念,也成为学术研究的热点。在高等教育领域,学生的获得感不仅是教育改革是否成功的判断标准,也是影响教学质量的关键因素。只有不断增强学生对于课堂、专业的获得感,才能持续激发学生的学习兴趣,不断提升教育教学质量,提高课堂黏性。本文基于"获得感"的内涵外延,以浙江工商大学旅游与城乡规划学院本科生为例,探讨学生获得感体验与教学教育质量提升之间的关系,并就如何深化教学改革、提升教学水平提出建议。

二、基本概念阐释

时任教育部部长陈宝生指出:"获得感是判断我们改革成功与否的根本标准,衡量我们工作成效的根本标准,也是检验我们工作作风的根本标准。"获得感是一个相对主观的感受,如何将学生获得感外化为衡量教学教育质量的标尺十分重要。

具体来说,获得感由 3 个部分组成:(1)知识性获得。这是学生最直接、最基础、最

---

①　谢梦巧,浙江工商大学旅游与城乡规划学院教学秘书,新加坡南洋理工大学管理学硕士,研究方向为知识管理、旅游管理。

②　陆诤岚,浙江工商大学旅游与城乡规划学院副院长,浙江大学环境工程博士,研究方向为旅游企业管理。

容易感知到的获得内容,体现了学生对课程涉及的基本概念、基本理论等有关知识点的记忆、理解和运用等。(2)情感性获得。这是学生在接受思想认知基础上,对课程本身所主张的思想观念和情感要求等产生情感共鸣、情感愉悦和情感满足,也涵盖了对授课教师个人魅力的崇拜和追随。(3)价值性获得。这是学生在学习课程知识并产生情感共鸣后,对所学内容的高度认同,包括专业知识对于今后个人发展和职业规划的帮助。

　　图 1 是学生获得感价值逻辑模型。首先,学生获得感由"知识性获得""情感性获得"和"价值性获得"三部分构成,而这三部分有从低到高的等级关系,只有依次经历从知识到情感再到价值的三重迭代升级,学生才能达到顶峰的获得感,感觉自己有所收获;其次,在获得感达到一定程度后,学生的满意度随之增强,对课堂、专业等的评价也会提升;最后,教学质量的提升是逻辑模型的终极目标,也是整个流程的必然结果。

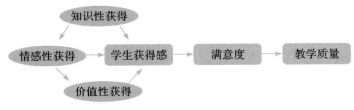

图 1　学生获得感价值逻辑模型

三、研究框架和实证分析

(一)研究概述

　　教学改革是一个与时俱进的系统性工程,随着学生主体的持续更新,其所反映的群体特征、学习方式、交流特点等都在不断变化。当前的"00 后"大学生有着更为鲜明的时代烙印,许多一线教师纷纷反映"现在的孩子和以前不一样了",这个群体更加追求独立自由和个性化表达,对教学质量和教育制度有着自己的认知与理解。

　　为了更加了解当代大学生的现状,不断提升本科教育质量以适应学生群体,项目组展开了基于学生获得感提升的研究,以浙江工商大学旅游与城乡规划学院本科生为样本,利用田野法、问卷调查法和访谈法等手段获取数据,试图对学生心理进行剖析解读,以期对政策的制定、制度的完善提供参考。

　　问卷采用李克特五级量表计分,涵盖正向题和反向题,五个选项分别给予 1—5 分,最后通过量表计平均分。共回收有效测评表 257 份,表 1 是各年级的样本回收情况,表 2 是各专业的样本回收情况,各年级、各专业所占份额较为平均。访谈法抽取了四位同学,分别来自旅游 2101 班、旅游 2002 班、酒店 1901 班和规划 1801 班。

表 1　各年级样本回收情况

年级	回收数量(份)	所占比例
大一	57	22.18%
大二	76	29.57%

续　表

年级	回收数量(份)	所占比例
大三	63	24.51%
大四	61	23.74%

表2　各专业样本回收情况

专业类别	回收数量(份)	所占比例
旅游管理	106	41.25%
酒店管理	53	20.62%
城乡规划	98	38.13%

(二)结论分析

本研究中调查问卷的设计涵盖了学习方式、综合满意度、实践教学、个人发展4个一级指标,并逐步细分为13个二级指标,包括课前预习、课后总结、教学模式、作业形式、学习地点与时长、职业规划、专业偏好、课程考核、授课水平、课后交流、教材水平、创新创业教育、实习实践。在设计指标体系的过程中,项目组将知识性获得、体验性获得和价值性获得的逻辑具象化,进一步将学生的"获得性体验"量化成可测量的维度,并与满意度和教学质量综合考量,形成了问卷的最终形态。

1.综合满意度测评

基于获得感价值模型,问卷题目的设计涵盖了学院各个层面的满意度调查,试图通过学生的满意度测评结果逆推学生的获得感程度。

如表3所示,对于"专业满意度",40.86%的学生认为尚可,41.63%的学生认为比较满意,满意度位于中等水平。对专业课不满意的原因主要集中在课程内容枯燥、教学形式僵化等方面,反馈的意见中提出了"课程没有传承性,无法开到下一届,规划专业缺乏技术性课程"等内容。

表3　专业满意度测评情况

您对目前就读专业的满意度如何?	样本分布	比例
很不满意	2	0.78%
不太满意	10	3.89%
尚可	105	40.86%
比较满意	107	41.63%
非常满意	33	12.84%
本题有效填写人次	257	

如表4所示,关于"老师在课余时间开展的指导交流次数"的调查,17.51%的学生认为较少,47.08%的学生认为次数为中等水平,24.51%的学生认为较多,总体处于中等水平,说明学生仍希望继续加强与老师的课后交流。

表 4　教师课后交流机会情况

您课后和老师交流的机会如何?	样本分布	比例
极少	13	5.06%
较少	45	17.51%
有些	121	47.08%
较多	63	24.51%
很多	15	5.84%
本题有效填写人次	257	

如表 5 所示,对于教材,63.04%的学生认为目前使用的教材满意度尚可,24.51%的学生认为比较满意,有 3.89%的学生认为不太满意。对教材不满意的学生中,42.86%的学生认为"教材版本老旧",50%的学生认为"教材与课程关系不大"。

表 5　教材满意度测评情况

您对目前使用的教材满意度如何?	样本分布	比例
很不满意	4	1.56%
不太满意	10	3.89%
尚可	162	63.04%
比较满意	63	24.51%
非常满意	18	7.00%
本题有效填写人次	257	

按专业分类的交叉分析中,对于"您具有清晰的职业发展规划吗?"一题,城乡规划专业学生的平均分最高,个人发展规划最清晰,旅游管理和酒店管理的学生偏低。

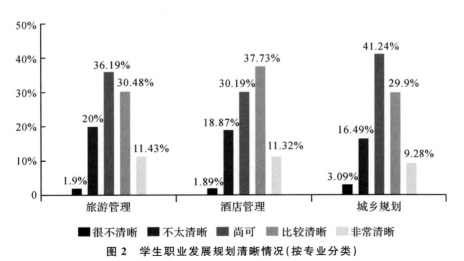

图 2　学生职业发展规划清晰情况(按专业分类)

针对"课堂知识对职业发展的帮助",城乡规划和酒店管理专业学生打分明显偏低,城乡规划的学生也在反馈中表示"缺少手绘、软件教学",因此导致专业课满意度偏低,对于授课老师的满意度也是三个专业里最低的。由此可见,城乡规划专业学生的获得感明显低于其他两个专业,由于工科类专业更为突出的专业性和技术性,该专业学生对于获得感满足预期的要求更高,获得感体验更加偏重于"知识"和"价值"维度。

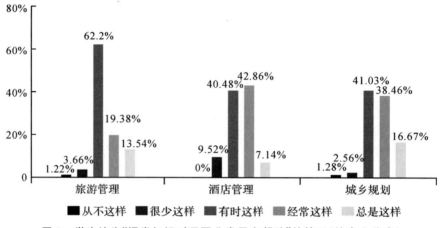

图 3 学生认为"课堂知识对于职业发展有帮助"的情况(按专业分类)

2. 实践教学

实践教学是构成本科教学的重要组成部分,教育部近年来持续关注的"劳动教育""美育"等模块都与实践教学紧密关联,提高实习实践活动质量、加强大学生劳动教育、提高创新创业意识和能力都是未来本科教育质量提升的发展方向。

如表 6 所示,关于"参与学科竞赛或创业创新项目的情况",35.02%的学生认为有些,24.12%的学生认为较少,25.68%的学生认为极少,学生参与学科竞赛和创业创新项目的比例整体偏低。

表 6 参与学科竞赛或创业创新项目情况

您参与学科竞赛或创业创新项目的情况如何?	样本分布	比例
极少	66	25.68%
较少	62	24.12%
有些	90	35.02%
较多	28	10.89%
很多	11	4.29%
本题有效填写人次	257	

如表 7 所示,对于"实习实践教学的满意度",56.03%的学生认为尚可,26.46%的学生认为比较满意,10.11%的学生认为很满意。总体看来,学生对于实习实践教学的满意度处于中等水平。

表7　实习实践教学满意度测评情况

您对学校目前的创业创新教育满意度如何?	样本分布	比例
很不满意	3	1.17%
不太满意	16	6.23%
尚可	144	56.03%
比较满意	68	26.46%
很满意	26	10.11%
本题有效填写人次	257	

3.学习环境

该维度的调查主要探究学生获得性体验的外部性评价,包括学校提供的软硬件基础、环境、发展平台等,良好的学习环境对学生获得感提升具有潜移默化的正面影响。如图4所示,学生对"学习地点"的喜爱度排序依次是教室、寝室、图书馆、校内其他自习空间、校外咖啡厅等。通过访谈,学生反映"教室关闭时间过早(每晚10点清场)""校内没有24小时开放的自习地点""师生之家环境是不错,但是插座太少了,电脑无法充电"等问题,诸如此类的反馈说明学校的学习环境和基础设施还需要继续提升,才能进一步提升学生获得感和满意度。学校要继续加强对教室的管理,建议采取优化教室自习环境、延长教室开放时间等措施,为学生提供更加充裕舒适的学习环境。

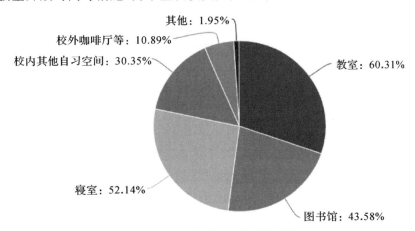

图4　学生最喜欢的自习地点分布情况

四、获得感视域下的教学质量提升策略

开展学生获得感和教学质量满意度测评,就是要以增强学生获得感为目标,从学生需求和期待出发,科学设计课堂教学改革方案,策划教学活动,创新教学理念、教学内容、教学方式等,持续推动教学改革研究和实践创新。

(一)持续创新教学理念

以提高课堂获得感为目标,深化教学理念创新,首先要注重提高课程内容和教材的时代性,与时俱进。鼓励教师改变一成不变的讲课模式,将多种教学形式引入课堂,提高学生学习兴趣,增强课堂黏性。另外,要突出专业课带给学生的价值,秉持立德树人的理念,适度提升软件教学比重,增加实践教学,提升创业创新教育质量,强化课程的核心价值和实际应用,避免华而不实、高大上的理论堆砌,引导学生将论文"写在祖国的大地上",重点坚持正面传授知识和价值导向,帮助学生脚踏实地地提升综合素质。

(二)深化改革教学方式

鼓励教师积极寻找学生的求知探索兴趣点,想方设法调动学生思考的积极性,激发其学习的主动性、参与度,从而提升学生的获得感。一要充分发挥教师和学生的双主体作用。运用启发式、探究式、讨论式、参与式等教学方法,让学生成为主动参与者和创作者,培养学生勤于思考、探索解决问题的能力,让学生学有所思、学有所感、学有所获。二要充分利用"互联网+""翻转课堂""MOOC"等多种新型教学手段,紧抓青年学生的心理特征,运用学生喜闻乐见的方式方法传递教学内容,适应学生追求新异的心理。

(三)切实提高实践教学质量

注重拓展实践教学教育空间,把实践教学纳入培养方案重要教学环节,既要丰富课堂实践教学方式和内容,比如开展课堂专题辩论、专题演讲、读书沙龙等,也要拓展课外实践教学手段和途径,鼓励学生走出课堂、走向校园、走向社会,有机融入社会实践、志愿服务、实习实训等活动中,切实提高实践教学实效。

(四)畅通师生互动交流通道

呼吁教师学会换位思考,站在学生的角度考虑问题,深入分析学生家庭背景、学习生活经历、风俗习惯和社会环境差异等,从学生角度理解学生,建立良好的师生关系;同时有意识地培养学生的共情能力,要做有温度、有深度、有情怀的教师;以共情为基础,在课堂上与学生共同探索理论知识、体会学习快乐,通过 office hour、餐叙等形式,加强对学生的课后辅导交流,帮助学生解答对现实和未来的困惑,在互动中达到师生情感升温,在互动共鸣中提升专业感染力,从而提高学生获得感,实现知识、情感、价值三位一体的最终目标。

参考文献

[1] 马小玲.新文科背景下旅游相关专业教育课程改革与"金课"建设研究[J].陕西教育(高教),2022(03):36-37.

[2] 赵幸,崔波.高校本科教学质量保障治理的逻辑基础与实现路径[J].上海教育评估研究,2022,11(01):17-21,47.

[3] 朱小芳,丁敢真.思想政治教育视域下提升学生成长获得感的三重逻辑[J].学校党建与思想

教育,2022(03):42-45.

[4] 金晓梅,高倩倩,尹今格.新文科背景下"以学生发展为中心"的教学范式改革探究[J].经济
师,2022(02):185-186.

[5] 李亚利.互动仪式链视域下大学生劳动获得感培育探索[J].科教文汇,2022(02):35-38.

[6] 罗瑶.大学生获得感评量应纳入高校教育评价改革研究[J].黑龙江教育(理论与实践),2022
(01):46-47.

高校思想政治理论课
加强政治引领的现实逻辑[①]

刘　艳[②]　聂冰清[③]

（浙江工商大学马克思主义学院）

摘　要: 思想政治理论课是落实立德树人根本任务的关键课程,高校思想政治理论课加强政治引领是贯彻党的教育方针、培养担当民族复兴大任的时代新人的必然要求。从现实原因来看,加强政治引领是高校思想政治理论课在新时代条件下回应机遇和挑战的必然选择。

关键词: 高校思想政治理论课;政治引领;逻辑理路

党的十八大以来,党中央高度重视高校思想政治工作,对高校思想政治理论课提出新要求、新希望。其中,加强政治引领是最鲜明的要求。习近平在同十八届团中央新一届领导班子成员集体谈话时首次提出"青年政治引领"这一课题,后来又明确提出"加强对广大青年的政治引领,引导广大青年自觉坚持党的领导,听党话、跟党走"[1]。思想政治理论课加强政治引领有着深刻的现实原因、理论根据和历史依据。

一、坚持党对一切工作的领导要求
高校思想政治理论课亮出政治底色

"中国特色社会主义最本质的特征是中国共产党领导,中国特色社会主义制度的最大优势是中国共产党领导,党是最高政治领导力量"[2],是习近平新时代中国特色社会主义思想的重要论断。思想政治理论课有需要也有必要对这一论断提出的新要求做出相应的调整。习近平强调,"我们的高校是党领导下的高校,是中国特色社会主义高校"[3]。思想政治理论课是高校落实立德树人根本任务的关键课程,在培养什么样的人的问题上必须保持清醒,要始终以培养坚持党的领导和拥护党领导的事业的人为己任。

一方面,思想政治理论课是保证高校成为坚持党的领导的坚强阵地的主渠道。高

---

①　2021年度浙江省社科规划"高校思想政治工作研究"专项课题"习近平总书记关于青年政治引领的重要论述研究"(21GXSZ021YB)阶段性成果;2022年浙江工商大学校级学科建设管理项目"大思政视域下马克思主义理论学科高质量发展研究"阶段性成果。

②　刘艳,浙江工商大学马克思主义学院讲师,博士,研究方向为中国特色社会主义。

③　聂冰清,浙江工商大学马克思主义学院研究生,硕士在读,研究方向为思想政治教育。

校作为坚持党的领导重要阵地的特殊性在于,其工作对象主要是青年学生,他们是引领风气之先的力量,是国家的未来和民族的希望。赢得了青年就赢得了国家和民族发展的力量,赢得了事业成功的力量。向青年学生讲解党的历史和地位、阐释党的执政方针和理念是思想政治理论课的重要内容,帮助和促进青年学生理解党的历史使命、认同党的奋斗目标、践行党的行动纲领是思想政治理论课的重大责任。"不论是知识分子,还是青年学生,都应该努力学习。除了学习专业之外,在思想上要有所进步,政治上也要有所进步,这就需要学习马克思主义,学习时事政治。没有正确的政治观点,就等于没有灵魂。"[4]

另一方面,思想政治理论课是保证高校始终成为培养社会主义事业建设者和接班人的坚强阵地的主渠道。在"培养什么人"这一问题上,习近平明确指出:"我国是中国共产党领导的社会主义国家,这就决定了我们的教育必须把培养社会主义建设者和接班人作为根本任务。"[5]通过对科学社会主义历史,特别是中国特色社会主义道路探索的历史进程的宣传,思想政治理论课能引导学生正确认识和掌握中国特色社会主义的历史必然性,树立为共产主义远大理想和中国特色社会主义共同理想而奋斗的信念。通过对世界和中国发展大势的判断,特别是中国特色社会主义理论的系统宣传,思想政治理论课能引导学生正确认识和把握时代责任和历史使命,形成对共产主义和中国特色社会主义的坚定信仰。通过对中国特色和国际的比较,特别是新时代中国特色社会主义实践的宣传,思想政治理论课能引导学生正确认识和把握中国特色社会主义的制度优势,形成把个人梦融入中国梦、用中国梦激扬青春梦的高度自觉。

二、国家治理体系和治理能力现代化要求思想政治理论课进行相应变革

长期以来,思想政治教育工作的政治属性被打上强制性色彩,这样的思维定式与推进国家治理体系和治理能力现代化的总目标不符,既忽视了受教育者的主体地位和主动性,也忽视了思想政治工作外的力量的作用。实现思想政治教育治理体系和治理能力现代化是思想政治理论课在推进国家治理体系和治理能力现代化中的定位和要求。通过主体多元化、制度法治化、手段信息化等途径,高校思想政治理论课能提升有效性,并进一步彰显其政治属性,进而提升其为巩固和发展中国特色社会主义服务的能力。

在国家治理体系和治理能力现代化的背景下,主体多元化是思想政治理论课的必然趋势。从"管理"到"治理",反映的是人民群众在政治生活中的主体意识的增强和主人翁地位的凸显。对政治意识高度敏感的高校学生而言,简单的"领导""主导"不能够满足其政治参与热情。思想政治理论课要从"灌输"到"引领"进行转变,实际上是对"治理"语境下思想政治理论课主体多元化的回应。这要求思想政治理论课实现从传统单一、单向的直接性输出模式向现代多元、双向互动的间接性互动模式转变。

在国家治理体系和治理能力现代化的背景下,制度法治化也是思想政治理论课的必然趋势。思想政治理论课在国家治理体系和治理能力现代化中的定位和作用,属于"软治理""非正式性治理"的部分,但这并不意味着思想政治理论课没有或者不需要制度法治化的"硬支撑"。构筑思想政治理论课的"引领"的"硬支撑",要求思想政治理论

课在制度设计方面,既要坚持和巩固已有政策制度,也要查漏补缺,完善和发展相关制度,做到教育主体权利和义务明确、教育活动的内容统一和程序规范及教育评价公平、公正、公开。

构建基于信息技术的新型教育教学模式、教育服务供给方式及教育治理新模式是教育现代化的重要内容。网络已成为教育活动开展的重要载体,思想政治理论课必须善于利用信息化手段提升"引领"的能力和效果。从技术层面保障思想政治理论课各项活动的正常运行,要运用大数据,提高思想政治教育的针对性,扩大治理的广泛性、综合性和自主选择性。思想政治理论课要利用新媒体整合思想政治教育资源,拓展思想政治教育阵地。

三、意识形态领域的斗争要求思想政治理论课的政治引领功能只能加强不能懈怠

当前我国意识形态工作面临的挑战前所未有:在深度融入世界的过程中,世界范围内各种思潮交流交锋交融;在全面深化改革的进程中,国内各种矛盾和热点问题叠加出现;在迈步国际舞台的过程中,境内外敌对势力对我国实施西化、分化战略一刻也没有放松;再加上高校学生知识体系搭建尚未完成、价值观塑造尚未成形、情感心理尚未成熟、人生阅历还不丰富,在认识和解释世界时,具有从自身角度和从理想状态出发的局限。高校意识形态工作的任务非常艰巨。习近平总书记强调:"必须把意识形态工作的领导权、管理权、话语权牢牢掌握在手中,任何时候都不能旁落,否则就要犯无可挽回的历史性错误。"[6]思想政治理论课作为一项意识形态领域的战略工程、固本工程、铸魂工程,不能弱化只能加强。

思想政治理论课是保持高校意识形态工作领导权的抓手。"加强党对高校的领导,加强和改进高校党的建设,牢牢把握高校意识形态工作领导权,是办好中国特色社会主义大学的根本保证。"[7]斗争环境越是复杂,越是要将统治阶级的思想转化为占统治地位的思想。思想政治理论课要引导高校学生运用马克思主义立场、观点、方法观察分析问题,培养历史思维、辩证思维、系统思维、创新思维的习惯,做到对马克思主义理论真学、真懂、真信、真用。思想政治理论课还要引导高校青年自觉把社会主义核心价值观润物细无声地浸润自己的心田、转化为日常行为,增强价值判断能力、价值选择能力、价值塑造能力。

思想政治理论课是坚持高校意识形态工作主动权的帮手。毛泽东曾指出:"凡是要推翻一个政权,总要先造成舆论,总要先做意识形态方面的工作。"[8]意识形态阵地,我们不占领,敌人就会去占领。高校思想政治理论课要因事而化、因时而进、因势而新,积极主动作为。要在掌握和遵循思想政治教育工作规律的前提下,提升思想政治理论课的亲和力和针对性;要做到敢于举旗和敢于亮剑双向发力,理直气壮地宣传好马克思主义,旗帜鲜明地批驳各种错误思潮,提升思想政治理论课的凝聚力;要坚持贴近学生、贴近生活、贴近现实,回应大学生的理论关切,培养其理论兴趣,提升其理论思维能力,提升思政课的吸引力。

思想政治理论课是捍卫高校意识形态工作话语权的鼓手。话语创新一直是思想政

治理论课改革与创新的重点,对提升思想政治理论课的实效性意义重大。思想政治理论课的话语创新与意识形态工作的话语权建设是共通的。要创新话语表达的内容,恰当地运用政治话语、学术话语和生活话语,讲好中国故事、弘扬中国精神、传播中国声音。要创新话语表达的形式,既要善于利用可视化、科学化、论辩式和批判式的形式进行"刚性"表达,也要善于利用生活化、故事化、生动化以及引导协商式的呈现方式进行"柔性"表达。还要创新话语表达的载体,既要利用新的技术手段丰富课堂这个主阵地,也要充分利用新媒体,特别是媒体融合发展的新环境,助推思想政治理论课现代化。

思想政治理论课是我国教育制度的特色课程,但并非特殊课程,它同其他国家的政治教育和道德教育课程一样,都是为国家意志服务的。我国是中国共产党领导的社会主义国家,这决定了思想政治理论课"要同我国发展的现实目标和未来方向紧密联系在一起,为人民服务,为中国共产党治国理政服务,为巩固和发展中国特色社会主义制度服务,为改革开放和社会主义现代化建设服务"[3]。

参考文献

[1]加强对五四运动和五四精神的研究 激励广大青年为民族复兴不懈奋斗[N].人民日报,2019-4-21(1).

[2]习近平谈治国理政:第3卷[M].北京:外文出版社,2020.

[3]习近平谈治国理政:第2卷[M].北京:外文出版社,2017.

[4]中共中央文献研究室:毛泽东文集:第7卷[M].北京:人民出版社,1999.

[5]教育部课题组.深入学习习近平关于教育的重要论述[M].北京:人民出版社,2019.

[6]中共中央党史和文献研究室:习近平关于总体国家安全观论述摘编[M].北京:中央文献出版社,2018.

[7]坚持立德树人思想引领 加强改进高校党建工作[N].人民日报,2014-12-30(1).

[8]建国以来毛泽东文稿:第10册[M].北京:中央文献出版社,1996.

浙江改革开放史融入高校思政课教学的价值意蕴和实践路径探索①

朱栋荣② 彭庆鸿③

（浙江工商大学马克思主义学院）

摘 要:改革开放史作为"四史"学习的一个重要部分,充分彰显了中国共产党人敢为人先、创新进取的品格精神。浙江是改革开放的先行地,将浙江改革开放史融入浙江高校思政课教学为彰显新时代中国特色社会主义制度优越性提供了"重要窗口"。在理论教学上,可以搭建教学案例库,丰富和优化教学;在实践教学上,要围绕"新时代中国特色社会主义在浙江的实践"主题开展实践调研。

关键词:浙江改革开放史;价值意蕴;实践路径

2021年2月20日,在党史学习教育动员大会上,习近平总书记动员全国上下要积极开展"四史"学习,"做到知史爱党、知史爱国,在学习领悟中坚定理想信念,在奋发有为中践行初心使命"④。作为"四史"学习的一个重要组成部分,改革开放史充分彰显了中国共产党人敢为人先、创新进取的品格和精神。

浙江是改革开放的先行地。党的十一届三中全会后,在会议精神的指引下,浙江人民率先推进市场化改革,极大地解放和发展了生产力,形成了独具一格的浙江精神。立足新时代,在浙江奋力打造共同富裕示范区的关键时间节点上,将浙江改革开放史深度融入浙江高校思政课教学正当其时。

一、蓬勃于浙江大地上的改革开放

浙江的改革率先从农村起步,"从无数个村落萌生,由千百万农民掀起惊天巨浪"⑤。在实行家庭联产承包制的基础上,浙江人民接续恢复了农村集贸市场,推进个

---

① 浙江工商大学2021年度校高等教育研究课题"浙江改革开放史融入思政课教学探索",课题编号: Xgy21049。2021年度浙江工商大学本科教学改革项目"浙江共同富裕示范区建设融入思政课教学体系的探索——以'概论'课为例"阶段性成果。2021年浙江工商大学新文科研究与改革实践项目"新文科视域下基于'重要窗口'的高校思政课教学案例库建设"阶段性成果。

② 朱栋荣,浙江工商大学马克思主义学院讲师,法学博士,研究方向为近当代中国政治。

③ 彭庆鸿,浙江工商大学马克思主义学院讲师,历史学博士,研究方向为中共党史与党建。

④ 习近平:《在党史学习教育动员大会上的讲话》,《求是》2021年第7期。

⑤ 胡宏伟:《东方启动点——浙江改革开放史(1978—2018)》(上),浙江人民出版社2018年版,第3页。

体私营企业经济的发展,形成了"千家万户办企业、千山万水闯市场"的壮阔局面。

世纪之交,在经过 20 多年的发展后,走在前列的浙江率先遭遇种种"成长的烦恼"。资源趋紧、环境污染严重等经济发展过程中的问题先后暴露出来。如何打破发展僵局,创新发展模式,推动经济又快又好发展,成为浙江迫切需要回答的问题。2003 年 7 月,时任浙江省委书记的习近平同志带领省委一班人深入调研、深邃思考,在正确理解和把握历史方位的基础上谋篇布局,系统提出了影响深远的"八八战略"。

"八八战略",即"发挥八个方面的优势""推进八个方面的举措",涉及浙江社会主义市场经济体制机制问题、对外开放水平、生态环境、山海协作、法治建设等八个方面。[①]"八八战略"把落实中央的要求与发挥浙江的主观能动性深度统一,全面客观地分析了浙江经济社会发展存在的优势与短板,形成了一个系统完整、逻辑严密的思想体系,彰显了习近平新时代中国特色社会主义思想在浙江的萌发脉络。

在"八八战略"指引下,浙江进一步深化改革开放,在诸多领域展开创新实践,率先从省域层面回答了 21 世纪坚持和发展中国特色社会主义的问题。2020 年,浙江全省GDP 总量增至 6.4 万亿元人民币,从 1978 年的全国第 12 位跃升至第 4 位,城乡居民的可支配收入更是居于全国首位。

纵看历史,改革开放以来,浙江创造性地贯彻落实了党中央的路线方针政策,紧紧围绕"富民强省"的发展战略,敢为人先、艰苦奋斗,形成了"求真务实、诚信和谐、开放图强"的浙江精神。这一方面得益于浙江人民"敢为天下先"的创新与担当意识。党的十一届三中全会确立的思想路线为浙江人民解放思想,突破传统观念的束缚,打破常规体制机制的局限提供了强大动力。另一方面与浙江各级政府实事求是、充分尊重人民群众的首创精神密不可分。他们坚持从实际出发,先后出台了一系列有利于地方经济发展的政策文件,为浙江大地充满创新活力提供了制度保障。

二、浙江改革开放史融入浙江高校思政课的价值意蕴

浙江率先"富起来",并被赋予建设共同富裕示范区的重要使命,其关键一招就是立足省情,坚持改革开放。一部浙江改革开放史实际映射了中国改革开放的宏伟进程。因此,在浙江高校思政课教学中融入浙江的改革开放史,意义日显其重。

其一,为彰显新时代中国特色社会主义制度优越性提供了"重要窗口"。40 多年改革开放史,本质上就是坚持和发展中国特色社会主义的历史;学习改革开放史,则为学生整体把握与真切理解中国特色社会主义的道路、制度、文化与理论体系提供了重要契机。习近平总书记强调:"40 年的实践充分证明,党的十一届三中全会以来我们党团结带领全国各族人民开辟的中国特色社会主义道路、理论、制度、文化是完全正确的,形成的党的基本理论、基本路线、基本方略是完全正确的。"[②]2020 年春,习近平总书记在考察浙江时,赋予了浙江"努力成为新时代全面展示中国特色社会主义制度优越性重要

---

　　① 习近平:《干在实处　走在前列——推进浙江新发展的思考与实践》,中共中央党校出版社 2006 年版,第 71—73 页。

　　② 习近平:《在庆祝改革开放 40 周年大会上的讲话》,《求是》2018 年第 24 期。

窗口"的新目标、新定位,这是浙江改革开放史上具有重大而深远意义的里程碑,同时也明确表明浙江取得重要成就的背后,是中国特色社会主义制度优势、理论力量、文化基因和道路模式的重要支撑。因而,浙江高校思政课融合好浙江改革开放史,其根本的落脚点就在于以具体生动的案例彰显中国特色社会主义制度的优越性,讲好中国故事。

其二,是提升思政课教学实效的现实需要。高校思政课是展开青年学生思想政治教育的主渠道。如何提升高校思政课的教学实效,实现用新时代中国特色社会主义思想铸魂育人的教学目标,是一个需要不断探索的问题。其中,关键是要将高校思政课与社会现实相融合,通过摆事实讲道理的方式,利用真实而鲜活的案例提升思政课教学的实效和吸引力。在40余年改革开放的进程中,浙江大地上涌现出了诸多与时代同频共振的故事,这些故事涉及浙江改革开放的方方面面,共同讲述了"中国特色社会主义在浙江的实践"故事,为浙江高校思政课教学提供了鲜活生动的素材支撑。择其大端者,如曾大胆说出"请给我一次失败的机会"的"汽车疯子"李书福率先用私营资本涉足汽车领域,展现了失败背后蕴含着成功的机会;手中本钱不多的马云在阿里巴巴刚开张之际,就喊出了要建成世界上最大的电子商务公司的梦想。[1] 将浙江改革开放进程中涌现的诸多鲜活事例呈现于思政课堂之上,有益于加深学生对中国改革开放的理性认识,激发学生建设中国特色社会主义的热情,使思政课教学更加生动有效。

其三,是符合立德树人的时代要求。青年是国家的宝贵财富,青年的精神品格与国家的未来紧密相关。高校肩负着培养青年精神品格的时代重任,思想政治课更是重中之重。高校思政课要牢牢把握立德树人的时代使命,深入挖掘当代中国历史现实中蕴含的广泛思政元素,充分发挥思政课立德树人的关键角色。面对百年未有之大变局,青年学子可以向在改革开放的历史进程中所涌现的重大事件和重要人物汲取智慧和营养,时刻保持以创新精神应对变化了的世情国情。

在40余年改革开放的实践进程中,中国共产党形成了"开拓创新、勇于担当、开放包容、兼容并蓄"的改革开放精神。讲好改革开放史,弘扬改革开放精神,是当下开展思政课程教学的应有之义。揆诸浙江改革开放史,无不彰显改革开放的精神。其中,解放思想、实事求是,是浙江改革开放成功的根本前提。历届浙江省委省政府始终秉持实事求是的治理品格,致力于在解放思想中将党的路线方针政策与浙江实际紧密结合,开创浙江改革开放新局面。开拓创新、与时俱进是浙江改革开放成功的根本原因。改革开放以来,浙江率先抓住并牢牢坚持住了市场取向的改革方向,与时俱进推进各项改革。开放包容、兼容并蓄是浙江改革开放成功的关键标识。浙江文化博采众长,沿海而居的浙江人民拥有兼容并蓄、海纳百川的开放心态,始终敦促浙江在开放中求发展。学习改革开放的精神,定将引领学生奋发有为,培养他们成为有远大理想、有使命担当、有开放创新精神的一代人,为中国特色社会主义建设汇聚起力量。

---

① 胡宏伟:《东方启动点:浙江改革开放史(1978—2018)》,浙江人民出版社2018年版,序言第6、7页。

三、浙江改革开放史融入浙江高校思政课的实践路径

改革开放没有完成时。了解改革开放历史,感知改革开放精神,对当下青年读懂当代中国、建设中国特色社会主义大有裨益。将伟大的改革开放精神转化为思想育人的磅礴力量,关键在于挖掘将改革开放史有效融入思政课教学的路径和机制。习近平总书记在全国高校思想政治工作会议上提出了做好高校思想政治工作的三个要求,即"因事而化""因时而进""因势而新"。这就要求高校思政课精准把握新时代脉搏,深入挖掘改革开放史及其精神与当代大学生思想政治教育工作的契合点,助益青年学子充分汲取成长的精神养料。因此,如何将浙江改革开放的历史融入浙江高校思政课教学,从而将改革开放精神转化为思想育人的磅礴力量,是一个值得深入探讨的重要议题。

(一)搭建案例库,优化教学设计

教学内容直接影响到思政课的教学效果和学生对思想政治教育的认同感。因此,要提升思政课的吸引力,首先就要在教学设计方面做文章。

浙江高校的思想政治教育工作者必须充分了解当代中国和浙江的改革开放历史,对中国尤其是浙江大地上涌现出来的、极具象征意义的改革大事记了然于心。这就要求教育工作者查阅史料和相关档案文献,广泛阅读记录浙江改革开放历史的书籍,搭建一个浙江改革开放的生动案例库,构建一个关于浙江改革开放史的思维导图。利用生动鲜活的真实案例进行讲述,能够让学生更加直观地感悟浙江以及中国改革开放的历史进程,深入理解中国特色社会主义制度的优越性。

在这些案例库中,有的是浙江利用体制机制优势、借助市场力量,形成了"小商品、大市场""小企业、大协作"等发展模式,如义乌小商品市场、鲁冠球的万向集团、李书福的吉利汽车等便是其中的典型代表。有的与"八八战略"指引下浙江开启的科学发展之路紧密相关。例如,2003 年浙江省启动了"千村示范、万村整治"工程;2005 年浙江东阳和义乌的水权交易开创了全国水权交易制度改革的先河;浙江在全国范围内率先出台了省级层面的生态补偿办法,启动了工业用地"招拍挂"改革试点。还有的则是进入新时代,浙江接续发力所取得的改革发展新成就,如 2016 年浙江被列为全国首批创新型试点省;2018 年,浙江"千万工程"美丽乡村建设更获得了联合国"地球卫士奖"。此外,温岭民主恳谈会、"最多跑一次"改革、"数字浙江"建设、杭州"智慧党建云平台"等,无不是浙江改革开放进程中的标志性案例。

在具体授课过程中,还应积极鼓励浙江省内学生择取自己家乡的生动案例进行课堂展示。同龄人的分享可以增强其他学生对浙江改革开放的深刻体认。

(二)开展实践教育,强化思政教学实效性

理论教育是基础,实践教学有利于提高思想政治理论课教学的实效性、增强思政课教学的感染力。在社会实践的过程中,学生走入社会、走向基层、走进百姓,将深切体会改革开放以来,尤其是新时代以来中国特色社会主义发展取得的优异成绩,从而增强学生学习马克思主义理论的自觉性、建设中国特色社会主义的责任感与使命感。

以"新时代中国特色社会主义在浙江的实践"为调研主旨,浙江高校马克思主义学院可以组织和动员学生,围绕"浙江全面展示新时代中国特色社会主义制度优越性的重要窗口和高质量发展建设共同富裕示范区",开展经济、政治、文化、社会、生态文明以及党的建设等多个领域的社会实践。如此,浙江全省建设共同富裕示范区的火热现场转化为了学生思想政治理论课社会实践的大课堂,他们将理论学习与社会实践紧密结合起来,不仅切身体悟到了浙江打造共同富裕示范区的任重道远和浙江人民的创新与智慧,而且极大地增强了对习近平新时代中国特色社会主义思想的深刻把握与深切感知,树立起"社会主义是干出来的""幸福都是奋斗出来的"价值观念。最终,思想政治理论课的社会实践教学加深了学生对乡情、省情和国情的认识,提升了学生探索问题、解决问题的创新与实践能力,厚植了大学生立足家乡、服务百姓的奉献意识,增强了学生建设社会主义现代化强国的责任感和使命感,将知识传授与能力培养、价值塑造有机巧妙地融合在一起。

新时代督导与师生学习共同体构建路径①

贾爱武② 张 娟③ 李 芳④

（浙江工商大学外国语学院）

摘　要：本文在新时代背景下，针对督导存在的工作定位模糊、人员素质参差不齐、数字化成效不彰、智库成果转化率不高等问题，从文化构建、制度管理、队伍建设和方法创新等角度出发，提出构建新时代督导与师生学习共同体的四个途径，以期完善督导制度的科学性、提升教师素养的专业性，以达成高质量人才培养的目标。

关键词：教学督导；学习共同体；新时代

随着加快构建以国内大循环为主体、国内国际双循环相互促进的新发展格局成为时代命题，高等教育急需融入新时代发展潮流。为推进高校分类评价，改进本科教育教学评估，提高本科人才培养质量，教育部制定了《普通高等学校本科教育教学审核评估实施方案（2021—2025 年）》。文件强调了通过教育督导与教育评价改革来推动中国高等教育发展，因此，新时代教学督导工作质量提升面临着更大的挑战与机遇。

一、国内政策与挑战

为促进教育督导改革，中共中央、国务院于 2020 年 2 月和 10 月分别印发了《关于深化新时代教育督导体制机制改革的意见》及《深化新时代教育评价改革总体方案》，从对标国家要求、明晰教育现状以及破解瓶颈问题等多个维度，对新时代教育督导改革和教育评价提出了新要求，为建成全面覆盖、运转高效、结果权威、问责有力的中国特色社会主义教育督导体制机制这一主要目标指明思路，切实落实立德树人的根本任务。

教育督导是教育法规定的一项基本教育制度。作为教育法律法规落实和教育方针政策推行的标尺，教学督导是教学质量管理和学情质量监控中极为重要的一环，同时也是涉及督政和评估监测的多权责服务体系。我国教育督导对高等院校人才培养的具体督导职能包括对教师教育教学态度和课程教学情况、学生学习风气和学习过程，以及教

---

①　2021 年国家级教学平台建设项目院级课题"督导与师生学习共同体构建路径研究"阶段性成果。
②　贾爱武，浙江工商大学外国语学院教授，博士，研究方向为英语教育。
③　张娟，浙江工商大学外国语学院硕士研究生，研究方向为英语教学。
④　李芳，浙江工商大学外国语学院访问学者，绍兴职业技术学院讲师，硕士，研究方向为英语教育。

学质量保障体系等工作进行全方位、全过程、全周期的督导。可见,为保证高校教育教学质量,教学督导有着举足轻重的地位。但是,当前督导工作主要面临以下挑战。

(一)督导工作定位模糊,各级督导权责不清

教学督导工作的重心应该是研究性督导,致力于关注学校教学改革全局的重难点和前沿热点等(燕明霞等,2019)。对教师来说,教学督导既是监督也是引导(鲁小艳,2021)。在实际教学督导过程中,督导主体往往将重心放在"督"上,"导"的实践环节呈现出形式内容单一、效力薄弱等问题,最终导致督导工作与教学水平提高存在部分分离倾向,使得督导工作执行效率未达到理想水平。

(二)教育教学督导观念滞后,督导人员素质参差不齐

处于百年未有之大变局的我国高等教育,新的教学理念和教学要求迭代升级,时代赋予教育教学活动的外在标准,以及当前教师与学生的个体特征、教与学的内在诉求变化越来越快。同时,教学活动的复杂性要求督导人员对教师的评价是建立在对专业知识丰富精深的掌握、对现代课程教学过程和教学规律深刻理解的基础上(刘丽红、于佳宾,2012)。因此,这些要求都对督导的专业素养提出了不可回避的挑战。目前,各级督导专业性资质标准和聘任机制尚存在改进空间,需要深入研究加以规范。

(三)教学全过程数据缺位,新型数字化督导成效不彰

进入大数据时代,"数据"已成为教育科学最前沿的生产资料,是转变教育督导治理思维、创新督导治理模式、发现督导治理规律、撬动督导科学决策的战略资源和生产支点(田海林、范涌峰,2021)。在"数据革命"的背景下,形式单调、内容贫乏、成效不足的传统督导模式显然无法获得大数据带来的效果红利。如何拓展基于"数据"的新型督导方式,是督导界需要研究的课题。

(四)督导报告束之高阁,督导智库成果转化率不高

督导结果对教育教学改进、教学管理转变和创新的作用不显著的重要原因是,一些学校教育管理者对督导工作的作用不重视,各类督导小组的督导报告很快存档,没有形成研究督导发现的问题和积极转化督导建议的工作机制。因此,即使一些督导提出的有助于教育教学管理科学决策的建议,也存在不能及时转化为改进教学管理的政策的问题。

二、国外相关研究

督导制度是世界各国教育教学质量保障体系的重要手段。当下的挑战是全人类共同面对的。因此,我们有必要简要了解国外督导制度及其特点,为后续研究的开阔视野,增强研究合理性和可行性。

(一)美国

21世纪美国教育督导制度进入专业化阶段。2002年美国颁布了《不让一个孩子掉队法案》(NCLB),为了有效应对新时代技术革命和信息竞争,该法案提出基础教育质

量的目标,并将督导的专业性要求提高到权威地位(Elizabeth,2016)。此后,随着学科的细化和教学的扩展,督导在美国教学系统中的角色发生了转变,由早期的绝对行政权威的拥有者逐渐转变为教学辅助者,即向合作性协同式的新型团队督导模式转型。

这种督导形式更加强调督导人员和教师之间的配合,以一种服务态度为根本遵循(Grek,2013)。"临床督导"认为,督学既不处于支配地位,也不处于屈尊俯就的地位,而是一种支持性角色。他们协助教师发现教学过程中的不足,帮助教师、学校、学生建立良好的关系,支持着学校的管理教学工作(Townsend et al.,2013)。作为教学领导者,督导应具有渊博的知识,掌握最新的领导理论、课程理论、专业能力和技术,充分尊重教师在教学活动中的主体地位,注重对教育的全面理解,为教育督导的有效执行提供动力(Townsend et al.,2013)。

(二)英国

在多数国家中,政府始终是教育督导的主体,政府行政权力在督导相关政策的制定、执行以及监督过程中居于主导地位(Memduhoglu,2007)。作为世界上建立教育督导制度最早的国家之一,英国长期秉承高校自治传统,督导主体角色多元且权力平衡。1992年,英国在教学改革中设立了基层督导机构,统一负责学校督导的组织实施和管理评价。这在一定程度上规避了政府权力对高校督导的"他治型"干预。

教育督导的法制建设是高校教育督导权威性的有力支撑。英国制定了众多有关教育督导的法律,并根据本国教育的发展状况及时修订。督导制度从建立到几次变革都有立法依据,只为确保教育督导的有效性和时代性。依法督导已经成为英国教学督导的鲜明特征,真正意义上规避了督导的工作疏忽,也确保了教学督导的科学、公正、规范、权威。

除了英、美外,众多国家对学校教育质量和效益的关注逐渐增强,教育改革如火如荼。比如,《学校督导研究手册》(Gerald & Edward,1998)一书所提出的"发展性教育督导""人力资源开发式教育督导"等范式,逐渐成为西方发达国家教育督导的普遍追求。教育督导转"督"为"导",更多是为了促进教师的个体进步和学校管理的优化。从学校整体入手,通过大环境的变化来调整个体的发展方向,最终使社会环境得到良性变化。

三、新时代督导与师生学习共同体构建

针对新时代教学督导所面临的挑战,在高校教育教学管理层面,聚焦教育教学工作的主要环节和专业建设等重要方面,围绕构建质量文化、制度管理、方法创新和队伍建设来探索学校督导与师生学习共同体建设路径。

(一)遵循政策导向,构建质量文化

遵循教育部文件精神,对标新时代国家对高校教育发展质量监控提出的新要求,重塑高校教学督导工作的重要地位和价值要求。教育督导的职能重心应由督政转移到督学,由以往的监督检查转变为更多地进行指导服务。监督是出发点,指导是落脚点,构

建以人才培养为中心、以教育高质量发展为目标的教育文化生态,以符合国情、校情的教学督导与师生学习共同体为抓手,实现督导和师生与教学质量之间的互促相长,最终目的是提高学校管理服务水平,促进学校教学质量的提升和教育事业的发展。

(二)规范责权意识,加强制度创新

学校、教师、学生是构成高校教育教学系统的三大主体,各方拥有不同的权利和诉求。督导是协调三方关系的"自由人",主要发挥咨询、监督、检查、评价、指导五位一体的作用和职能。因此,在教学活动场景中,督导应有明确的身份意识和责权意识,当三方发生各种复杂形式的工作关系和冲突时,督导可以起到沟通和协调的润滑作用,着力理顺教、学、管这一多维网络式关系并使之制度化、常态化,协同促进教学管理机制、激励机制、质量保障机制和教育教学评价机制等教学质量监控体系的有效运行,为学校教学活动开展以及教学质量提升提供有力保证。在日常工作中,督导通过多渠道多方式参与学校教育教学管理与实践活动,比如参与教师教学评价等政策制定、深入课堂观摩教师教学活动、检查学生听课效果、评价教师教学行为等,督导走进教师教学一线,在教学实践中诊断问题、研究问题和解决问题,帮助教师发展教学技巧,改进课堂表现,促进其专业化发展。

(三)自觉提升素养,强化队伍建设

加强督导、教师与学生提升自身素养的自觉意识,是持续保证教育教学活动高质量运行的根本条件,也是督导与师生构成学习共同体的前提基础。教学督导需要根据新的时代标准去创造督导实践所需的专业知识,必须适应专业认证发展的新理念、新方向、新要求(胡元林,2020),以专业认证多样化来推动督导队伍多元化建设,通过专业认证的创新性发展这一契机,来优化以督导实践知识、教师专业技能以及学生知识、能力和价值观发展为特征的学习共同体建设内涵。比如,督导要及时领会高等教育发展的相关政策和文件精神,包括国家专业认证、一流专业建设、国家MOOC建设、课程思政、教师发展、教学质量评价、学生发展、人才培养等理念、标准、方式和要求。督导只有深入了解和领会当前教育教学的发展趋势以及相关背景知识和丰富内涵,其所行使的督导职能才具有科学性、指导性和可行性。

(四)聚焦技术变革,助力方法创新

高校教育督导工作现代化过程呈现出从形式单一、内容贫乏的"小数据"走向形式多样、内容丰富的大数据的评价趋势(孙芳、张俪娜,2020)。在大数据的支撑下,基于数据信息分析技术,督导能够更加科学地探究教学情境、教学过程对教师和学生双方的关联作用,聚焦教学资源的准备、教学课程的开展、教学成果的验收以及教学反馈的评价,能够全方位关注教学活动的整个过程,从中发现学生学习成长以及教师专业发展的规律及其特点,同时利用督导信息快速反馈机制,大大提升督导对教、学、管的管理效率,为优化教学、完善管理、提升教学质量提供精准服务。

四、结　语

　　我国高等教育发展正经历着从外延拓展向内涵发展的急剧变革,质量提升已经成为新时代高等教育发展的主旨。教学督导不仅是教学质量监控、诊断和保障的重要手段,也是提高教学质量和学校治理能力的有效途径。督导与师生学习共同体的建设,可使督导制度更加科学完善,不断提升教师专业化水平和人才培养目标的达成度。

参考文献

　　[1] 胡元林.专业认证背景下高校教学督导的转向与构建[J].中国高等教育,2020(05):47-49.

　　[2] 刘丽红,于佳宾.促进教师专业发展的教学督导策略探析[J].中国高等教育,2012(02):61-62.

　　[3] 鲁小艳.高校在线教学质量评价体系构建[J].中国高等教育,2021(10):42-44.

　　[4] 孙芳,张俪娜.大数据:驱动高校本科教学督导模式转型的杠杆[J].北京教育(高教),2020(03):39-42.

　　[5] 田海林,范涌峰.新时代教育督导改革的数据困境与治理路径[J].教学与管理,2021(10):9-12.

　　[6] 燕明霞,商云龙,周霞.大数据环境下高校教学督导工作的新探索[J].教育现代化,2019,6(63):106-108+114.

　　[7] Elizabeth U. Big City Superintendent as Powerful CEO:Paul Vallas in Philadelphia [J]. Journal of Education,2016(04):300-317.

　　[8] Gerald RF,Edward FP. Handbook of Research of School Supervision [M]. Semon & Schuster Macmillan,1998.

　　[9] Memduhoglu HB et al. The Process of Supervision in the Turkish Educational System:Purpose,Structure,Operation[J]. Asia Pacific Education Review,2007(04):56-70.

　　[10] Grek M,Lawn JO,Segerholm,C.. Governing by inspection? European inspectorates and the creation of a European education policy space[J]. Comparative Education,2013(04):486-502.

　　[11] Townsend T,Acker-Hocevar M,Ballenger J,et al. Voices from the field:What have we learned about instructional leadership? [J]. Leadership & Policy in Schools,2013(01):60-88.

基于对李子柒的多视角讨论
探析"成功的文化输出"

项丹凤①

（浙江工商大学外国语学院）

摘　要：李子柒作为个体，对中国文化传播的国际影响力不可小觑。大学生作为个体，更应被培养成中国文化的传承者和传播者。在跨文化沟通课堂，以"李子柒"为案例，鼓励学生对"李子柒是否进行了成功的文化输出"这一问题进行多视角讨论，探索文化传播的实际路径及文化传播成功的要素；同时，启发学生进行创意性思考，培养多角度思考问题的能力。

关键词：跨文化沟通；李子柒；文化输出

一、背　景

2019 年 12 月 5 日，一篇题为《李子柒怎么就不是文化输出了？》的文章在新浪微博发表，引发各界热议。针对这个问题，广大网民、李子柒的支持者、学者、央视、新华网等都参与了讨论。此文章写到，YouTube 上来自全球各地的网民们纷纷表示，他们非常喜欢李子柒呈现的这种愉悦和宁静的乡村生活，他们很欣赏视频中中国乡村的美丽，非常感谢李子柒和他们分享中国传统文化。同时，李子柒在 YouTube 的视频订阅量已远远超过一些西方媒体。此文作者认为这是中国最成功的文化输出之一。

在跨文化沟通课堂中，我们选取来自 Sixth Tone 的一篇相应的英文文章"*Pastoral-Life Vlogger Sparks 'Cultural Export' Debate*（田园生活视频博主引发'文化输出'争论）"②进行输入性阅读，通过梳理来自各界的不同观点，开启多角度讨论。

二、文化输出和对"李子柒"的观点梳理

（一）文化输出

"文化输出"概念可追溯到 1921 年，由北大校长蔡元培提出。从资本主义文化输出

---

① 项丹凤，浙江工商大学外国语学院讲师，硕士，研究方向为英语语言教学应用。
② 文章来自 Sixth Tone：https://www.sixthtone.com/news/1004955/pastoral-life-vlogger-sparks-cultural-export-debate。

角度来看,"文化输出"通常是将本国的资本主义思想观念对他国文化进行渗透。看起来像是文化的正常交流与沟通,实际上是通过各种途径与方式,将资本主义的意识形态、价值观念、政治制度等强行侵入被输入国家,这是一种典型的文化霸权行为(胡淳等,2020)。西方将本国文化强加给其他国家,谋求受众国接受其文化,甚至有输出国文化取代受众国文化的过程。它是一种单向流动过程,要求文化输出国的文化处于优势地位,至少要先于输入国文化,或者说它应该是一种"强势文化"(赵轩,2014)。改革开放四十多年来,中国始终处于"文化受众国"状态,从而导致"文化输出"的主体双方地位不平等,自身的文化自觉和文化自信不足(徐昭君等,2019)。

西方已习惯其主导话语权,深知"文化输出"的真正目的所在,因此对中国的"文化输出"尤其敏感。中国文化无论以何种方式走出去,都会被西方以放大镜来审视。西方对"文化输出"概念的双重标准尤其明显。"文化输出"这个概念于西方是褒义的,于中国却成了贬义的。西方文化的优越感始终存在,它们从根本上拒绝平等的文化交流。因此,官方角度的文化传播和个人角度的文化传播在国际接受度上产生了较大差异。

(二)对"李子柒"的观点梳理

基于以上的文化输出背景,李子柒作为个人,在国际平台所展现的日常生活、中国传统文化及非遗文化受到了全球网民的喜爱。学生在阅读完 Sixth Tone 的文章后,对文章内"李子柒是否进行了成功的文化输出"的各种观点进行了梳理。

1. 国内网民观点

许多国内网民支持新浪微博的文章观点。他们认为李子柒的价值足以使其成为"文化大使"。对国际产生的文化影响力可以与 CGTN(中国国际电视台)平分秋色。

2. 国内部分李子柒追随者的观点

在李子柒的众多追随者中,部分持反对意见。他们认为,一方面,李子柒的视频展示的是农村文化落后的一面,容易使其他国家对中国文化产生刻板印象,认为中国人都是这样生活的;另一方面,团队参与拍摄,其视频的真实性值得重新考量。

3. 来自 CCTV 的一条评论

来自 CCTV 的一条评论特别醒目。评论者将李子柒在传播中国文化方面看似无意的贡献描述为"一个奇迹"。他说,"李子柒只是安静地干着农活,偶尔用四川方言和奶奶聊几句,就这样,便吸引了来自全球的人关注中国传统文化"。

4. 来自北京的研究者

一位来自北京研究流行文化的研究者把李子柒的热议归纳为两个问题:(1)为什么李子柒在国际上这么受欢迎?(2)她的视频真正做到成功输出中国文化了吗?他认为,李子柒的视频运用了"草根"策略,接地气。这是李子柒如此受欢迎的原因。李子柒的影响力"潜移默化"。她引起了国外民众的好奇心,并且让他们爱上了自给自足的有机生活。

他认为,李子柒的成功在于她的自然(spontaneity)以及擅长讲述"小而深刻"的故事。这刚好与推广中国文化通常使用的"宏大叙事"方式相反。

他还反驳了"李子柒的视频呈现的是中国农村落后一面"的观点,他觉得此观点是缺乏文化自信的表现。

5.来自以色列的自媒体从业者

来自以色列的内容创作者 Raz,他的团队专门制作主题为"中国崛起"的视频。他的团队对视频如何吸引流量和提高参与度进行分析和实验,发现很多关于中国的视频制作都基于史诗般的主题,比如高铁、5G、中国科技、中国发达城市等,这些内容输出受欢迎程度有限,原因是内在缺乏"一点点触动"。

6.来自新华社的一条评论

新华社的一条评论认为,李子柒可能会促使世界对中国软实力进行重新思考;传承中国传统文化需要创新方式。

7.张晓明(中国社会科学院研究员)的观点

张晓明来自中国社会科学院中国国家文化研究中心。他认为,中国致力于全球文化推广很多年,收效甚微,原因在于缺乏"自然性"(spontaneity)以及对中国老百姓生活的呈现。他说,"中国需要更多的李子柒"。

同学们梳理观点后发现,对于"李子柒是不是成功的文化输出者"这个疑问,国内各界人士及媒体大多持肯定意见。通过综合评论中的关键词,大家发现,"文化大使""影响力""奇迹""草根""潜移默化""自然"及"一点点触动"等关键词勾画出李子柒本人及她的视频的特征。李子柒的无刻意的"文化输出"成了讲好中国故事的最佳模式之一。

三、对李子柒的多视角讨论

基于对文化输出概念的理解以及对多重观点的梳理,通过英文阅读及对李子柒背景的全面了解,学生们认为,可以从"李子柒的视频主题""李子柒的影响力"及"李子柒的素养"来论证李子柒是一个成功的文化输出者。

(一)对视频主题的讨论

同学们发现,到目前为止,李子柒已发布128个视频。他们提出,李子柒的"非目的性"短视频使其从一开始的"无意识"文化呈现正慢慢走向"有意识"文化传播。值得关注的是,李子柒的视频始终不偏离由内而外的自然性(spontaneity),网友通过观看她的视频,获得了能量。而在这个过程中,中国传统文化逐渐走进了全球观众的心。通过对李子柒视频主题的观察与分类,我们进行以下整理,如表1所示。

表1 李子柒视频主题

视频主题	Video Contents
春之卷	Spring
夏之卷	Summer
秋之卷	Autumn
冬之卷	Winter
花开有声	Sound of blooming flowers

续 表

视频主题	Video Contents
饮食以节	Chinese festival food
适时而饮	Seasonal diet
东方非遗文化传承	Oriental intangible cultural heritage
传统工艺	Traditional handicraft

视频主题涵盖春、夏、秋、冬,契合自然与生命,而饮食以节、适时而饮、东方非遗文化传承和传统工艺更是契合中国文化与历史。她以"一生"视角来呈现许多主题,比如"土豆的一生""棉花的一生""大蒜的一生"等,体现了生命之完整、生命之细微、生命之丰满、生命之宏大。以此来触动观者的心。在全球疫情大背景下,隔离让很多人处于各种压力之下,李子柒的视频成了观众内心得到慰藉的来源。

同时,我们对非遗文化和传统工艺部分做了一些整理,如表2所示。

表 2　李子柒东方非遗与传统工艺视频主题

东方非遗与传统工艺	
木活字	Woodblock Printing
竹沙发	Bamboo Sofa
蚕丝被	Silk Quilt
文房四宝	Scholars Four Treasures
蜀绣	Shu Embroidery
弹棉花	Fluff Cotton
蓝印花布	Blue Calico Dresses
秋梨膏	Slow-Boiled Autumn Pear Paste
古法红糖	Old Brown Sugar
传统手工酿造酱油	Traditional Hand-brewed Soybean Sauce

学生们认为,李子柒不是专业人士,也不是专业非遗传承者,她在从一个普通人角度演绎这些复杂的传统工艺过程前,需花大量时间学习。比如蜀绣,单单准备工作就复杂而密集。从配线、劈线、点子针、沙针、晕(运)针、滚针、覆盖针、斜铺针到衣锦纹针,李子柒这一秀从摇曳着荷花的夏天一直到飘雪的冬天才出成品。总共10分钟的视频,浓缩了漫长而孤独的劳动过程,其中倾注的心血使观众更能理解中国传统文化的精妙所在,使蜀绣的美更具意义和价值。

学生们认为,"文化输出",视频是载体,但更重要的是"人"。"人"讲好了故事,对方听得津津有味,那便是成功的"文化输出"。大家通过观察视频主题及观看李子柒的视频,能感知到的是:李子柒作为视频博主(Vlogger),对视频内容创作的意境、演绎的耐心、呈现的专注和无尽的勇气与现在短视频时代博取流量的浮躁现状形成了强烈的对比,这也是她的"文化输出"在全球如此受欢迎的一大原因。

(二)对李子柒影响力的讨论

为了具体讨论李子柒的影响力,我们对 YouTube 上一些媒体进行了数据的罗列,使学生的观察更直观。如表 3 所示。

表 3　YouTube 平台相关媒体订阅量与视频量比例

媒体(或自媒体)	订阅量	视频数量	相关比例
李子柒(个人)	1640 万	128 个	12.8 万/个
滇西小哥(个人)	817 万	255 个	3.2 万/个
CGTN(中国国际电视台)	262 万	100234 个	0.002 万/个
People's Daily, China(人民日报)	39.9 万	8223 个	0.005 万/个
BBC(英国官媒)	1100 万	14815 个	0.07 万/个
CNN(美国官媒)	1290 万	152742 个	0.008 万/个
Fox News(美国官媒)	845 万	75719 个	0.01 万/个
New York Times(纽约时报)	385 万	9949 个	0.03 万/个
The Guardian(英国卫报)	178 万	6971 个	0.02 万/个

同学们发现李子柒作为个人自媒体,视频的订阅量远超官方媒体,平均每个视频能达到 12.8 万订阅量,远远超过英国官媒 BBC 的每个视频 0.07 万,英国《卫报》0.02 万、美国官媒 CNN0.008 万、Fox News(福克斯新闻)0.01 万以及《纽约时报》0.03 万;CGTN 为中国官方媒体,2013 年 1 月注册,目前平均每个视频订阅为 0.002 万,《人民日报》为 0.005 万。而来自中国云南的滇西小哥,2018 年 7 月 25 日在 Youtube 平台注册,通过分享与家人的日常生活,到目前为止,订阅量也已达 817 万,平均每个视频订阅量为 3.2 万。由此可见,无论是中国媒体还是西方媒体,通过官方渠道传播的信息会相对弱化,普通人对"官方"容易产生戒心,从而导致订阅量增长速度有限,影响力受限。而通过个人自媒体传播信息,受众接受度相对较高,视频影响力较容易扩散。可以看出,海外受众对中国普通民众的工作和生活、传统文化、流行文化等更感兴趣,而这三者都无法脱离普通民众的主体性创造(张昆等,2021)。

因此,同学们获得的启示是:普通民众的个人化微观叙事能鲜活展现国民的生活风貌,填充形成国家品牌的"血肉"(张昆等,2021)。大学生也可以从个人的角度,聊生活、学习、交流,重新认识自己尚未了解的本土文化。《人民日报》在 Youtube 上发布的 8223 个视频中,"感人小事"(Tug at your heartstrings)平均观看量为 84102.94(杜诗瑶,2021),为所有视频主题中观看量最高。也就是说,生活中的感人小事最接地气,最能为西方社交平台民众所接受,产生的潜在影响力最大,这也是文化传播过程中值得思考的要素。

(三)对李子柒核心素养的讨论

学生认为对李子柒所具备的核心素养进行讨论很有必要。这也是论述"李子柒是成功的文化输出者"的重要部分。我们尝试从"中国学生发展核心素养"角度切入,反向探索李子柒的核心素养。学生核心素养是指学生应具备的,能够适应终身发展和社会发展需要的必备品格和关键能力,是关于学生知识、技能、情感、态度、价值观等多方面要求的综合表现。一个全面发展的人需具备的核心要素有:文化基础(人文底蕴、科学精神),自主发展(学会学习、健康生活),社会参与(责任担当、实践创新),如图1所示。

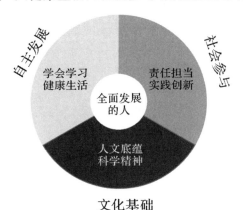

图 1　中国学生发展核心素养

根据讨论,我们总结出和李子柒相关的以下关键词,如表 4 所示。

表 4　李子柒核心素养关键词

filial piety	有孝心
a good learner	擅长学习
brave	勇敢的
patient	耐心的
determined	有决心的
concentrated	专注的
persistent	坚持不懈的
creative	有创意的
down-to-earth	务实的
confident	自信的
responsible	有责任感的
independent	独立的

根据所总结的关键词,同学们发现,李子柒在视频中所展示的学习能力、创新能力以及有机天然的生活方式,正是吸引全球观众的地方,李子柒对奶奶的照顾、成为成都非遗推广大使等,都体现了她的家庭责任、社会责任担当。同学们还提到,李子柒虽然未就读大学,却是个真正的学习者。在最近的一期视频"盐"中,是这样描述盐的:"柴米油盐酱醋茶,少了盐可不行。作为百味之首,从凤沙氏'煮海为盐',经历海盐、湖盐、井盐,小到改变食物味道,大到支撑整个社稷财政。盐这粒小小的晶体,见证着中国历史,从不缺席。"同学们说,每天盐都入口,却不知"凤沙氏"。人文底蕴、科学

精神,李子柒丝毫不缺。

从林崇德教授(2017)所阐述的"核心素养概念的内涵"可知,核心素养的概念是对"教育应培养什么样的人"这一问题的回答,其作用发挥具有整合性。对于教育教学的启示是,每个核心素养都具有独特的重要价值,不存在孰轻孰重的问题,需要基于情境进行整合性的作用发挥,不能单独地进行价值比较。因此,同学们从中获得的启示是,传播好中国文化,首先需塑造"自己",在生活与学习中逐步培养自己的核心素养。

四、结 语

如今的大学生身处信息化时代背景下,对世界的了解不再局限于"单纯"。面对更为复杂多变的国际环境,大学生作为国家青年不仅仅需要了解国际环境,拓宽国际视野,更应培养爱国意识,培养自身的全面素养,同时培养独立思考能力。

本文通过跨文化沟通课堂对李子柒进行多角度讨论,探析了文化输出的路径及成功传播文化的要素。引导学生立足多角度讨论,抓取新视角、获得新启示。通过阅读和梳理,同学们认为,李子柒是当之无愧的"文化大使""成功的文化输出者"。而通过讨论发现,李子柒身处短视频时代,做法却与短视频时代的风气背道而行,绝无浮躁,不走捷径。她的视频构建基于自然与生命、文化与历史,所呈现的自然性具有治愈力,源源不断吸引来自全球的观众。通过与西方媒体的影响力比较,发现微观叙事对个人来说能更好地传播中国文化。而李子柒所具备的核心素养,正是她成功的"核心基石"。

除了以上视角外,跨文化课堂鼓励学生在课外从跨文化理论角度进一步探索"李子柒的非语言沟通影响力",讨论非语言沟通与语言沟通的区别及非语言沟通的力量。

参考文献

[1] 杜诗瑶.主流媒体对外"讲好中国故事"视频传播策略研究——基于人民日报在 YouTube 上的视频文本分析[J].新闻世界,2021(08):41-45.

[2] 胡淳,郭思敏,方贤绪.文化输出背景下文化自信理论的现实价值[J].今传媒,2020,28(01):150-154.

[3] 林崇德.中国学生核心素养研究[J].心理与行为研究,2017,15(02):145-154.

[4] 徐昭君,马龙云,马艺璇.我国文化输出的困境与出路研究[J].理论观察,2019(05):153-155.

[5] 张昆,张晶晶.海外社交媒体用户原创内容中的国家品牌传播研究——以 Twitter 和 YouTube 上对李子柒的评论为例[J].新闻与写作,2021(02):67-76.

[6] 赵轩.全球化时代美国文化输出战略研究[D].长春:吉林大学,2014.

教学改革篇

JIAOXUE GAIGE PIAN

留学生学位论文写作现状、存在问题及应对策略研究①

朱安定②　余荣芳③

（浙江工商大学管理工程与电子商务学院）

摘　要: 随着"一带一路"倡议的稳步推进,来华留学生数量快速增长。本文分析了留学生学位论文管理和指导过程中,学院、留学生、沟通协调三方面问题,提出了制定统一学术规范、加强学术伦理教育、试行分层教育、设立学术写作志愿者社团,以及完善激励机制五个方面的建议。

关键词: 留学生;学位论文;质量管理

一、引　言

近年来,随着我国经济的持续高速发展和"一带一路"倡议的稳步推进,来华留学生数量急剧增加。中国唐代就有接收和培养"遣唐使"的传统。新中国成立以来,来华留学生教育经历了起步奠基、稳步调整、快速发展三个阶段。2010 年教育部出台《留学中国计划》,尤其在 2013 年"一带一路"倡议提出之后,留学生培养进入快速发展阶段。2016 年,中央办公厅和国务院办公厅发布《关于做好新时期教育对外开放工作的若干意见》,要求"加快留学事业发展,提高留学教育质量";同年,教育部发布了《推进共建"一带一路"教育行动》的通知,指出加强沿线国家教育合作,为建设"一带一路"提供人才支持。2019 年教育部统计数据显示,共有来自 202 个国家和地区的近 40 万各类留学生在 31 个省份的 811 所高校学习。浙江工商大学是浙江省国际化特色高校,现有来自全球 105 个国家和地区的国际生。随着中国电子商务和跨境电商的快速发展,管理工程与电子商务学院的电子商务和物流管理专业成为国际生首选的热门专业。自2012 年以来,我院共招收来自马来西亚、也门、津巴布韦、哈萨克斯坦、墨西哥等 50 个亚非拉国家的 298 名留学生,其中本科生 251 名、硕士研究生 47 名。目前已经完成学业毕业的学生达到 47 人。

---

①　浙江工商大学 2021 年度"国际学生教育和管理服务"专项高等教育课题。
②　朱安定,浙江工商大学管理工程与电子商务学院副研究员,硕士,研究方向为交互式教学、电商消费者行为。
③　余荣芳,浙江工商大学管理工程与电子商务学院讲师,硕士,研究方向为国际生教学管理。

二、留学生学位论文写作现状与问题

2021年以来，教育部要求加强本科毕业论文的质量管理，对高等院校学位论文的写作性质和目的做了严格统一的规定，但是对于来华留学生学位论文的写作要求尚没有形成统一的规范。对我院留学生学位论文管理和指导过程进行调查后发现，存在学院、留学生以及沟通协调三个方面的问题。

（一）学院方面

1. 学术规范尚待统一

国内学生的学位论文已经建立了严格统一的学术规范标准。相较之下，虽然目前初步制定了留学生论文规范，但是一些细节尚未明确。例如：文献引用是参照《中图参考文献格式规范》标准，还是国际通用的 American Psychological Association（APA）格式。

2. 学术伦理尚需加强

目前学院层面防止论文抄袭的措施主要为查重机制，要求查重率在20％以内才能进入送审或答辩环节。这个环节虽然起到了"看门人"的作用，但是并不能促进留学生养成良好的学术伦理习惯。

3. 学术写作培训较少

学院目前独立开设了学术写作的课程，但是学术写作作为一项基本技能，需要在整个培养阶段不断加强，因此应该在入学之初就进行培训，并在之后的课程中持续加强。

（二）留学生方面

1. 留学生来源多样且能力参差不齐

同济大学徐斌等人通过对同济大学49名留学生学业摸底调查发现：留学生自身所掌握的知识技能只能满足其硕士阶段学业要求的30.5％。我院留学生来自非洲、中亚、南美、南亚等多个地区，同一个班上不同来源的学生的学业基础、学习能力、沟通能力等存在较大差异。

2. 留学生普遍缺乏学习动力

留学生撰写学位论文大多是为了完成模块学分，并不是为了深入研究课题设定的问题而采取的主动行为。而目前留学生奖学金设置是在申请时决定的，在学位论文撰写期间，缺乏正向激励机制和反向惩罚机制。此外，在培养计划中设置的实习期由于实习签证无法满足国内用人单位最小实习期的要求，致使留学生往往无法获得实习机会，无法激励留学生积极主动提前完成论文的撰写。

3. 存在语言和文化障碍

留学生在语言、文化、工具使用等方面存在着不同程度的困难。阻碍留学生使用图书馆资源的因素主要来自语言不通、缺乏培训、不熟悉规则、无法获得及时的帮助等。此外，除了文献获取方面的障碍外，留学生还面临着研究资料获取和加工的困难。

4.存在学术规范认知差异

国内学生学位论文写作已经形成了完整的规范意识，比较容易做到学位论文写作的规范化。即便如此，指导老师还是需要花费一定的精力指导国内学生规范写作。对于留学生来说，由于文化背景和学术背景不同，对学术规范存在认知差异。例如，一些非洲国家留学生接受英式基础教育，对学术写作有一定基础，但是在一些细节上需要适应中国国内的要求；而另外一些留学生缺乏相应的训练，需要从头开始学习和训练。事实上，很多留学生过度依赖谷歌等搜索引擎，在论文结构、语言表述、研究设计、提纲规划等方面缺乏深入的思考和训练。

（三）沟通协调方面

留学生和指导教师之间因文化、语言、习惯等方面的差异导致沟通不畅和低效。主要体现在：留学生并不能准确地理解导师的指令和要求，往往需要多次沟通，不断磨合；潜台词、情绪、肢体语言等非语言因素也是阻碍师生双方有效沟通的重要因素。而大多数中文水平较低的留学生需要更长时间和导师建立默契。此外，有的留学生和其家人所在地区存在时差，为了和家人沟通而调整休息时间，而因新冠疫情造成滞留国外的留学生更加无法和导师保持及时沟通。同一个项目组中的留学生可能来自不同文化圈，彼此之间缺乏协作互助精神，指导教师帮助一位同学解决了某一个问题，但该同学帮助同组其他同学解决相同问题的意愿并不高。这种情况在国内学生群体中是很少见的。

三、留学生学位论文提升策略和建议

近年来，虽然留学生供给侧快速发展，但是人们对留学生需求侧知之甚少。要提高留学生的教学质量，必须研究来华留学生的特点和需求，结合我国教学质量要求，科学制定提升策略和考核指标。2020年5月，以认真学习领会习近平总书记给北京科技大学全体巴基斯坦留学生的回信为契机，教育部下发了《不盲目追求国际化指标和来华留学生规模》的通知。通知强调："不断完善规章制度及管理办法，严格招生审核、过程管理和评审制度，建立规范的管理体系和工作流程……不断加强对来华留学生中国法律法规、国情校情和文化风俗等方面的教育，增进中外学生的交流和友谊，增强来华留学生对中国发展的理解和认同，讲好中国故事，传播好中国声音。"为此，本文以我院留学生学位论文存在的问题为基础，提出以下几点留学生学位论文质量提升策略和建议。

（一）制定统一学术规范

目前我校规范了留学生学位论文的基本要求和格式，区分了英文授课和中文授课两类留学生，并对任务书、开题报告、文献综述、论文正文的内容和篇幅、参考文献种类和数量、各个环节的时间节点都做了明确的规定。在此基础上，针对留学生学位论文的细节进一步制定规范，例如文献引用规范、查重率、论文组织结构规范等方面，以期引导留学生完成逻辑自洽、内容详尽、文字生动的学位论文。

(二)加强学术伦理教育

目前我校尚未明确学术伦理的规范要求,对于学生论文抄袭、剽窃、改写的方式及程度都没有严格的约束规定。事实上,学术伦理是学生非常重要的基本素养,可以说是高压线,需要养成时刻内省、绝不逾越的学术习惯。虽然我院已经开设学术写作的专业课程,但是对学术伦理的教育和要求还需加强。学术伦理问题应该贯穿留学生整个学习生涯,应该从留学生入学之初就加以强调和培养,并在日常的课程作业中反复强化,而不是仅仅通过查重率 20% 的技术条件加以监督。此外,应该规范文献引用的方法和格式,提高留学生正确引用文献、综述文献的能力。在现有的论文写作专业课程中,文献综述往往作为一个模块进行讲解,但是从效果上来看,大多数学生还是无法掌握文献综述的目的、逻辑、方法、规范等,这就最终导致在学位论文写作过程中,无法正确完成文献综述任务,而作为指导教师和学院,也只能通过查重率这一单项指标来评判文献综述的质量。为此,我们认为学术伦理是培养留学生批判性思维等学术素养的重要内容,必须从一开始就予以加强,并在培养计划中不断强化,只有这样才能真正提高学位论文质量。

(三)试行分层教育

针对我院留学生来源多样且能力参差不齐的状况,应该考虑试行分层教育,制定恰当的入学分层筛选机制。对于能力较弱或者某一方面存在短板的同学,应该给予先修课程进行提升,达到要求之后再进入后续课程。在资源许可的情况下,可以考虑根据不同学生的能力进行分班授课。

(四)设立学术写作志愿者社团

欧美国家高校针对国际生存在的语言、写作、文书等方面的困难,鼓励校内高年级学生组织学术写作志愿者社团,为低年级国际生提供语言、写作、文书等方面的免费服务,有效帮助了国际生融入新的学习环境。通过这样的"传帮带",可以形成一个良性循环,消除沟通障碍,提高国际生学术素养。

(五)完善激励机制

针对现有的奖学金制度,应该合理调整奖学金的种类、发放时间和发放条件,使得奖学金制度真正起到鼓励留学生认真学习的作用。此外,应该在国家政策允许的情况下,协调解决留学生实习环节中实习签证的问题,以激励留学生提升个人效能感,并更好地完成学业。

四、总　结

我国留学生教育正处在由量变向质变的转折期。经过前几年的快速发展,今后一段时间内,如何提高留学生教学质量成为十分迫切的任务。本论文通过对浙江工商大学管理工程与电子商务学院留学生学位论文管理和指导过程中存在的问题和现状进行分析,在此基础上给出了四条提升学位论文质量的策略和建议,希望对提升来华留学生教育质量有参考价值。

参考文献

[1] 李小红,彭文秋.改革开放后来华留学生教育发展的三次浪潮[J].中国教育科学(中英文),2020,3(03):106-118.

[2] 刘宝存,张继桥.改革开放四十年来华留学教育政策的演进与走向[J].西北师大学报(社会科学版),2018,55(06):91-97.

[3] 徐斌,沈佳琦,王梓迪.基础薄弱外国来华留学生培养工作浅析[J].教育教学论坛,2019(47):48-49.

[4] 谷祖莎.留学生本科毕业论文存在的问题及对策[J].教育教学论坛,2014(02):184-185.

[5] 王紫倩,应磊,许益笑,等.指导来华医学留学生科研论文的感想[J].教育教学论坛,2014(33):148-149.

[6] 史玉才.高校留学生培养现状、存在问题及建议[M].中国成人教育,2017(14):73-76.

[7] 倪峰,童云娟,朱锁玲,等.协作视角下留学生信息服务的优化策略——以南京农业大学为例[J].中国农业教育,2015(02):73-76+92.

[8] 孙名瑶.来华留学生"文化休克"现象及应对策略研究——以江苏卫视《世界青年说》为例[J].汉字文化,2019(08):60-62.

[9] 潘倩.来华留学生博士论文在采访与加工中出现的"麻烦"[J].内蒙古科技与经济,2018(23):136-140.

[10] 肖可意.汉语国际教育专业硕士留学生学术适应的调查与分析——以长春六所高校留学生为例[J].当代教育实践与教学研究,2020,12(02):493-494.

[11] 黄晓静,胡方芳.来华留学生预科教育研究综述(2005—2018年)[J].国际汉语教育(中英文),2020,5(02):79-90.

[12] 邹进文.民国时期的经济思想史研究——来自留学生博士论文的考察[J].中国经济史研究,2015(03):54-65+143.

[13] 陈钰.留学生论文指导策略的有效性研究[J].语言教学与研究,2016(06):19-27.

[14] 赵黎平."一带一路"倡议下来华留学生教育管理研究[J].中小企业管理与科技(下旬刊),2020(01):25-26.

[15] 亓华.留学生毕业论文的写作特点与规范化指导[J].云南师范大学学报,2006(01):6-11.

[16] 郭涵宁.留学生本科毕业论文写作课教学模式探讨[J].国际汉语教学研究,2016(04):44-52.

[17] 周婷.来华留学生文化认同的研究进展——基于2004—2018年CNKI的文献分析[J].湖南广播电视大学学报,2020(04):89-96.

[18] 邓淑兰.如何在留学生毕业论文写作教学中培养图式意识[J].海外华文教育,2017,94(11):1497-1503.

[19] 韩京和,姚俊.英语学术论文写作教育的缺失——基于中国留学生批判性信息素质考察的研究[J].河北大学学报(哲学社会科学版),2012,37(02):133-138.

专创融合的教学模式探索与实践

——以"人力资源选聘与测评"课程为例

余　琛①

（浙江工商大学工商管理学院）

摘　要：在企业管理类课程中融入创新创业教育元素，实现专创融合，并以"人力资源选聘与测评"课程为例进行了实践尝试，提出新的教学模式。该模式采用模拟创业课堂，通过延伸教学时空获得"专创融合"成果。本文为企业管理类课程以培养具备创新创业思维人才为目标的教学改革提供了思路。

关键词：专创融合；模拟创业课堂；创新思维

一、前　言

就当前企业管理类课程的教学来看，如若教师还停留在传统的"满堂灌"教学模式，一味地注重传播基础知识，不结合企业管理专业特点和发展趋势，不运用创新创业思维来教学，忽略学生创新创业能力和思维的培养，培养出来的人才就无法满足社会发展的新需求，也无法满足教育部提出的"双创"要求。

在有限的课堂时间里，如不对教学模式进行改革，很难有时间进行创新创业教育活动。因此，开展"双创"能力培养，需要翻转课堂，将知识传递的过程放在课下，将知识内化、能力培养的过程放在课堂，充分发挥教师的主导作用（杨会娟等，2020）。因此，专创融合的教学模式的改革需要教师不断探索，需要教师发挥自身创新思维。如提供实践场景或实际问题，让学生掌握的知识与实际问题密切联系，鼓励学生自主思考、相互讨论，提出解决问题的方案，教师再予以修正或提出建议，提高学生"双创"能力。而模拟创业课堂就是将实践场景和实际问题搬到课堂。专创融合的企业管理类人才的教育需要在普通教育的基础上融合学生所学专业的前沿技术和核心技术，需要投入更多的精力和时间寻求有利于专创教育的教学方法和理念（郭俊娥等，2021）。

"人力资源选聘与测评"是工商管理专业学生的一门专业选修课，是人力资源管理专业学生的核心专业课程。该课程主要面向人力资源管理专业学生，要求他们懂得和

---

① 余琛，浙江工商大学工商管理学院教授，博士，研究方向为人力资源管理和创新创业。

掌握企业内部对人才的测评与选拔方法及流程。随着创新创业教育、思政课程等要求的推进,该课程的内容也在不断地改革,实验室教学、情景模拟、角色扮演等方法都在不断应用和完善。现在,结合专创融合的要求,模拟创业课堂对该课程的教学做进一步探索、改革和完善,实施专创融合的教学模式。

二、专创融合的教学模式设计与实施

(一)设计原则

以培养创新思维为目标的教学模式需要以传统教学模式为依据,有效利用智慧教学平台,将线上线下多种资源融合(邹丽娜等,2021),形成完整知识链,并在教学过程中贯穿创新思维,以模拟创业激发学生学习热情,并结合实际,用专业知识解决实际问题。教学模式设计遵循开放性原则、实际性原则和互动性原则。开放性原则是指学生学习知识不仅仅局限于课件、教材,学生的思路可以很开阔,不受限,不局限于教师的观点,可以挑战权威、挑战教材。实际性原则是指围绕解决实际问题开展学习,解决的问题是实际中真实存在的。互动性原则是指教师提供问题,包括公司背景、公司面临的困境等,学生解决问题,在课堂上模拟创业,进行师生互动、生生互动。

(二)实施过程

1.前端的专业知识准备

专创融合的教学模式并非排除专业知识的学习,专业知识的掌握是解决问题的基础。因此,需要结合在线学习工具,充分利用在线工具为学生发布课件、信息和与学生互动等功能,与传统教学过程形成优势互补(胡寒冰,2018)。

本校的网络教学平台(泛雅)是一个新型教学互动工具,可以实现对课上和课下教学过程的全覆盖支持,学生名单由教务系统衔接,学校教务系统与网络平台结合、共享信息。在此基础上,教师提供学习资料给学生,有些重点的专业知识在课堂上给予讲解,为后期的教学互动奠定专业基础。在此学习阶段,教师通过课堂上的交互网络教学平台,及时充分了解每一个学生对专业知识的掌握情况,查看系统统计的学生作答情况,了解学生对当前知识点的整体掌握情况,并针对实际情况适当调整教学策略。

2.专创融合的教学模式核心关键:模拟创业课堂展示

该阶段是核心阶段。教学活动分课上和课下两个部分进行设计,每部分都以线上线下活动进行混合式学习(胡立如,2016)。线上活动充分结合实际问题的需要,教师结合自己的实践了解,给出待解决的实际问题。

因为本课程涉及企业对人才的选拔,结合某家企业需要对应聘者进行测评这样的实际需求(该需求来自教师的社会服务工作实际),模拟创业课堂。本课程涉及的甲方(由 7 名学生组成)是一家水务企业,现在需要一款产品,这款产品针对的是该企业的外部招聘测试,涉及市政工程管理、信息数据员、低碳咨询经理等岗位,共有应聘人员 98名,对此进行招投标。扮演甲方的学生需要完成招投标文件,并了解该产品生产过程、基本组成、预期效果等。扮演乙方(共 40 名学生,分成 5 组,对应 5 家企业)的学生需要给自己的模拟公司设定名称,确定人物角色、提交标书,介绍自己研发的测评产品的功能、研发过程以及提供产品或服务的全套设计和应用指导,并在教学课堂上展示自己的产品,借此说服甲方自己公司的团队能够很好完成任务。乙方(5 家企业)在充分展示自己的产品之后,甲方(团队)给予决策,确定购买哪一家企业的产品。甲方给予解释和说明,乙方在听取的过程中,了解自己在市场(客户)眼中的不足和特色。被选中的团队小组要进行外部招聘人才测评的实施,此时,其余学生(乙方中的另外 4 组学生)模拟扮演被试方。甲方小组作为客户企业人员,参与该环节,进行协调配合。最后,教师给予点评,提出改进意见。

在此阶段,有效的创新思维训练方法需要在应用中推广,以"人力资源选聘与测评"课程为理论基础,融入创新思维教学方法,要求学生从多方面、多角度去解决问题,不受限于某种测评方法,不仅仅局限于已有的测评方法,鼓励和要求学生突破常规,以解决问题为导向,充分挖掘各种好的测评方法。从教学过程到教学效果进行跟踪分析,通过网络教学平台这一辅助教学工具完成课后的互动检验,并统计学习数据。

3.教学效果检验

任何教学模式的效果都需要进行检验。该阶段主要是对学生学习状态进行监控和评测,进而检验学习模式的应用,及时总结经验和教训,促进后期的教学模式优化和改善。该阶段包括形成性学习评价和终结性评价。前者是对学习过程的评价,起到监督、激励的作用,帮助调整学生学习状态和学习方法。终结性评价是对学生达成学习目标程度的考核,以及对教学策略的验证检测。

形成性学习评价包括网络教学平台记录的课程小结数据、教师评价、小组评价三个方面,从多主体、多角度进行全面的评价,特别注重对于创新思维、创新能力的评价。评价指标如表 1 所示。

表 1　形成性学习评价

评价内容	评价主体或方式	评价指标	指标权重
课下预习复习	网络教学平台	学习时长完成页数、习题正确率	10
课上互动	网络教学平台	互动参与度、创新性	15
课上表现	教师	听课状态、记录笔记、积极回答问题	20
作业完成情况	教师、网络教学平台	作业提交时间、正确率、作品创新性	25
朋辈互助学习	网络教学平台	模拟企业、小组协作积极性、贡献度、创新性	15
自主学习	自我评价	自主学习能力、创新能力	15

终结性评价包括线上测验考试和课程设计作品(与后文提到的标书有密切联系)评分。

课程内容结束后,通过本校网络教学平台,发放调查问卷,进行课程满意度调查,调查问卷共设计了 25 个问题,其中 10 个是关于满意度的问题,从 4 个维度对学生满意度进行调查,问题以选择题为主,满意度问题选项分为非常满意、满意、一般、不满意、非常不满意五个级别,还有 15 个题目是关于本课程的专业知识的掌握情况。网络教学平台记录了全部学生接受的调查情况。问卷调查内容如表 2 所示。

表 2　课程满意度调查内容

维度	评价指标	题目数
课程本身	教学活动设计	2
创新能力提升	本课程对专业方面的创新能力提升的帮助程度	3
专创融合的意义	课下自主学习情况、课上介绍项目结果等	4
态度	对于课程的总体满意度	1
专业知识掌握	测评原理、测评方法、效度等知识点	15

调查结果如图 1 所示。

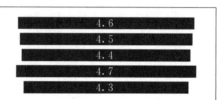

图 1　调查结果

从调查结果可以看出,学生对课程整体满意度较高,在课程设计上,学生认为模拟创业课堂,学生对应不同的角色,有了实际的意义和依托,教学活动激发了学生的兴趣,提高了学习效率,对于创业思维的创新起到积极的推进作用,能够达到以了解实际需求、解决问题为导向的创业思维的目标。

教师对学生模拟创业提供测评服务的实际案例应用效果满意度也较高,认为学生们设计的产品形式新颖,结合专业知识,能够有效解决问题,让客户企业满意。

三、结　论

专创融合的教学模式,模拟创业课堂展示,增强了学生的"双创"意识,提高了学生用所学专业知识解决实际问题的能力,专创融合的教学模式需要在教学设计过程中强调以学生为主体,以实际问题为导向(杨帅等,2018)。传统教学更注重知识点的讲解,即如何将知识点内容讲解清楚,让学生学会。而专创融合的教学模式注重学生对实际问题进行思考,进而利用所学专业知识解决问题,这就要求教师对教学内容和教学过程进行调整,以模拟市场、创业经营的形式安排教学,通过模拟创业项目,提高学生对专业知识进行自主学习的积极性,最终以项目展示的形式进行汇报和知识总结,并进行复盘反思。

在智慧教学环境下的专创融合教学模式实践,模拟创业课堂,将创业思维和创业历程融入专业课程教学中(叶洋滴,2019),能够充分发挥思维训练方法的优势,形成以培养"双创"思维为目标的学习过程,并取得良好的学习效果。

学生对于新模式下的教学设计表现出极大的学习兴趣,其"双创"能力得到充分锻炼和提升,创新意识得到加强(张泉,2019)。只有从课程实际应用出发,结合"双创"方法设计教学过程,将创新思维融入专业教育,才能充分发挥混合式学习的优势,达到培养具有创新思维的、能够为社会解决实际问题的专业人才的目的。

想要确保企业管理专业学生质量符合社会实际需求,提升教师的教育教学水平和创新能力至关重要。高等院校应制定鼓励教师进行专创融合教育教学的规章制度,教师应从思想上认识专创融合教育的意义,积极转变教学理念,勇于探索采用符合学生认知规律的、结合课程特点的专创融合教学模式,充分利用信息化教学手段,利用课堂主阵地,进行专创融合教育实践和探索,提升自身教育教学能力。

参考文献

[1] 杨会娟,时君伟,张丽芳,等.专创融合背景下高校"课程双创"教学实践探索研究——以"旅游地理学"课程为例[J].河北农业大学学报(社会科学版),2020,22(06):71-76.

[2] 郭俊娥,何文敏,彭磊.专创融合背景下高职教师教学能力提升探索[J].江苏建筑职业技术学院学报,2021,21(02):45-48.

[3] 邹丽娜,王学颖.数字媒体设计课程专创融合教学模式的研究与实践[J].沈阳师范大学学报(自然科学版),2019,37(06):572-576.

[4] 胡冰寒.在"互联网＋"技术应用下的多种教学模式混合型研究[J].教育现代化,2018,5(23):262-264.

[5] 胡立如,张宝辉.混合学习:走向技术强化的教学结构设计[J].现代远程教育研究,2016(04):21-31＋41.

[6] 杨帅,薛岚,王超,等.专创辩证统一视阈下专业教育与创新创业教育融合效应的分析[J].教育现代化,2018,5(20):37-39.

[7] 叶洋滴.基于专创融合理念的艺术设计专业实践教学研究[J].课程教育研究,2019(04):37.

[8] 张泉,李美玉."双创"背景下高校"创新学"通识课程优化设计研究[J].创新与创业教育,2019,10(03):141-145.

疫情背景下国际生跨境在线教学
教务管理模式探索[①]

侯铮铮[②]　　王晓慧[③]　　王晓华[④]

（浙江工商大学国际教育学院）

摘　要：在疫情防控常态化背景下，国际生跨境线上教学已成为常态。如何适应新形势、不断完善教学教务管理工作，是高校应当反思和亟须面对的问题。本文通过疫情期间我校国际教育学院结合不同防疫阶段的具体要求进行跨境线上教学的实施情况，梳理分析跨境线上教学存在的问题，提出相应的对策，探索符合国际生群体特征的跨境线上教学教务管理模式。

关键词：国际生；线上教育；教务管理

2020年以来，突发的疫情给国际生教育带来了极大的挑战。根据教育部的统一部署，各高校按照"停课不停教，停课不停学"的要求积极组织境内外学生进行线上教学。大规模的跨境在线教学对于学校教学组织管理来说是一场重大考验。随着线上教学实践的开展，教学管理中的各种问题渐渐凸显出来，例如目前仍缺乏适合国际学生的跨境线上教学平台、在线教学资源有待挖掘、教学模式不够多样化、学生自主学习能力有待提高、在线教学教务管理有待创新等。尽管现在全国疫情防控呈现总体平稳的态势，但由于国外疫情的严峻形势，目前浙江工商大学因受疫情影响未返校国际生人数占在校总国际生人数的81%，国际学生课程至今仍采用线上教学形式，且跨境线上教学将成为常态。本文通过分析近两年国际生线上教学的实践情况，梳理跨境线上教学及管理中存在的问题并提出相应的解决教学教务管理方面问题的措施和对策，以期为国际生的线上教学教务管理工作的改善提供参考。

---

①　浙江工商大学国际学生教育和管理服务课题(学历国际生公共汉语课程模式探索)，编号：4060XJ0621044。
②　侯铮铮，浙江工商大学国际教育学院培养办主管，讲师，硕士，研究方向为教育管理。
③　王晓慧，浙江工商大学国际教育学院教学负责人，讲师，硕士，研究方向为汉语国际教育。
④　王晓华，浙江工商大学国际教育学院教研室主任，副教授，硕士，研究方向为中外文化比较、汉语国际教育。

一、疫情期间跨境线上课程的实施情况

浙江工商大学自 20 世纪 80 年代后期开展国际生教育以来,国际学生的数量逐年增多、国别不断丰富,至 2021 年达到 1289 人,覆盖五大洲 104 个国家,规模稳居浙江省内高校前列。

2020 年的新冠疫情让国际生教育突然走到线上,教学模式从面对面的教室授课变换到隔着屏幕和时差的在线教学,加大了教学教务管理的难度。在学校方针政策的指导下,我院结合不同防疫阶段的具体要求周密部署。教研室联合培养办同筑防线、多措并举,在各管理人员、教师与国际生的共同努力下,有序推进防控期间教学活动的开展。

两年来,在疫情防控的教育常态化下,我院不断研究、探索符合国际生群体特征的教学教务管理方式,初步形成全面覆盖境内外国际生的趋同教学与差异教务双线并行的新型管理方式,以求将疫情对国际生教育带来的影响降到最低。

(一)疫情初期教学管理工作情况

线上教学的第一阶段:在 2020 年初疫情刚出现的时期,学院教学教务部门迅速反应,立足"停课不停学"的要求,制订了《疫情防控期间国际教育学院线上辅导工作方案》,对辅导形式、自学考查形式等做出了明确要求。从开课初教学保秩序、保稳定,到之后的求深度、求质量。考虑到时差、网络条件等各类主客观原因,此阶段主要采用"学生自主学习+集中辅导答疑"模式。我院教师在准备前期筛选慕课资源,选择程度合适的在线课程,并利用微信群、QQ 群分享相关数字资源给学生,同时定期进行辅导答疑并布置相应的作业任务。在实行过程中,教师严格执行方案,对于学生提交的作业以及提出的问题不顾时差不舍昼夜地给予批改和解答,在教学、教务人员的共同努力下,涵盖近千名国际生的线上辅导课程获得了超过三分之二学生的及时反馈。

(二)疫情中期教学管理工作情况

线上教学的第二阶段:疫情未见结束反而愈演愈烈,经过为期三周的以"学生自主学习+集中辅导答疑"为主要形式的教学之后,为继续在教学成效上求深度、求质量,我院及时对模式进行调整,制订了《疫情防控期间国际教育学院关于国际生在线教学工作方案》,开展线上直播、录播或两者相结合的教学。由于各种因素的限制,在对比各个在线教学平台后,选择了以钉钉平台为主的方式。任课教师按照课程表的时间发起会议或开启直播课,课上通过问答等形式鼓励学生参与互动,并同时进行课程录制,课后及时将直播课视频、课件、练习等全套学习资料发送至钉钉群,供学生查看温习。在课程考核方面,更注重学习过程和平时作业的完成,鼓励学生在条件允许的情况下尽量参加直播课。鉴于学生网络条件不一,期末考核根据课程的具体情况灵活采取在线考试、录制口语视频、提交论文和课程报告等不同类型的方式。对于网络条件差、时差严重国家的学生,教学、教务人员一方面稳定学生的情绪,另一方面积极帮扶学生利用可用的资源开展学习,完成既定任务。

(三)现阶段教学管理工作情况

经过几个学期的摸索实践,目前我院的授课教师全体采用"直播课＋在线互动"模式。直播教学相对于录播等初期的教学模式对学生有更直接的帮助,使学生在家也能得到较好的学习体验。同时,一方面;通过加强师资培训提升教师的在线授课水平;另一方面,从教学教务方面实行柔性管理和制度创新以帮助国际生克服时差和网络因素,使国际生尽可能参与到直播教学中并提高课堂参与度。最后从输出结果的管控上加强规范化制度建设,进一步保障教学质量。

二、跨境线上教学出现的问题

疫情的影响使得线上教学在短时间内快速"渗入"到我校的每位教师和管理人员的工作中,特别是跨境在线教学更是在大规模教学实践中暴露出了很多问题,对网络运行环境、线上平台选择、教师互联网教学思维和能力、师生互动方式、学习结果评估、教学教务管理等各方面提出了新要求。

(一)网络条件不一,普适平台难选

虽然目前市面上已经存在各类网络教学平台,但从实际应用角度来看,各类教学平台并不能很好地适应国际学生全方位、大规模、涉及多语种的线上教学。原因如下:

1.学生网络条件受限

国际生大多数在境外,由于各国的网速不一,很多国际生在本国使用平台时常常出现卡顿、掉线、电声噪音、视频不清楚等问题。还有的平台在一些国家无法下载或注册,导致学生无法进行学习,这给教学的组织和管理等带来客观条件上的困难。

2.课程平台利用率不高

一些课程平台可以实现学生自主学习,但从实际操作上来说,各平台的系统语言基本是汉语,对汉语程度普遍一般的国际生来说,使用平台存在一定困难。而且能满足国际生不同中文水平、不同学习需求的现有课程资源十分有限,特别是实践性较强的课程资源比较缺乏。

(二)电子教材准备不足

国际学生教学对于教材的依赖程度是很高的。疫情来得突然,在没有任何前期准备的情况下,在全球防疫居家自控的状态下,国际生各个专业全面开展线上教学实践是完全被动的、临时的,电子教材的缺乏成了线上课程最紧急的问题之一。以国际生汉语学习为例,无论是出版社、书商,都没有做好这方面的供应准备,多数教材的电子版本无法及时找到,而且传播电子教材可能还涉及版权等问题。

(三)跨境时差影响到课率

线上教学最大的难题之一就是教师无法完全掌控所有学生的出勤率。个别国际生从线上教学筹备工作开始就始终不予以回应配合,部分学生存在不同程度的缺勤情况。原因有多种:我校国际生分布在五大洲 100 多个国家,如考虑所有学生的时差因素,完全不能协调到中国的正常教学时间,给排课和教学带来很大困难;同时,疫情期间很多国家的经济遭受重创,部分国际生陷入经济危机,需要打工以维持学业生活,这导致其不能按时上课;还有的学生在离开群体学习环境后,自律性不够;此外,各国学生或多或少会出现因网络不稳定影响到课的情况。

(四)在线教学理念以及信息化能力存在提升空间

1.教师的在线教学理念需深化创新

在线教学开展前期,由于缺乏实践经验,教师对在线教学的认识还不够深入。因为在线教学不仅是机械地把课堂从教室换到网上,更需要对如何提高学生参与度、如何有效利用线上资源、如何创新教学模式等加以关注与深入思考。

2.教师的在线教学技能需改进提升

在线教学受各种主客观条件影响,从主观上看,我们在创新教学技能上还有很多值得探索与改善的地方。比如,线上教学受教学环境的影响,互动方式受限,目前师生互动主要以课堂提问等方式为主,原本在教室里常用的小组讨论或对话等在网络条件的限制下不一定能顺利开展;另外,为了增强互动性,同时监督了解学生听课情况,教师鼓励学生在课上打开摄像头,但学生由于网络条件较差或害羞心理等各种原因倾向于关闭摄像头,这也在一定程度上影响到师生互动的程度和效率;此外,在线教学对教师信息化技术的掌握能力提出挑战,特别是对部分尚不熟悉线上操作的教师来说,为了顺利开展教学,需要花费大量精力钻研教学平台的功能和操作方式。

3.学生的自主学习能力需关注培养

学生存在学习动机、能力等个体差异,部分国际生的学习方式较为被动机械,缺乏学习自主性,导致不按时出勤、课堂参与度较低、听课专注力不集中、作业完成度较差等结果。在线教学初期,学生热情高涨,但随着新鲜感慢慢减退,自律的学生可以紧跟老师的节奏认真地学习,参加课堂互动,而有的学生开始出现"挂网上课"的情况,上课签到后并未专心参与,被点名回答问题时,或迷茫,或声称网络断线。因此,如何让自律性较低的学生积极参与在线课堂,对任课教师来说是极大的挑战。

(五)考核形式和考场管理需完善规范

原有单一的期末集中一次性终结考试的方法难以调动学生日常参与课堂的积极性,在评价方式上易陷入被动。同时我们仍缺乏一个功能完善的考试平台。在线考试的操作过程中,存在因学生网络问题导致临时出现意外情况的问题,这对我们原先的预案造成了新挑战。如何能在跨境网络的条件下顺利组织在线考试,这对考试平台、考场管理提出了较高要求。

三、面对跨境线上教学挑战的对策与建议

面对跨境线上教学的挑战，我院教学和教务部门同心协力，经过多次摸索和综合考量，采取了一系列措施进行趋同教学与差异教务双线并行的管理方式。趋同教学目的是要保证课堂教学质量，差异教务是鉴于国际生特殊情况而采取的柔性管理方式，目的是创造条件鼓励学生参与到直播互动中来，让学生真正参与课堂，切实提高在线教学的质量。

（一）克服网络时差困难，调整排课模式

1.克服网络时差，协调排课时间

为了创造条件尽可能让全体国际学生能参加直播课，教务管理人员根据生源国所在时区，在预排课时就尽可能人性化地考虑适合全班学生的时间。国教学院全体教师和管理人员克服各种困难协调上课时间，有的语言生班级的授课时间甚至排到了清晨5点和夜晚11点。

2.调整排班模式，提升课堂效果

为提高课堂管理质量，针对在线教学中的钉钉在线课堂显示界面较小，课堂难以管控，班级人数过多使得网络流量增大导致某些网络条件差的学生存在上课断线、网络延时、通话不佳以致上课互动性低等问题，教务管理人员根据教学班生源的客观条件适当调整控制授课班级规模，以利于教师对线上课堂质量的把控。同时，兼顾考虑授课对象因素进行分层教学，比如实行马来西亚华裔学生与其他国别学生分班上课等，不仅有利于教师针对性教学，而且能更好地协调排课时间。

（二）广泛搜集电子教材，解决学生无书问题

疫情以来，教学教务人员利用各种途径搜集教材电子版，互帮互助共享教学资源，部分课程由授课教师逐页扫描教材并分享给学生，力求解决学生手头无书的困难。

（三）加强交流和培训，探索新型教学和管理模式

教师以及管理人员定期召开教学教务会议，相互交流实践经验。在讨论中互相交流经验教训，主题包含如何熟练操作教学平台，如何把握好在线课堂的上课节奏，如何增加师生互动，如何设计多样的课内课外练习形式，如何有效发掘、融入丰富的线上教学资源，如何更为客观地做好考核评价，如何加强考场管理，如何协调排课，等等。通过持续的交流学习，进一步提升了教师的在线教学能力，促进了教学和教务的有机配合，教学和管理水平日渐提高。

（四）创新考勤方式，规范化与人性化相结合

考虑到部分学生存在网络与时差的客观困难，培养办联合教研室推出了针对国际生群体特征的柔性出勤管理制度。相比以往计算到课率的操作，现以作业提交率来判

定学生的出勤率与考试资格,缺勤次数超过三分之一即取消考试资格。同时设置参加直播课的得分。学生的考勤分数、参加直播课的次数以及课堂表现等都将计入平时分数,与期末考核成绩共同产生最终成绩。以作业提交情况判定考试资格,以成绩为抓手提高出勤率,能促进学生对学习过程的重视,同时用柔性方式让国际生适应学校的规范管理。

(五)建立适应跨境线上教学的过程性评价模式

在跨境线上教学实践中,不断探索课程考核评价方法,减少终结性考试评价所占比例,加大过程评价考核力度,将课程考核贯穿到在线课程教学的全过程,形成多元化教学全过程评价。目前设置的过程性评价包括平时作业上交次数、参加直播次数、课堂参与表现、作业质量、阶段性测验等内容,占比不低于总成绩的50%,最高达70%。通过多元化过程性评价,更加全面地检测到国际生的学习行为、过程和效果,充分调动了国际生学习的积极性和创造性,保障了在线教学质量。

表1　国际教育学院线上教学评价模式

	出勤分	作业分	期中考核	课堂表现分	期末考核分
占比	20%	10%	10%	10%	50%
评判标准	学生上交作业的次数是否达标,上交率低于2/3则无期末考试资格	质量优劣,是否按时提交	或为阶段测试	参加直播课的次数和课堂表现	采用调查报告、小论文、在线考试等形式

(六)规范考试规则,加强考场管理

为了进一步加强在线考试的规范管理,针对可能出现的问题,我们制订了中英双语版《浙江工商大学国际教育学院在线考试管理规定》,为在线考试的组织管理提供规范参照。该细则对考试准备、考试预备阶段操作指导、正式开考后操作指导、在线考场纪律、严重作弊行为及处罚措施等均做了明确规定。对于可能出现的作弊情况提出了防范处理策略,比如针对考生故意断网意图作弊现象,制度中明确:"因网络中断或考试设备故障导致考试中断,如考生无法在3分钟之内恢复,考试将自动终止。"又比如个别考生以网络不好为由不打开监控摄像头,视情节认定为成绩无效或当场终止其考试,等等。同时为保证考场纪律,在考试安排上采用控制考场规模、增加监考人员、提前安排模拟考试等措施,进一步加强考场管理。

四、结　语

线上教育带来巨大挑战的同时,也带来了新的机遇。跨境线上教育的优点是不受时空限制,还有多种网络资源可利用,多种教学方式可挖掘创新,但须根据国际学生的群体特征,因人制宜,因地制宜,在课堂管理、教学策略、评价方式、教务管理等环节不断创新,追求规范化与人性化相结合,探索研究适用于这一特征群体的跨境线上教学与管理模式,以更好地服务于教育质量的提质增效。

参考文献

[1] 陈戈,商明敬,何光军,等."一带一路"背景下加强来华医学留学生课程考核管理的思考[J]. 医学教育研究与实践,2020,28(03):423-425,447.

[2] 郭凯琳,赵宝永,高佳佳,等.新时代来华留学教育创新发展研究——以北京科技大学为例[J].思想教育研究,2020(09):156-159.

[3] 侯茜.疫情背景下留学生线上教育模式探索分析[J].求学,2020(11):6-8.

[4] 刘宸琪.浅谈线上教务管理——以疫情期间 SQA-AD 项目线上教务管理为例[J].当代教育实践与教学研究(电子刊),2021(21):7-9.

[5] 柳颖,白红梅.后疫情时期高校线上教学评价体系构建[J].当代教育与文化,2021,13(03):101-107.

[6] 吴尘,顾心怡.新冠疫情期间高校在线教学管理的实践与思考——以苏州市职业大学为例[J].苏州市职业大学学报,2021,32(03):49-53.

[7] 钟秉林,南晓鹏.后疫情时代我国高等教育发展的宏观思考[J].教育研究,2021,42(05):108-116.

[8] 邹安妮,冯世德,孙太凡,等.关于在线教学组织与运行的思考[J].教育教学论坛,2020(48):353-354.

[9] 祝志春,陈曦.来华留学生线上教学及后疫情时代教育转型的思考[J].黑河学院学报,2020,11(11):87-90.

新工科背景下无机及分析化学实验中
虚拟仿真实验教学改革[①]

蔡　靖[②]　楼菊青[③]

（浙江工商大学环境科学与工程学院）

　　摘　要：我国高等教育改革发展进入了一个新时期，迫切需要加快"新工科"建设，而虚拟仿真实验教学是高等教育改革发展与新工科建设的重要内容。在新工科背景下，本文探索了无机及分析化学实验中虚拟仿真实验教学改革。从着重于基础操作的基础类实验、有利于能力提升的综合性实验和基于行业热点的创新性实验三方面着手，构建多层次多维度虚拟仿真实验教学模式，虚实结合，探索新工科背景下虚拟仿真实验教学在培养人才中的意义和作用。

　　关键词：新工科；虚拟仿真实验；无机及分析化学实验；人才培养；教学改革

　　2016 年，我国教育部提出"新工科"建设，并发布了《关于开展新工科研究与实践的通知》等一系列文件。新工科建设的目标是对当代工程教育实施理论创新与改革，努力把我国建设成为工程教育强国，其根本是为了培养工程实践能力强、富有创新能力、具备国际视野的高素质复合型人才。近年来，信息技术的快速发展，为高等教育现代化提供了强有力的技术支持。教育部明确指出，虚拟仿真实验教学是高等教育信息化建设和实验教学示范中心建设的重要内容，有助于深化信息技术与教育教学深度融合，这为"新工科"教学建设的实施提供了一条全新的发展思路。

　　围绕着习近平总书记所强调的"培养什么人、怎样培养人、为谁培养人"这一根本教育问题，把实验教学作为培养实践精神和创新能力的重要载体。通过虚拟仿真技术巩固基础性实验的操作基础，提升综合性实验的广度和深度，拓展创新性实验的虚实结合，进而提升实验教学的质量和水平。

　　"无机及分析化学实验"是高等院校理工类学生的一门重要实验基础课，是无机及分析化学理论教学的重要补充，是后续专业实验课程的重要基础，对于培养学生的动手操作能力以及养成良好的实验科学素养具有极其重要的作用。本文拟以"无机及分析化学实验"课程为立足点，从基础类实验、综合性实验和创新性实验三方面着手，构建多

---

　　①　浙江工商大学省级及以上教学平台自主设立校级教学项目，编号 1110XJ2914099。
　　②　蔡靖，浙江工商大学环境科学与工程学院副教授，博士，研究方向为废水生物处理及资源化。
　　③　楼菊青，浙江工商大学环境科学与工程学院副教授，博士，研究方向为废水生物处理技术。

层次多维度虚拟仿真实验教学模式,虚实结合,探索新工科背景下虚拟仿真实验教学在人才培养中的作用和意义。

一、着重于基础操作的基础类实验

"无机及分析化学实验"是大一新生入校的第一门化学类基础实验课程。新生化学背景不一,部分学生甚至未进过实验室,对实验的印象仍停留在书本知识中,在有限的授课时间内,学生的课堂练习时间有限,且教师无法一对一指出学生在实验中出现的不规范或不正确的操作。虚拟仿真实验软件可预装在虚拟仿真实验室机房或学生的个人电脑中,学生可以在教师的指导下进行实验学习,也可自主地探索实验。虚拟仿真实验分为演示模式和操作模式,学生可先通过演示模式了解实验的正确操作,然后在操作模式下自主进行实验。该虚拟仿真实验系统具有在线评分系统,可对操作进行打分,教师可在系统后台看到每位同学的操作和分数。

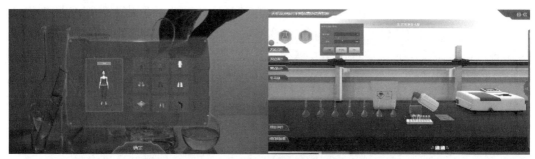

图 1　进入实验室准备、仪器操作规范、思考题和评价等级

这部分实验内容注重化学实验细节:在进入实验室前,需做好穿实验服,穿运动鞋,女生长发扎起等准备工作;实验操作过程中,注重滴定管、移液管和容量瓶等容量器皿以及天平、酸度计和分光光度计等基本仪器的操作规范;完成实验后,需清洁整理实验室台面和地面。完成实验操作后需完成相关思考题。这样可以使每位学生不仅都能"动手"做实验,还能动脑思考实验现象,提高了学习"无机及分析化学实验"的乐趣和兴趣。

二、有利于能力提升的综合性实验

综合性实验是理论走向实践的绝佳方式,是学生获得实践技能和提升综合素质的重要途径。学生可在虚拟仿真实验平台上模拟"碘化铅溶度积常数的测定""常见阳离子的分离"和"常见阴离子的分离"等综合实验。

以"碘化铅溶度积常数的测定"实验为例。该实验需先绘制 I^- 离子标准曲线,再制备 PbI_2 饱和溶液,最后通过测定溶液中的 I^- 离子浓度,根据系统的初始组成及沉淀反应中 Pb^{2+} 离子与 I^- 离子的化学计量关系,可以计算出溶液中的 Pb^{2+} 离子浓度。由此可求得 PbI_2 的溶度积常数。

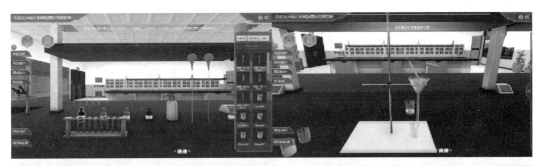

图 2　实验操作过程和数据计算分析

该实验中所需的 KI、$Pb(NO_3)_2$ 和 KNO_2 对人体和环境均具有一定的毒性,且在测定 I^- 离子标准曲线时,需将 I^- 氧化为 I_2。I_2 容易升华,对人体具有毒性和腐蚀性。且实验过程复杂,耗时长,但该实验有利于帮助学生理解理论课上所学的溶度积知识,进而掌握溶度积常数的测定过程,并通过实验数据处理计算得出溶度积常数参数。因此,通过虚拟仿真实验这一系列综合能力训练,有助于提高学生对实验在整个无机及分析化学体系中的认知程度,有助于掌握和理解实验与理论之间的相互关系,进而提升学生的综合素质和综合能力。

三、基于行业热点的创新型实验

环境工程与科学是一个新兴的交叉学科,其专业领域涉及大气污染控制工程、水污染控制工程、固体废弃物处理与处置、物理性污染控制工程等若干专业领域,而这些领域都离不开化学处理方法。以"含铬废液的处理"虚拟仿真实验为例。含铬的工业废液,其铬元素的存在形式可分为 Cr^{6+} 和 Cr^{3+} 两种,其中 Cr^{6+} 的毒性要比 Cr^{3+} 大得多,它能诱发人体皮肤溃疡、神经炎和肾炎等多种疾病。因此,我国污水排放标准中要求 Cr^{6+} 浓度小于等于 $0.3mg/L$,而生活饮水和地面水标准中则要求 Cr^{6+} 浓度小于等于 $0.05mg/L$。在污水处理工程中,Cr^{6+} 通常采用化学还原沉淀法去除,即在酸性条件下将 Cr^{6+} 还原成 Cr^{3+},然后在碱性条件下形成 $Cr(OH)_3$ 沉淀,最后经过滤去除水中的铬元素。通过"含铬废液的处理"虚拟仿真实验,学生可以将无机及分析化学上的理论知识与环境工程实践相结合,在虚拟仿真实验平台中模拟处理含铬废液,并通过测绘标准曲线计算铬含量,分析去除效果,有助于后续环境工程专业课程的学习和理解。

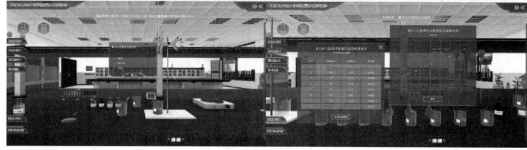

图 3　实验过程记录和数据计算分析

四、结　语

"无机及分析化学实验"是浙江工商大学环境科学与工程专业必修的一门基础化学实验课,对于培养学生实验操作能力、分析解决问题能力和创新实践能力起着至关重要的基础作用。当前,新工科对工科人才培养提出了新标准和新要求。以此为契机,将虚拟仿真实验教学与无机及分析化学实验教学相结合,体现了"产出导向、学生中心、持续改进"的工程教育认证理念,有利于全面培养学生化学实验技能和综合运用能力,以期为新时代下新工科人才培养提供有效路径。

参考文献

[1] 董晶.新工科背景下高校人才培养模式探索[J].高等建筑教育,2018,27(06):8-11.

[2] 许鹏,陈建欣.虚拟仿真在工程化学教学中的实践探索[J].广东化工,2019,46(03):221-223.

[3] 郭婷,杨树国,江永亨,等.虚拟仿真实验教学项目建设与应用研究[J].实验技术与管理,2019,36(10):215-217,220.

［4］于智慧,于长顺,宋宇,等.无机及分析化学实验探究式教学模式的构建［J］.广州化工,2019,47(13):180-181.

［5］李婷婷,代健民,潘洪志.虚拟仿真实验教学的探究与创新人才的培养［J］.中国继续医学教育,2019,11(08):53-55.

［6］柏松.虚拟仿真实验在环境工程专业实验教学中的应用思考［J］.轻工科技,2018,34(08):144-145.

［7］王斌远,陈忠林,樊磊涛,等.pH 值对 Fe(Ⅱ)还原处理含铬废水的影响及动力学研究［J］.黑龙江大学自然科学学报,2014,31(03):356-360,421.

"碳中和"背景下"大气污染控制工程"课程思政的设计与实践[①]

孙玉海[②]　　江博琼[③]　　韩竞一[④]

(浙江工商大学环境科学与工程学院)

摘　要："大气污染控制工程"是高校环境工程人才培养的专业必修课程,在专业课程教学中融入课程思政元素,是贯彻"立德树人"育人理念的重要途径。传统课程教授过程中主要以标准更新、燃煤电厂超低排放技术及"蓝天保卫战"为切入点。然而,在新的时代背景下,"碳中和"无疑已成为必不可少的思政元素,是学生增强社会使命感、国家认同感及民族自豪感的重要手段,有利于实现"全员育人"和"全方位育人"。

关键词：大气污染控制工程;碳中和;课程思政

2020 年 9 月,习近平总书记在第七十五届联合国大会上向全世界做出了中国要在 2060 年以前实现碳中和的承诺。这是党中央为建设社会主义生态文明、推进经济社会系统性变革、应对全球气候变化、落实联合国可持续发展目标而做出的一项重大决策,充分体现了中国在应对全球问题时所具有的大国担当。与此同时,2020 年教育部《高等学校课程思政建设指导纲要》中指出,要在课程中引导学生了解世情、国情、党情、民情,把思想政治教育贯穿人才培养体系,全面推进高校课程思政建设,发挥好每门课程的育人作用,提高高校人才培养质量,培养工科学生精益求精的大国工匠精神。作为高校教师,应深刻理解碳中和的重要时代意义,并将其运用到教学的关键环节中,培养符合新时代要求的创新型人才。

一、"碳中和"思政元素融入的必要性

在绿色低碳发展的背景下,全球已有 136 个国家提出碳中和目标,覆盖了全球 88%以上的 CO_2 排放量,碳中和已经成为全球共识,CO_2 作为气态污染物的特性也逐

①　浙江工商大学省级平台教学项目,编号 1260XJ0518001-08。

②　孙玉海,浙江工商大学环境科学与工程学院讲师,博士,研究方向为 CO_2 高效转化与资源化。

③　江博琼,浙江工商大学环境科学与工程学院教授,博士,研究方向为 NO_x 的高效脱除及机动车尾气催化净化。

④　韩竞一,浙江工商大学环境科学与工程学院副教授,博士,研究方向为环境管理与政策及农村面源污染控制措施。

渐突出。"大气污染控制工程"是环境工程专业的一门重要必修课,课程教学目标是使学生掌握大气污染物生成和转化的基本理论知识,具备除尘、脱硫、脱硝、VOCs 脱除等净化技术的设计计算与工艺比选能力。在过去一段时间内,该课程的思政元素主要以"燃煤电厂超低排放"及"蓝天保卫战"为主要切入点,没有根据当前中国和世界的重大环境问题继续深化课程中的思政元素,迫切需要结合当前碳中和的新时代背景,培养符合国家需要,具有时代新理念、高度社会责任感和工程职业道德,具有创新意识和宽广国际视野的高级工程技术人才,为增强课程的知识性、人文性,提升引领性、时代性和开放性提供保障。

二、基于"碳中和"的课程思政教学设计

在新的时代背景下,"大气污染控制工程"的课程思政更要找准切入点,将大纲中的知识点与传统文化、工程实际、全球热点问题融合,并升华至社会主义核心价值观的思政教育内容。为此,我们在传统"燃煤电厂超低排放"及"蓝天保卫战"思政内容的基础上融入碳中和思政元素,以"燃煤电厂超低排放"为切入点、"蓝天保卫战"为突破点、"碳中和"为制高点,从三个层面重组课程思政教学设计(如图 1 所示),以"润物细无声"的方式将思政教育元素融入"大气污染控制工程"的教学过程中。以下将从课程的十二章内容入手,单独或结合探讨如何在教学设计环节融入碳中和的课程思政元素。

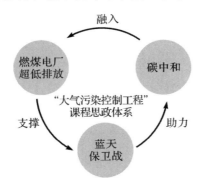

图 1 "大气污染控制工程"的课程思政体系组成

"绪论"这一章要求学生具备大气污染物辨别分析能力,能够选择适应企业环保要求的污染物控制标准,初步具备工程师的职业道德,结合学校"诚、毅、勤、朴"的校训,理解环保人的社会职责。在讲述基本知识的同时,通过对《大气污染防治行动计划》《打赢蓝天保卫战三年行动计划》的学习,对照近年来我国环境空气质量的变化情况,使学生形成坚持党的领导的正确方向,树立坚定的理想和信念。最后总结近年来党和政府在大气污染控制领域做出的重大努力和取得的战略性成果,如图 2 所示,引出新时代下碳中和的重大举措,培养具有生态文明观的高素质的社会主义建设者和接班人。

在"燃烧与大气污染"这一章中要求学生具备燃烧过程烟气相关参数的计算能力,熟悉燃烧主要污染形成机理,能够识别燃烧污染物。在此基础上,基于不同的燃料类型及其燃烧产物,引导学生思考燃料燃烧与 CO_2 排放的关系,通过能源危机、气候异常等学生可以切身感受到的现实情况,使学生更加深入理解碳中和所具有的重大意义。同

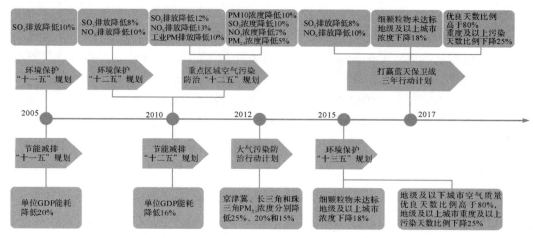

图2 近年来党和政府在大气污染控制领域的重大政策及战略性成果

时,从新工科的建设要求出发,给学生补充实现碳中和的CCUS等重要技术手段,使学生可以与时俱进地更新线下所需的重要知识储备。将本章内容与第七章的理论知识进行有机结合,寓碳中和的思政元素于BOPPS授课模式中,使学生深刻理解碳中和的重要意义及其亟须克服的重要瓶颈问题。

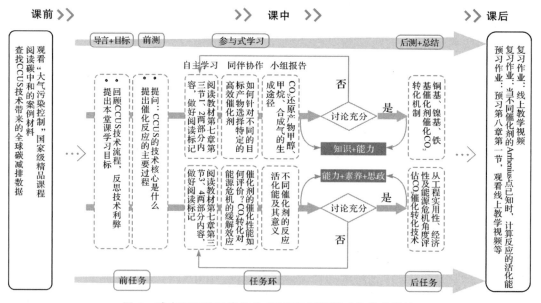

图3 碳中和思政元素结合BOPPS授课模式的教学设计

在除尘、脱硫、脱硝技术相关章节的学习中,以燃煤电厂超低排放技术为核心,使学生具备从经济技术角度对烟气净化工艺进行分析和方案比选的能力,并能对相关设备的主要构件进行选型和设计。此外,还要求学生能对国内外最新烟气净化技术进行查阅和总结,理解我国的超低排放工艺在世界所具有的重要引领地位。在讲述以上知识的基础上引导学生思考燃煤电厂对CO_2排放的巨大贡献,使学生明确电力行业实现碳中和对我国碳中和总体目标的实现所具有的重大意义,结合浙江省对电力行业碳中和的规划,明确浙江在全国生态文明建设中所具有的重要窗口作用。

三、"碳中和"课程思政融入"大气污染控制工程"的教学实践

浙江工商大学环境科学与工程学院"大气污染控制工程"的课程教学始终在新工科建设的引领下,坚持以学生发展为中心,以工程师的基本道德素养贯穿始终,采用多种教学手段和方法,将碳中和的思政元素"润物细无声"地融入课程体系中,使学生在知识、能力及素养层面均能达到新时代条件下我国对工程师的全面要求。

以第十二章"大气污染与全球环境"为例,采用翻转课堂的形式,模拟国际气候变化的联合国大会,使学生站在不同国家和国际组织(中国、欧盟、美国、日本、印度、毛里求斯)的角度讲述预期实现的碳减排任务。学生在课下完成"提出问题—思考问题—解决问题"的过程,将小组学习结果在课堂上就"谁应该承担以及如何承担碳减排任务"的问题展开辩论。

首先,各国代表就目前全球升温的现状,结合自己国家历史碳排放量、经济发展水平等因素提出合理的碳减排任务。

其次,各国就其他国家提出的碳减排任务展开辩论,引导学生站在不同国家的角度思考问题:①美国,目前碳排放总量并非最大,是否应该承担最多减排任务?②中国,人均碳排放量并不高,该如何提出合理的减排举措?③印度,目前仍处在粗放的发展模式中,是否要牺牲经济发展实现碳减排?④日本、欧盟,部分国家已经实现碳中和,目前碳排放量不高,但受地理位置影响,一旦全球过度升温,海平面上升极有可能带来毁灭性灾难,全球碳中和需求迫切。⑤毛里求斯,国土面积小,碳排放量少,经济发展水平适中,历史上贡献的碳排放量不高,在全球碳中和的大背景下,自己该不该承担碳减排任务?各个国家的代表应从自己国家的利益出发,通过辩论的形式理解不同国家实现碳中和的动力和阻力具体是什么,并在此过程中加深对碳中和的理解。

再次,通过辩论、协商等形式,结合自己国家实际,确定碳减排、经济支援、技术支援等不同的碳中和道路,各国形成一致意见,签署协议开始全球碳中和进程。

最后,请同学们思考交流,在各个国家努力实现碳中和的大背景下,作为个人该如何通过自己的努力助力碳中和目标的最终实现,并以本节课感想的形式形成辩论报告。

通过课堂辩论,可以看出本课程的教学一定要采取多种不同的教学模式,理论结合实践,课程体现思政,思政促进课程,两者互相交融、互相影响、互相促进,最终达到更好的教学效果。

四、结　语

"大气污染控制工程"是环境工程专业的必修课,在原有课程思政的基础上,结合新的时代背景,融入碳中和的思政元素,并且做到"不刻意、不生硬",在无形中提升学生对祖国的认同感和自豪感,理解中国在解决全球问题时的中国方案和大国担当,要求授课教师对教学设计进行一定程度的改革,将党和政府所做出的努力和取得的成就客观、真实地展现给学生,激发学生的爱国热情和将来为祖国环境事业而奉献的精神。综上,本

文介绍了碳中和思政元素融入"大气污染控制工程"教学设计的课程思政教学设计和教学案例,希望能为相关高校开展课程思政融入专业课教学提供有益的参考。

参考文献

[1] 习近平在第七十五届联合国大会一般性辩论上的讲话(全文).新华社,2020-09-23.

[2] 把思想政治工作贯穿教育教学全过程——开创我国高等教育事业发展新局面[N].人民日报,2016-12-09(1).

[3] 黄新颖,高正阳,孙芳.理工科课程思政建设理论与实践研究[J].华北电力大学学报(社会科学版),2020(06):128-132.

[4] 崔鹏义,张岩,黄远东."课程思政"融入大气污染控制工程的教学思考与改革[J].教育教学论坛,2020(10):47-48.

"水质工程学(二)"教学改革探讨

王如意① 楼菊青② 蔡 靖③

（浙江工商大学环境科学与工程学院）

摘 要:针对"水质工程学(二)"在传统教学中存在的问题,本文从多个方面提出教学改革措施,优化教学内容,实现教学方式多元化,注重过程考核,丰富平时成绩构成,并将课程思政融入课程教学中,以期充分激发学生的学习积极性,增强教学效果,体现对学生能力培养的要求。

关键词:教学内容;教学方式;课程思政

一、课程概述

"水质工程学(二)"是给排水科学与工程专业的专业核心课之一,主要介绍污(废)水及污泥的生物处理原理及工艺技术。该课程内容复杂,理论性、实践性和综合性强,具有难度大、范围广的特点。该课程的主要任务是使学生掌握污(废)水处理基本原理和方法,为学生将来从事工程设计、科研及运行管理等工作奠定理论和应用基础。因此,该课程在给排水科学与工程专业课程中占有重要的地位,其教学效果直接影响所培养人才的专业素质和能力。

二、教学存在的问题

(一)教学内容与教材

我校选用住房城乡建设部土建类学科专业"十三五"规划教材、高等学校给排水科学与工程学科专业指导委员会规划推荐教材《水质工程学(下册)》(第三版)作为教材。该教材的内容偏重于污水和污泥的生物处理理论与工艺,注重基本处理理论的深入阐述。教材内容较为浓缩,有助于刚接触相关内容的本科生学习,能较快地把握重点内

---

① 王如意,浙江工商大学环境科学与工程学院讲师,博士,研究方向为废水处理与资源化。
② 楼菊青,浙江工商大学环境科学与工程学院副教授,博士,研究方向为废水处理与资源化。
③ 蔡靖,浙江工商大学环境科学与工程学院副教授,博士,研究方向为废水处理与资源化。

容,掌握基础理论知识。但是该教材有关工程设计方面的内容偏少,设计计算的例题较少,而且没有课后思考题和练习题。然而,这部分内容却又至关重要。教材中这些内容的缺失不利于学生对设计计算内容的理解和掌握,尤其是自学能力较差的学生。《排水工程（下册）》以工程设计为主线,包含大量的污水处理工艺设计和污水处理工程构筑物的设计计算的内容。若以《排水工程（下册）》为教材,对于初学者来说需要花大量的时间去理解消化这些内容,而且较难把握重点,对学生的学习能力提出了较高的要求。"水质工程学（二）"的理论教学课时为48学时,存在课程内容多且难与课时较少之间的矛盾。显然,以《排水工程下册》作为教材,这个矛盾更为突出。

（二）课程设置

"水质工程学（二）"设置在大三上学期进行授课。主要的先修课程为"水力学""水分析化学"及"水处理生物学"等。"水质工程学（二）"的学习要求学生较好地掌握先修课程的主要内容和相关知识点。然而,在实际教学过程中笔者发现部分学生仍然存在对先修知识点掌握不扎实、理解不透彻的现象。如对化学需氧量和生化需氧量的概念理解不够深入,从而影响对"水质工程学（二）"课程中所涉及的公式、原理等的理解。由于生产实习安排在"水质工程学（二）"课程之后,造成学生对污水处理的过程及构筑物等没有感性的认识,对污水处理的流程知之甚少。这对"水质工程学（二）"的授课提出了更高的要求。

（三）课程考核

"水质工程学（二）"的考核方式为期末闭卷考试成绩加上平时成绩。传统的考核方式中平时成绩构成简单,主要由出勤和作业成绩构成。这种考核方式过于单一,部分学生以考试为主要学习目的,容易投机取巧把精力主要集中于考前的突击复习,而忽略平时的积累,缺乏自主思考和对知识的拓展,主动参与度较低,不利于学生自主学习能力、问题分析能力和创新能力的培养,不能体现工程专业认证对学生能力培养的要求。

三、教学改革探讨

（一）教学内容

选用《水质工程学（下册）》（第三版）作为教材,该教材与《水质工程学（上册）》为配套教材。这样,"水质工程学（二）"与"水质工程学（一）"的授课内容相承接,有利于授课内容的连贯性和系统性。同时,以《排水工程（下册）》作为参考书。对学生的问卷调查显示,78%的学生认为《水质工程学（下册）》（第三版）内容条理清晰,比较全面,非常适合作为教材,22%的学生认为《水质工程学（下册）》难度适中,比较适合作为教材,但设计相关内容比较欠缺。39%的学生会翻看《排水工程（下册）》,认为该书内容翔实,是一本很好的参考书。没有翻阅《排水工程（下册）》的学生,则会通过翻阅其他教材、设计手册、规范等,起到同样的效果。

教师在授课过程中需要充分考虑本课程的特点以及本课程和前后课程之间的关

系,充分整合教材和参考资料,不仅仅是《排水工程(下册)》,还包括规范、标准等资料。"水质工程学(二)"作为给排水科学与工程专业的核心课程,不仅要让学生掌握有关污(废)水和污泥处理的原理与技术,以及主要工艺的设计计算方法,还要培养学生的工程规范意识,能够通过查询相关规范进行合理的设计。另外,教师在授课过程中要注意"水质工程学(二)"教学内容与前导及后续课程的整合交叉。如脱氮除磷的生物处理原理在前导课程中已经有所涉及,那么教师就要在"水质工程学(二)"的授课过程中更偏重脱氮除磷的生物处理原理在具体处理工艺中的应用,与具体工艺相结合,加深对工艺原理及设计计算过程的理解。前导课程中有些内容在"水质工程学(二)"中至关重要但学生掌握不足的,则在"水质工程学(二)"的授课过程中需要再深化对这些知识点的理解。如化学需氧量的概念学生只知其定义,但没有深刻理解其内涵,可以在生化反应公式的推导过程中深化对化学需氧量的理解,这样能够使学生对公式和参数的理解更加深刻。在教学过程中,教师需要在课堂上穿插例题解析,与此同时,参考《给排水科学与工程专业习题集》中的部分习题以及其他材料,在课后向学生布置与所学内容相关的思考题和计算题。

(二)教学方式

传统的教学模式较单一,基本上是教师讲、学生听,学生学习缺乏主动性和积极性。因此,通过以下途径改进教学方式:

(1)突出学生的自主学习,将主动学习与被动传授相结合,"学"与"思"并重。教师提出一些与该课程相关的热点难点问题、学科前沿等鼓励学生自主学习,通过查找文献、规范、标准等方式尝试去发现问题、提出问题和解决问题。这样不仅加强了学生对授课内容的理解,而且还提升了学生的学习兴趣与热情,锻炼了学生的自学能力及解决问题的能力,发挥了学生的主观能动性。

(2)突出多媒体的作用,同时利用网络辅助教学,将传统与现代教学手段相结合。教师根据各教学手段的特点,充分发挥各教学手段的优点,以达到最佳的教学效果。例如工艺流程的确定与分析、例题的讲解等主要以传统的板书形式来进行,而对工艺原理、构筑物的结构及知识点的归纳总结等则较多地采用多媒体方式,如图片、flash 动画、视频等。充分发挥线上资源的优势,对于处理工艺的介绍及演化等教学内容可以提前布置学生利用网络课程进行课前预习,在课堂上学生在教师的指导下进行互动讨论。这种以问题为导向的方式强调了学生课前预习中发现问题的重要性,可以充分利用上课时间有效解决学生的主要疑点和难点。这种教学方式可以激发学生的学习兴趣和热情,发挥学生学习的主动性,培养学生利用现有资源解决问题的能力。

(三)课程考核

课程的考核对于学生的学习具有较大的引导作用。注重过程考核,丰富平时成绩构成,包括考勤、案例分析、学习报告和作业。通过布置多次的作业,可以让学生更好地消化并及时掌握所学知识。通过学习报告的学习,可以让学生通过文献查阅,能应用污(废)水处理基本原理等知识识别分析复杂水质污染工程问题的关键环节,并掌握新知识、提出新问题,具备根据需求解决新问题的能力。通过案例分析,能对不同工艺进行比较和总结并提出合理的工艺流程,能够理解废水处理对社会、经济、安全等方面的影响,能针对发现的问题提出合理的解决方案,能理解多个学科之间的关系。案例分析和学习报告对学生而言起到了极大的帮助,是理论联系实际的一种方式,是非常重要的学习环节。对学生的问卷调查显示,92％的学生认为学习报告对课程内容的掌握和知识拓展具有很好的帮助作用,通过查找资料对相关概念有更透彻的理解,能积极思考并提出解决问题的方案,甚至有部分同学提出增加学习报告的次数的建议。100％的同学认为案例分析对课程内容的掌握和知识拓展具有很好的帮助作用,与实际内容结合更有助于课程知识的记忆和理解并能更好地应用,有助于对整个知识结构进行梳理与总结。

(四)课程思政

课程思政不仅是新时代加强高校思想政治工作的新要求,而且可以提升课程教学效果。在学习具体污水处理技术之前,通过了解国家和省的水污染防治重要举措,探讨和分析这些政策与本课程的联系,可以强化学生对国家环保政策和需求的理解,加强学生学习这门课程的紧迫感和使命感,同时引导学生关注社会热点、难点、痛点问题,提升其为中国发展而奋进的使命感。对学生的问卷调查显示,100％的同学认为已经能很好或较好地理解相关政策。从学生反馈看,这些污染防治相关的政策解读,一方面能使学生更深入理解课程内容,认识到水污染治理任重道远,另一方面也起到了在课程中潜移默化宣传党和国家大政方针的作用。

此外,课堂讨论,使学生对社会主义核心价值观有更加深入的理解,使学生懂得爱国是人世间最深层、最持久的情感,是一个人立德之源、立功之本。同时,通过讨论和案例分析,探讨工程项目对周边环境可能存在的社会、经济、安全等方面的影响,激发学生的爱国情怀并理解工程师的责任,培养学生的工程规范意识,使学生成为合格的社会主义建设者。对学生的问卷调查显示,100％的同学认为已经能很好或较好地理解工程师的责任。由此,可以看出,学生能够深刻理解社会主义核心价值观,理解作为工程师所要具备的家国情怀、工程师的责任意识和工程规范意识,能够积极地投身于社会主义现代化建设之中,成为合格的社会主义建设者。

四、结　语

"水质工程学(二)"是给排水科学与工程专业的专业核心课之一,其教学效果直接影响所培养人才的专业素质和能力。选用《水质工程学(下册)》(第三版)作为教材,以《排水工程(下册)》作为参考书。教师在授课过程中需要整合教材内容,包括规范、标准等,还要注意教学内容与前导及后续课程的整合交叉,穿插例题解析。改进课堂教学方式,将主动学习与被动传授相结合,将传统与现代教学手段相结合。丰富平时成绩构成,通过案例分析和学习报告,提高学生的学习能力、问题分析能力和创新能力,以体现对学生能力培养的要求。同时,从水污染防治相关政策、社会主义核心价值观及工程师的责任等方面着手,将课程思政融入课程教学中。

参考文献

[1] 刘亚利,荆肇乾,王郑,等.翻转教学在水质工程学 2 中的探索与实践[J].山西建筑,2018,44(9):233-234.

[2] 孟多,赵丽红.《水质工程学 2》教学存在的问题及改革措施[J].辽宁工业大学学报(社会科学版),2016,18(6):135-137.

[3] 张彦平,李静,李一兵,等.《水质工程学Ⅱ》教学存在的问题及改革措施[J].教育教学论坛,2013(38):42-44.

[4] 樊杰,汪恂,宋宏娇,等.《水质工程学Ⅱ》课程教学改革分析[J].广东化工,2016,43(02):131.

[5] 王如意,方婧.环境工程专业"工程流体力学"教学改革探讨[J].新校园(上旬刊),2018(12):8-9.

[6] 王新文.《水质工程学 2》课程线上教学探讨与实践[J].文化创新比较研究,2021(20):102-104,110.

流通经济学以"启"带"论"式教学改革研究[①]

程　艳[②]　周佳彬[③]

（浙江工商大学经济学院）

摘　要: 流通经济学课程的应用性特点要求对教学模式的讨论环节进行改革。本文介绍了马克思流通经济理论的教学背景,探讨了流通经济学课程在数字化改革的背景下启发讨论式教学改革的路径设计,提出"启"的三维设计和"论"的三要点。研究发现,在结合数字化、助教等手段启发学生的前提下,以学生为主体、讨论与总结并重、讨论与考评结合的方式能够充分调动学生的积极性、主动性和创造性,培养数字经济时代背景下紧缺的具备良好分析问题和解决问题能力的研究型人才。

关键词: 流通经济学;启发讨论式;教学改革;数字化

一、马克思流通经济理论的教学背景

马克思商品流通理论是我国流通经济学科的基本理论内核(纪宝成等,2017)。流通较于生产,其重要性体现在价值实现这一环节。马克思提出:"生产过程如果不能转入流通过程,就要陷入绝境。"在社会主义市场经济条件下,没有发达的商品流通,就谈不上让市场发挥资源配置的决定性作用(谢莉娟等,2021)。中国经济学界对流通理论的关注源于20世纪50年代的"商品生产和价值规律"大讨论。60余载中国社会主义流通经济研究经历了一个由"重理论"到"重实践"的变化过程。进入21世纪,流通理论的研究主要面临两个问题:(1)理论明显滞后于实践;(2)"流通经济"学科体系的理论内核摇摆不定。这就要求中国新时代流通经济学课程需基于马克思流通经济理论开展教学。多年的教学实践发现,流通经济学课程的设立有助于学生对商品流通的重要作用、运行规律和当前流通业态现状形成直观感知,掌握现代商品流通领域的相关理论与实务知识,在丰富学生专业知识储备的同时培养学生独立思考、多维度分析问题的能力。然而,现实课堂教学存在的主要问题有:(1)传统"灌输式"授课方式难以适应当前研究型人才培养的需要,忽视了学生学习主体性、创新性的发挥;(2)课堂中心主义与教材中

---

① 2021年浙江工商大学校级教学改革项目"流通经济学以'启'带'论'教学改革研究"成果。
② 程艳,浙江工商大学经济学院教授,经济学博士,研究方向为产业经济学。
③ 周佳彬,浙江工商大学经济学院硕士研究生,研究方向为产业经济学。

心主义的桎梏仍然存在,教学资源未能借助数字化技术实现有效整合;(3)教学考评体系忽视学生批判性思维、知识内化和调研实践等通用能力的考核。

解决上述问题的根本在于传统教学模式的改革。Carlin 和 Wendy(2013)批判性地指出:"经济学可解释现实世界,经济学位不可解释现实世界。经济学人才培养范式需在本质上区别于理工科人才培养范式。"格罗兹丹卡等(2015)认为学生批判性思维发展是衡量高等教育质量的主要指标。大学教学成果评价不仅要发现学生在学习过程中的进步,而且要衡量教学对于学生获得就业、终身学习机会和个人成功的技能或能力所做出的贡献(Mária Durišová et al.,2015)。在新商科建设背景下,广泛的沟通能力和新型的表达能力更是成为普遍需求(宜昌勇等,2020)。因此,只有抓课堂教学质量,针对流通经济学教学中存在的问题,立足于教学体系的整体高度,从教材建设、教学内容、教学模式、教学方法、教学手段和考核评价体系等出发,建立一个科学的、效果显著而又切实可行的流通经济学教学体系,才能够培养数字经济时代背景下紧缺的具备良好分析问题和解决问题能力的研究型人才。

二、流通经济学启发讨论式教学的课程特色

目前,经济学院对经济学专业大三学生开设的这门专业选修课,经过十几年的发展,形成了如下特色:

(一)教材和阅读书目立体化。《现代流通经济学教程(第三版)》是在一系列课题报告、硕士研究生毕业论文和其他科研成果基础上形成的一本理论与实践相结合、跟踪学科发展新动向、注重多维研究方法和点面结合的实践性教材。全书在介绍"商品流通"一般基本理论的基础上,重点阐述"现代商品流通"相关理论,并努力把握现代流通机制、盈利模式及流通过程的内涵和发展趋势,能够帮助学生建立较为系统的流通经济学知识框架。另选取《商品流通》(石原武政,中国人民大学出版社,2004 年)、《流通原理》(田村正纪,机械工业出版社,2007 年)和《流通经济学:过程、组织、政策》(徐从才,中国人民大学出版社,2012 年)作为辅助阅读书目。课程负责人选用上述参考书目,并且不定时推荐国内外经典书籍和前沿权威期刊如 AER、JPE、《中国社会科学》、《经济研究》中的论文供学生选读。

(二)教学体系标准化。流通经济学课程教学形成了多元化课程内容、多样化教学方式和多维化考核指标"三结合"的标准体系。课程教学内容层面:一是在理论层面剖析商品流通过程和流通方式,尽可能全面讲授现代商品流通理论和商品流通机制;二是从务实层面纵向梳理与横向比较商品流通的经营方式和零售商的主要类型。教学方式层面:课上组建研究型学习小组,定期组织专题探讨、撰写研究报告、分组汇报;课下布置学生精读相关权威文献的任务,形成书面形式的读书笔记并上交。考核指标层面:形成了笔试+成果性考核+操作任务考核相结合的多方位考核模式,并赋予科学合理的计分权重。标准化、系统化的教学体系大大提升了流通经济学课程的教学水平和效果。

(三)教学制度"教授+助教"的传统延续。以追踪经济学研究前沿、提高研究生助教的教学实践能力和提高本科生教学质量为目标,经济学院鼓励教授帮带助教,定期召开教研会议,帮助助教熟悉教学过程和掌握教学要点。疫情情况下,利用钉钉群等电子

手段,在助教协助模式下,很好地完成了课堂任务的下发与收集、疑难点的及时解答、教学资源的分享,进一步增进了师生间的交流与感情。从实施效果来看,"教授＋助教"模式在激发本科生学习积极性,提高本科生教学质量,提升研究生助教的教学实践能力和缓解教师教学压力等方面有着积极的影响。通过流通经济学课程的学习,学生的经济学专业知识掌握能力显著提高,尤其对考研学生帮助非常大。从学生考研成绩来看,学院近年来考取重点大学研究生的人数逐年增加,在他们与重点大学学生的竞争中,本课程的成绩优异。

三、流通经济学启发讨论式教学改革的路径设计

大学教育,就是要培养大学生成为社会需要的创新人才。这就要求大学生不仅要有扎实的专业知识和基本技能,还应具有初步的科研技能和创新能力。要做到这点,必须"转变教育观念,改革人才培养模式,积极实行启发和讨论式教学,激发学生独立思考和创新的意识,切实提高教学质量"。在启发与讨论这对关系中,"启"是"论"的前提,先"启"而后"论"。流通经济学启发讨论式教学改革首先提出了关于"启"的三维设计思想。

(一)关于"启"的三维设计

1.利用数字化手段来拓宽"启"的面

在数字化时代,应将教学设计与数字化信息技术全面深度融合,重视引导学生思维能力发展的方法设计(和学新等,2016)。时至今日,数字化信息技术已经具备了全面参与和支持教学活动的技术条件,如利用强大的网络信息平台,实现跨班、跨校、跨地区以及跨国家教学资源的共享,还可以实现学生间、师生间不受时空限制的共学交流。课程负责人依据《现代流通经济学教程(第三版)》的新增和调整内容,借助数字化设备更新教学课件、案例和多媒体素材,搜集和整理经典文献,按照教学计划整理归类文献,用于课堂教学,增加学生的知识储备,拓宽学生的受知面。

2.配合翻转课堂、助教等形式来拓深"启"的度

罗可等(2013)在论及翻转课堂的意义时指出:"如果教学目的是为了产生理解,那么教育者就必须从知识和事实的死记硬背转变为'深度学习',即通过'积极和建设性的过程'来发展理解。"由此可见,翻转课堂的根本目的是实现深度学习,同时翻转课堂也是实现深度学习的重要途径之一。课前,借助慕课、超星等线上教学平台实现教学内容引导和理论纲要梳理;课后,利用网络等形式,配合助教进行线上线下答疑和辅助学习。"课前线上引导＋课后助教答疑和辅助学习"的教学模式,能够极大程度激发本科生学习积极性,培养学生的自主性,同时有助于对课堂学习内容进行深度挖掘与巩固。

3.通过"三结合"来制订和精确"启"的点

结合收集的历年流通经济学课堂教学的反馈,结合课程负责人多年的教学经验,同时结合研究生对互联网教学平台流通经济学共享课程的总结分析,对流通经济学

课程内容进行重难点归纳,制订出适合本科生的教学方案,做到精确"打击",有的放矢,保证学生所学是该门课程的核心要点,尽量做到在有限的课堂时间内实现效率最大化。

(二)"论"的三要点

传统灌输式的讲授类教学,虽然在知识传播上有一定积极意义,但忽视了实践能力和思辨精神的培养,与教育目标相背离。讨论式教学法强调在教师的精心准备和指导下,为实现一定的教学目标,通过预先的设计与组织,启发学生就特定问题发表自己的见解,以培养学生的独立思考能力和创新精神,并最终实现五个转变,即:以教师为中心转变为师生共同探索;以课堂为中心转变为课堂与课外并重;以教材为中心转变为教材和课外读物并重;以传授知识为中心转变为传授知识与培养能力并重;以学会为中心转变为以会学为中心。

1."论"需以学生为主体

学生是教育的对象,也是课堂的主体。一切教学改革都是从学生角度出发的,以学生能够掌握理论知识、发挥主观能动性、转变思想作为改革目标。启发讨论式的教学模式为实现上述目标提供了充分的可能。课堂讨论时,每一位学生都有机会发表自己的观点,将所学知识灵活运用于案例分析并阐述观点的过程,是学生学以致用的体现。同时在讨论过程中,需要学生不断地进行积极、独立、迅速的思考,这样有利于调动学生学习的积极性和自觉性,充分拓展学生的联想思维,发挥学生的主体作用,增强学生的主体意识。在整个讨论过程中,教师更多起到的应该是组织、评价和引导的作用。只有给学生更大的自由和更多的思考时间,才能增强学生的参与度,激发学生对知识的探究能力,提高流通经济学课程的教学效果。

2."论"需过程与总结并重

"论"的主体虽是学生,但"论"的质量还需要教师来保证。首先,教师要精心布置学生讨论的内容,设计讨论题目。其次,在讨论过程中对学生的讨论进行即时引导,对于不善于发表意见的学生进行鼓励和引导,使学生都能参与到讨论过程中。最后,还要对学生的讨论做出总结评价,从而使学生得到更多的启发和思考。启发讨论式的教学方式只有在讨论中总结、讨论后总结,学生在讨论和总结的过程中不断得到锻炼和提升,最终才能达到事半功倍的学习效果。

3."论"的结果合理并纳入课程考评

流通经济学启发讨论式教学改革的贯彻落实最终体现在课程考评上。课程负责人本着以学生为中心的价值取向,课程考核重视课堂展示而不拘泥于考勤和考试等固有形式,新增实践能力考核指标,注重课堂上的案例讨论和成果展示,赋予各项考核指标更为科学的计分权重。课程考评形式的创新有助于正确培养学生的学习态度、分析与解决问题能力和学术的严谨性与规范性,更是培养符合社会需求的创新型人才的必要之举。

参考文献

［1］CARLIN W. Economics explains our world-but economics degrees don't［J］. Financial Times，2013.

［2］ROEHL A，REDDY S L，SHANNONG J. The flipped classroom：An opportunity to engage millennial students through active learning strategies［J］. Journal of Family and Consumer Sciences，2013(02)：44-49.

［3］GOJKOV G，STOJANOVIĆ A，RAJIČ A G. Critical thinking of students-indicator of quality in higher education［J］. Procedia-Social and Behavioral Sciences，2015，191：591-596.

［4］纪宝成,谢莉娟,王晓东.马克思商品流通理论若干基本问题的再认识［J］.中国人民大学学报,2017(06)：60-70.

［5］谢丽娟,王晓东.马克思的流通经济理论及其中国化启示［J］.经济研究,2021(05)：20-39.

［6］马晶新.启发式教学的当代实践误区及变革之路［J］.教学与管理,2020(01)：15-18.

［7］马特.讨论式教学在法学教育中的运用［J］.中国成人教育,2008(03)：145-146.

［8］中共中央,国务院.关于深化教育改革全面推进素质教育的决定,1999年6月13日.

［9］和学新,岳辉.数字化时代的教学设计探讨［J］.教育研究与实验,2016(01)：54-58.

［10］宣昌勇,晏维龙."四跨"融合培养新商科本科人才［J］.中国高等教育,2020(6)：51-53.

短视频在高校思政课教学改革中的应用探究①

黄 娟②

（浙江工商大学马克思主义学院）

摘 要：短视频符合大学生获取信息的新需求，深受大学生喜爱。将短视频融入高校思政课教学，对提升思政课的亲和力、吸引力和感染力具有积极的意义。短视频有诸多优势，将短视频融入思政课教学，要遵守教学规律和立德树人使命等。具体可通过挖掘学习强国平台资源、建设公众号学习资料库等，落实短视频在思政课教学改革中的应用。

关键词：短视频；思政课；教学改革

2016 年，习近平在全国高校思想政治工作会议上强调"要运用新媒体新技术使工作活起来，推动思想政治工作传统优势同信息技术高度融合，增强时代感和吸引力"③；2019 年 3 月 18 日，习近平在学校思想政治理论课教师座谈会上强调"推动思想政治理论课改革创新，要不断增强思政课的思想性、理论性和亲和力、针对性"④，并肯定了"运用现代信息技术等手段建设智慧课堂等"取得的积极成效。这一系列重要论述，为高校思政课教学改革创新指明了新方向。

随着现代信息技术手段的迭代升级，人们获取信息的途径也日新月异。"抖音、B 站、快手、小红书、微信视频号"等新媒体平台的短视频逐渐成为人们获取信息的主要方式之一。短视频内容短小精悍，融合了社会热点、时尚潮流、专业技能等丰富的主题，并且具有及时、互动、灵活、共享性等特征，适合在短时休闲或移动状态下观看，迎合了大学生获取信息的新需求。将短视频融入高校思政课，符合教学改革创新的新方向。

---

① 2021 年度校级本科教学改革项目"基于学习强国平台创建大学生思想政治理论课学习资料库——以《马克思主义基本原理》为例"；2022 年度校级学科建设管理项目"数学＋马克思主义理论学科建设研究"。

② 黄娟，浙江工商大学马克思主义学院讲师，博士，研究方向为思政课教学改革创新。

③ 《习近平在全国高校思想政治工作会议上强调：把思想政治工作贯穿教育教学全过程 开创我国高等教育事业发展新局面》，《人民日报》，2016 年 12 月 09 日，第 1 版。

④ 习近平，《思政课是落实立德树人根本任务的关键课程》，《求是》2020 年第 17 期。

一、短视频在高校思政课教学改革中应用的意义

将短视频融入高校思政教学,对整合教学资源、引领主流价值、优化教育方法、创新教学模式、激发学生兴趣、触动学生心灵,增强思政课的理论性、思想性和针对性,提升思政课的亲和力、吸引力和感染力,进而增强大学生对思政课的获得感具有积极的意义。

(一)有利于整合教学资源,增强思政课的理论性

高校思政课教师可通过纪录片、纪实性的短视频镜头了解时事和历史,让大学生充分理解理论提出的背景,有助于大学生更好地把握理论的内涵和本质,拓展课堂信息容量,增强大学生思政教育的效果。平时通过现场播放或钉钉群分享短视频,特别是学习强国平台的优质资源,并结合马克思主义理论进行深入分析,可以让大学生及时了解并准确把握国内外时事。比如同学们最近密切关注的"俄乌冲突",教师结合辩证法、唯物史观进行剖析,可有效引导大学生树立正确的历史观,增强思政课的理论性。比如,"双碳"目标下,用"塞罕坝林场书写绿色奇迹"的短视频,让学生了解塞罕坝林场美丽转变并获得"地球卫士奖",既体现了尊重客观规律,又包含了积极主动、有效发挥主观能动性。

(二)有利于引领主流价值观,增强思政课的思想性

为"培养社会主义建设者和接班人",高校思政课教师需要预防境外敌对势力等对大学生的文化渗透。除了在课堂上进行理论讲解和思想引导之外,还可借助短视频的影响力和渗透力。比如西方媒体、官员将新冠病毒称作"中国病毒""武汉病毒",污蔑中国隐瞒疫情信息,抹黑中国隔离措施践踏"人权""自由"等。对此,思政课教师用更加直观真实的影像数据资料,让学生形成对这些问题的正确认识,比如介绍中国疫情防控成果、国内外抗疫比较分析的短视频。还比如使用建党百年主题MV《少年》、北京冬奥会《冰雪英雄》等短视频,可以帮助学生正确认识世界和中国的发展大势,激发浓厚的爱国主义情感和民族自豪感,以及对人民的深厚情感,从而坚持党的领导,坚定共产主义信念。

(三)有利于优化教育方法,提高思政课的针对性

思政课教师在教学中不仅传授理论知识,还要注重立德树人、铸魂育人。思政课教学往往有别于其他专业课程的教学,如果采取直截了当的教育方法,容易导致学生出现抵触情绪,思政课教师更需要注重教育方法和艺术。新媒体平台是大学生广泛参与和互动的平台,思政课教师结合学生所熟悉的网络语言,以短视频的方式将马克思主义理论呈现给学生,可以避免直截了当的问题,以"润物细无声"的方式达到教书育人的效果。例如,在思政课堂,可以让学生自己录制短视频讲理论、唱经典,甚至拍摄微电影阐述自己心中的思政课,促进大学生知与行统一,提高思政课的针对性。

(四)有利于创新教学模式,提升思政课的亲和力

传统教学模式以教师填鸭式教学为主,教师在教学内容、教学形式、教学进度等方面拥有绝对的"话语权",师生之间地位不对等、师生关系不平等,这就在无形中削弱了思政课的亲和力。将短视频应用于思政课教学,师生双方都有机会和权利充分参与到教育的全过程,评论、转发等互动功能也为师生之间的平等交流创造机会。短视频应用于大学生思政课教学,能更好地调整和优化师生关系,拉近师生之间的心理距离,提升思想政治教育的亲和力。

(五)有利于激发学生兴趣,提高思政课的吸引力

高校思政课教材理论性强,比较抽象枯燥。根据调查,学生普遍认为学思政课是有用的,但从小学到高中一直学习政治课,内容没有太大的吸引力,很难提起兴趣,因此慢慢丧失了学习的积极主动性。如果照本宣科甚至会令学生产生压抑感,求知欲和学习动机也消失殆尽。如果思政课教师将大量鲜活事例和学生关心的问题以短视频的方式引入课堂,实现短视频与教学知识点的融合,就能使教学内容变得生动活泼,有利于激发学生的学习兴趣。短视频图文并茂、声色俱全、生动逼真,能适时活跃课堂气氛,提高思政课的吸引力。

(六)有利于触动学生心灵,提高思政课的感染力

目前,"00后"已成为大学生的主体,他们一出生就被互联网影响着,对短视频等新媒体表达方式更加适应和接受。因此,通过短视频的形式将要表达的内容融入课堂教学,可以使思政课教学更贴近大学生的学习生活方式。学生自编自导自演的短视频往往结合了学生的亲身经历,符合大思政课的宗旨,也能触动学生心灵,让他们感同身受。例如,武汉大学"马院"承办的"我心中的思政课"微电影展示活动的视频资源十分丰富,可以应用于日常教学,也可以组织学生积极参与,丰富思政课"第二课堂"。

二、短视频在高校思政课教学改革中应用的优势

(一)快速又便捷,传播高效化

新媒体环境下,流量即资源,各新媒体平台为争取更多用户,传播速度十分迅速,覆盖范围也越来越广。利用平台间建立的联合机制,用户可以将短视频分享到其他平台,扩大了短视频内容的传播范围。思政课教师若能有效运用这一优势,会实现事半功倍的效果。

(二)个性又多元,互动常态化

随着各新媒体平台间竞争的加剧,短视频的内容既具有个性特征,为满足不同用户的需求也日趋多元化,天下大事、奇闻逸事应有尽有。新媒体平台还具有交互自由化的特征,使不同的人之间能够及时进行互动,这为实现师生之间互动常态化创造了有利条件。

(三)短小又精悍,时间碎片化

在海量信息的"轰炸"下,人们的信息需求得到极大满足,同时也养成一种碎片化阅读习惯。短视频短小精悍,适应了人们"碎片化时间"的阅读需求。大学生在排队、吃饭、休息,甚至课间休息、上卫生间等碎片化的时间内都可以刷视频,以此获取信息,或愉悦身心。

(四)用户集中化,使用黏性高

据互联网统计报告调查结果显示,短视频用户忠实度最高,使用黏性也在持续增强。短视频用户中年轻群体占比最高,而大学生群体最为活跃。根据对上课班级同学的抽样调查,同学们平时 60%以上通过短视频获取信息,主要使用"抖音、B站、微博"等平台。

三、短视频在高校思政课教学改革中应用的原则

当前,短视频融入思政课教学需要注意以下原则,以切实提高思政课育人的实效性。

(一)遵守教学规律和立德树人使命

高校思政课承担着立德树人的重要使命。无论采取哪种教学手段,教师都要遵循教书育人规律、学生成长规律和教学目标。将短视频融入教学,是思政课教学的辅助工具,而不应成为教学的噱头。短视频播放的数量和时长应做到心中有数,要把握好课程整体的时间分配。

(二)贴近现实问题和学生实际问题

短视频可以在课堂或者师生间的钉钉群中应用。短视频内容的选取,一是要贴近现实。思政课教材理论性强,若能将所学理论与社会现实问题相结合,则更能引起学生兴趣,更好地引导其理性、客观地认识现实。二是要贴近学生实际。学生最关心的是自身的实际问题,比如提高专业技能、健康成长等方面。

(三)内容客观真实且契合课程需要

其一,视频内容要客观真实。思政课教师可从主流媒体和官方媒体(如学习强国平台)搜集短视频素材,保证内容的真实性。其二,视频内容要契合课程内容。教师应根据课程大纲内容,选取与教材主题密切相关的短视频,实现对教材内容的有效补充,让学生更好地掌握理论知识。

(四)教师主导与学生主体巧妙结合

短视频的融入要将突出教师主导性与发挥学生主体性相结合。教学应以学生为中心,充分调动学生的积极主动性。比如,通过大学生群体所熟悉的表达方式和话语体系,增进大学生对社会主义核心价值观的亲近感和情感认同。教师要密切关注学生们观看后的反应,及时组织学生交流和讨论。

四、短视频在高校思政课教学改革中应用的策略

如何自然、巧妙、恰当地将短视频融入高校思政课教学,是思政课教学改革创新需要思考的问题。

(一)挖掘学习强国平台资源

探索短视频在高校思政课中应用时,应积极拓展大学生思想政治教育平台,将学习强国平台的资源转化为引导学生关注社会、聆听中国声音、讲述中国故事的新视窗,促进学生系统掌握理论之源和实践之始,助推学生自主解决学科困惑和价值困惑。

(二)建设公众号学习资料库

我们处于信息爆炸的时代,应有效地对信息进行吸收、应用,才不会让知识淹没在信息噪音中。知识管理可让我们发现并筛选出真正有价值的知识。可在公众号将和课程相关的优质短视频加以整理汇总,把那些有思想、有温度、有品质、有情怀、有针对性的典型案例汇编成课程学习资料库,满足师生工作学习的需要。

(三)优化课堂教学设计方案

好的开始是成功的一半。通过播放《领风者》等短视频导入新课,让学生走近马克思,并自然而然去思考学习马克思主义理论的现实意义;还可将短视频融入课堂小结,往往能起到画龙点睛的作用。例如播放清华大学师生于建党百年之际合唱的多语种的《国际歌》,能让学生感悟真理的无限魅力。

(四)强化案例教学实施效果

短视频可以为思政课案例教学提供丰富的素材。将这些短视频汇总剪辑制作成与课程内容最为契合的部分进行案例教学,更易于被学生理解和接受。教师还可以在公众号或钉钉群推荐学生在课后观看完整的影视作品链接,组织学生写观后感,进一步增强学生的理论自信和政治认同。

(五)丰富社会实践教学形式

智能手机的普及,"抖音""快手""视频号"等新媒体平台和"爱剪辑"等后期制作软件的广泛使用,给思政课社会实践提供了便利,拍摄和制作短视频可大大丰富社会实践教学内容。教师鼓励大学生结合教学内容通过纪录片、情景剧、动画等形式拍摄和制作短视频,这样既提高了学生对教学内容的理解和接受度,也锻炼了大学生的实践能力。

(六)创新师生交流互动方式

可在"学习通"或钉钉平台等将短视频融入师生互动,设置短视频问答题和讨论题,鼓励学生带着问题边看边思考。讨论过程中,学生可畅所欲言,发表自己的观点和见

解,培养自主学习的能力。教师也要注意与学生交流互动,及时引导学生,并进行知识点讲解,让学生在和谐的氛围下理解和接受学习内容。

参考文献

[1] 丁俊萍,余双好.思政课多元立体教学模式探索[M].武汉:武汉大学出版社,2017.

[2] 叶婷.基于"学习强国"App的高校思政课教学创新[J].学校党建与思想教育,2019(14):43-45.

[3] 张燕."抖音"短视频在高校思政课教学改革中的应用研究[J].贵州广播电视大学学报,2020,28(02):21-26.

[4] 王鹿,王小鸥."学习强国"资源的课堂运用[J].思想政治课教学,2020(03):49-52.

[5] 唐瑭.把微信公众号办成高校思想政治工作的"轻骑兵"[J].中国高等教育,2020(22):32-33.

[6] 王娜.略谈短视频的教学应用[J].中学政治教学参考,2020(24):30-31.

[7] 沙占华,柴素芳,李昊辰.高校思想政治理论课微电影教学理论与实践研究[M].保定:河北大学出版社,2020.

[8] 潘红涛.主旋律短视频融入高校思政课教学方式初探[J].思想理论教育导刊,2021(03):84-87.

[9] 蒋孝明,李雯静.跨界与互融:短视频在思想政治理论课教学中的应用探析[J].未来与发展,2022,46(01):101-105.

有机化学新型翻转课堂混合教学模式探索

任格瑞①　　蔡伟建②

（浙江工商大学食品与生物工程学院）

摘　要:翻转课堂作为一种以学生为中心的教学模式,吸引了教师和学生的注意力。针对翻转课堂中引导学生课前有效学习存在的难点,运用思维导图和基于问题解决的团队学习(PBCL)方法,引导学生完成课前有效学习,并结合师生角色互换的复习模式,构建了翻转课堂的新型教学模式,将其成功运用于大学有机化学的教学实践。

关键词:翻转课堂;思维导图;PBCL

有机化学是化学、化工、医药、农林、食品以及环境等专业的一门重要基础必修课程,学好本课程对于学生以后的学习、工作和科研都具有重要意义。但是有机化学涉及的公式繁杂、不同章节内容关联不大,记忆难度较大,学生学习兴趣低、主动学习能力差、畏难情绪明显。在信息技术快速发展的时代,课堂上的消极学习情绪导致的一个普遍现象是手机比教师授课内容更有吸引力,形成"无效的课堂—课程内容学不会"的恶性循环,传统教学效果不理想,这成为困扰高校教育工作者的一道难题。因此,迫切需要对现有教学模式进行改革和创新,将现代信息技术与传统教学结合起来。

一、翻转课堂教学模式

起源于美国的"翻转课堂"是通过对知识传授和知识内化时间点的颠倒安排来实现的,也就是把传统课堂中教师要讲的内容在课前让学生通过视频和习题等形式自学,在课堂上主要是通过教师与学生的讨论和答疑来实现对学习内容的内化和深入理解的。翻转课堂注重课外网络技术辅助知识传授和课堂中知识内化并重,改变现有构建主义课堂知识教学模式,可以提升学生自主学习能力。

翻转课堂还是一种新的教学模式,有其独特的优势,但也有相应的不足:(1)在课前的自主学习环节中,学生主要观看教师给予的微课视频或课件材料,但是对学习材料的思考和梳理不够深入,对知识体系和学习目标的认识不够清晰;(2)在翻转课堂的讲解或讨论环节,一些学生仅旁观旁听,但真正参与度不高,或者讨论流于形式,或者讨论的主题或知识点分散,条理不清晰,梳理总结不全面,从而影响知识的内化效果;(3)

---

①　任格瑞,浙江工商大学食品与生物工程学院副教授,博士,研究方向为食品化学、食品微生物学。

②　蔡伟建,浙江工商大学食品与生物工程学院副教授,研究方向为食品化学。

在课后知识巩固环节,虽然学生通过做练习题可以达到巩固知识的目的,但一般仅停留在对单个知识点的识记、理解和运用层面,对知识点之间或章节内容之间关联的把握度较差,难以构建自己的知识网络体系和灵活运用相关知识。这些问题的存在大大地影响了翻转课堂的实施效果和学生学习的积极性,难以达到预期教学目标和效果。笔者在有机化学教学中将翻转课堂模式和思维导图教学法、基于问题解决的团队学习方法以及师生角色互换的复习模式进行结合,经过探索和实践,取得了较好的教学效果。

二、新型翻转课堂教学过程安排

新型翻转课堂教学过程主要分为课前、课中和课后三个阶段。课前:教师在学习通App上发布课前自学任务,主要包括要学习的视频、思维导图以及学习任务单;学生自主观看视频,以小组为单位讨论完成学习任务单上的问题。课中:教师先通过课堂问答的形式,评估学生的预习情况,找到存在的共性问题,进行课堂精讲,重点强调本堂课的重点和难点,对知识点进行进一步的深度内化和输出;每个知识点都配有相应的课堂小练习,小组成员间可讨论作答,教师评估学生的课堂掌握情况;最后,进行归纳总结。课后:由于学生个体学习的差异,有些基础较差的同学,可能并不能直接吸收课堂上的内容,教师可以对这部分同学通过微信、学习通等进行个性化的辅导;学生完成本课的课后作业,对所学知识进行复习巩固,以小组为单位轮流做复习PPT,下次课进行"十五分钟小老师"活动。图1为有机化学新型翻转课堂教学过程。

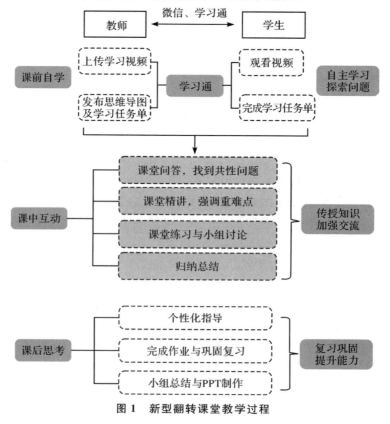

图 1 新型翻转课堂教学过程

三、基于思维导图法梳理教学内容和知识点

思维导图最早由英国人托尼·布赞于 20 世纪 60 年代提出。它是针对某一个主题的价值信息进行分析及整合,找出信息间的关联和逻辑关系,通过建立一个有序的发散思维图,构建出思维过程以及信息的分层、分类与联系。思维导图能将突出的重点有机结合,实现对知识体系的重新构造,增强对知识的梳理及记忆。

有机化学各章节的教学内容和知识点复杂多样,学生通常容易混淆,难以把握重点,采用思维导图法可以帮助学生对章节内某个单独的知识点或者整个章节知识点进行总结和梳理,形成条理清晰的章节框架和知识体系,方便学生理解和记忆。例如,芳香烃章节是有机化学中烃部分重要的一章,为其他芳香族衍生物的学习奠定了重要基础。这一章节的思维导图从分类、命名、结构、化学性质和芳香性的判断几个层面对其中重要的关键知识点和规律加以梳理和概括,如图 2 所示。

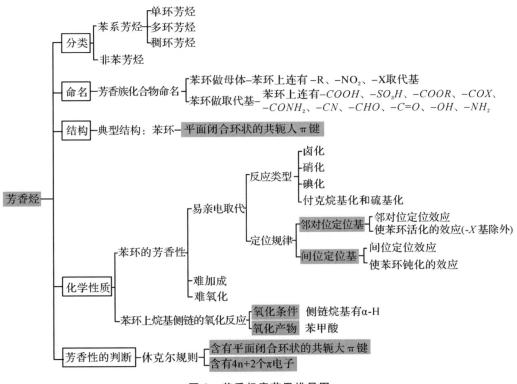

图 2　芳香烃章节思维导图

四、基于问题学习法(PBCL)设计自主学习任务单

PBCL 教学法是一种基于问题的学习(Problem Based Learning,PBL)和基于团队的学习(Team-Based Learning,TBL)的混合教学方法,其实施本质是教师提出启发性问题和学生以团队形式自主学习解决问题以实现知识经验建构的过程。教师设计具有

启发性的问题是这个过程中的关键。设计的问题要涵盖授课章节的知识重点,同时要有启发性。在翻转课堂的课外知识传授环节引入 PBCL 教学法,可以使学生独自带着疑问观看教学视频和查阅相关资料,通过团队合作一同解决学生在观看视频和解决习题过程中的困惑,同时可发展学生的思维力和创造力。

将学习知识点以问题形式设计成任务单,并要求设置的问题逐层递进,启发学生思维。同学们通过学习通上发布的自主学习任务单的引导,有选择性地在线观看教学视频和课件,并查阅相关文献资料进行个人自主学习。同样我们以芳香烃章节为例,详细的任务单如图 3 所示。以 3—5 人共同组成一个小组,小组组员在课前集中讨论并完成自主学习任务单,同时每组要提出观看教学视频和查阅相关文献资料时遇到的通过团队合作学习仍不能解决的问题。

芳香烃自主学习任务单

学习任务
任务一:复习教学课件"环己烷和取代环己烷的构象"和清华大学李艳梅教授教学视频"2.3.3.2 环己烷的构象""2.3.3.3 取代环己烷的构象"。 完成课本 P82—83,4.3,4.7 脂环烃部习题,4.8。 第 2 小组的同学准备脂环烃部分复习 PPT,在下次课上进行讲解。
任务二:自学教学视频"芳香族化合物",思考以下问题: 1.苯环的结构是怎么样的? 2.苯环的共轭体系使苯环具有了哪些结构特征和性质? 3.多取代苯在命名时需要注意什么? 4.单环芳烃为什么容易发生亲电取代而非亲电加成反应? 5.常见的苯环亲电取代反应有哪些?反应过程是怎样的? 6.什么是苯环的亲电取代定位效应? 7.常见的邻对位定位基有哪些?为什么它们使取代反应变得更容易? 8.常见的间位定位基有哪些?为什么它们使取代反应变得更难?
任务三:上述自学过程中遇到的问题在学习通或微信中反馈。

图 3 基于 PBCL 的芳香烃自主学习任务单

五、基于"十五分钟小老师"师生角色互换的复习模式

有机化学知识点比较琐碎,根据以往的教学经验,学生往往是学着后面的忘了前面的,所学知识没有真正达到内化,因此,在每个章节结束后,采用了"十五分钟小老师"复习法。上课前学生进行课前的准备,鼓励学生按自己的方式把已学重要知识点进行归纳总结,做成 PPT;上课时,老师和学生"角色互换",学生到讲台上讲 15 分钟的小课,并提出问题,请同学们作答。最后,教师对存在的问题进行进一步的梳理,对学生的课堂讲解进行适当的评价并做出个性化的指导,让学生从新的角度了解到自己讲解方面的优点和不足,从而提高学生主动思考和探究问题的能力,使学生将学过的知识真正变成自己的。

六、教学反思与讨论

　　有机化学翻转课堂模式和思维导图教学法、基于问题解决的团队学习方法以及师生角色互换的复习模式的结合,主要体现了"以学生为主体、教师为主导"的教育理念。采用学习通 App 通过课前导学、课上实践、课后练习的教学思路,真正将互联网＋新时代与课堂教育深度融合。在实施过程中,这种混合式教学更适合小班教学,因此应该选取人数不超过 30 人的班级为授课班级。为了更好培养适应当今社会需要的专业化人才,需进一步创新去尝试教学模式及教学理念变革。该类教学方法策略在高校教学中值得推广。

参考文献

[1] 吕东灿,吴璐璐,胡晓娟,等.信息化环境下农林专业有机化学教学改革的探索[J].农业网络信息,2017(08):119-121.

[2] 夏百根,黄乾明,徐翠莲.有机化学[M].北京:中国农业出版社,2015.

[3] 李银涛,李永平,秦志强.基于翻转课堂的有机化学教学实例[J].化学教育(中英文),2017,38(18):26-29.

[4] 托尼·巴赞.思维导图:放射性思维[M].李斯,译.北京:世界图书出版公司,2004.

[5] 黎卓熹,董楠,徐娟娟.思维导图在有机化学教学中的应用[J].化学教育(中英文),2019,40(08):23-27.

新工科背景下"工程英语（人工智能方向）"混合式教学模式的构建①

邬易平②

（浙江工商大学外国语学院）

摘　要："工程英语（人工智能方向）"为浙江工商大学与萨塞克斯大学合作举办电子信息工程/机器人与电气工程专业一年级本科新生的必修课程。基于新工科背景下对工程技术人才外语水平提出的更高要求及学生英语水平参差不齐等学情特点，该课程进行混合式教学模式的构建研究，培养学生在人工智能专业领域中的听说读写等学术英语综合素养。

关键词：工程英语；混合式教学；模式构建

一、引　言

"新工科"是基于国家战略发展新需求、国际竞争新形势、立德树人新要求而提出的我国工程教育改革方向，其内涵是：以立德树人为引领，以应对变化、塑造未来为建设理念，以继承与创新、交叉与融合、协调与共享为主要途径，培养未来多元化、创新型卓越工程人才（钟登华，2017）。新工科对工程技术人才的外语水平提出了更高要求，培养"专业＋语言"的国际化复合型人才，对培养具有全球视野、创新精神和实践能力的复合型人才，促进多学科交叉融合的新型工程技术学科建设尤为重要。同时课堂教学与信息技术的深度融合是外语教学改革的重要途径，是新时代提高教学质量的关键（朱琳等，2021）。高校应充分利用信息技术实施混合式教学模式，积极创建多元教学与学习环境（何莲珍，2020）。

①　2021年度校级本科教学改革项目"新工科背景下《工程英语》混合式教学模式优化的行动研究"，编号1070XJ2921061；2022年度"工程英语"省级一流本科教程"线上线下混合式课程"项目成果。

②　邬易平，浙江工商大学外国语学院副教授，硕士，研究方向为英语教育与教师发展。

二、学情分析

(一)"工程英语(人工智能方向)"培养目标及课程介绍

2018年习近平总书记在中共中央政治局第九次集体学习时强调:加快发展新一代人工智能是事关我国能否抓住新一轮科技革命和产业变革机遇的战略问题。为顺应时代发展需求,浙江工商大学与萨塞克斯大学合作进行电子信息工程/机器人与电气工程专业本科生培养,服务于"网络强国"战略的拔尖创新人才和行业领军人才培养。

基于该专业培养方案中对于毕业生必须具备一定的国际视野,能够在跨文化背景下进行沟通和交流的要求,混合式教学"工程英语(人工智能专业方向)"(以下简称"工程英语")的教学目标设置为:培养学生应用语言解决与人工智能相关领域实际问题的综合能力、创新实践能力和组织协调能力;培养学生能在熟悉的日常生活和人工智能相关学术活动中参与多种话题的讨论,有效传递信息,发表个人见解,表达连贯、得体、顺畅,提高学生专业和职业所需跨文化语言技能、批判性思维能力及综合素养,实现学生价值塑造、知识传授和能力培养的有机融合。

(二)"工程英语"学生情况及存在的问题

我校萨塞克斯学院新生入校的英语单科成绩呈现分数值相差较大,英语水平参差不齐的特点。学生在学习习惯、学习兴趣、知识基础、学习能力、智力因素和非智力因素等方面都有较大的个体差异。就语言技能而言,该学院学生掌握英语基本语法和一定量的英语单词,具备初步的英语阅读能力,但是英语听说能力相对较弱,尚不能从连贯的英语口语交流中获取信息,更难用英语准确、流利、得体地表达自己的思想。同时,学生英语学习动机多是应付考试,过于注重英语单词和语法知识的积累,忽略了语言输出能力的发展,英语听说能力明显滞后。

传统的大学英语课程针对人工智能专业方向的学习活动开展不够,教学环境无法满足学生学习专业英语的需要,缺乏针对听说能力提升关键点的显性教学,不关注学生知识、技能和策略的提升。因此,有必要运用现代教育信息技术,采用线上线下混合式教学模式,有效开展个性化学习和合作学习,帮助学生达到人工智能专业学习所要求的英语语言水平,培养学生在人工智能专业领域中的听、说、读、写等学术英语综合素养。

三、新工科背景下"工程英语"混合式教学模式构建

(一)"工程英语"混合式教学模式构建的思路

自"工程英语"2019年开设时开始,课程组教师就着手有针对性地、有步骤地、系统地构建该课程的混合式教学模式,如图1所示。

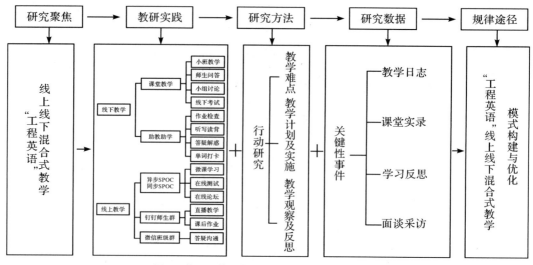

图1 "工程英语"混合式教学模式构建思路

课程建设通过教研合作,基于"工程英语"教学模式构建的教学实践,采用行动研究方法,包含教学计划制订及实施、针对教学难点进行优化并同时进行教学观察和反思。从初建到优化的过程中,通过任课教师记录教学日志、进行课堂实录、帮助学生进行学习反思,同时对师生进行面谈采访,逐步完成该教学模式的构建及研究。

(二)"工程英语"混合式教学模式构建的主要内容

该课程混合式教学模式的构建主要分为线下和线上教学两个方面,如图2所示。

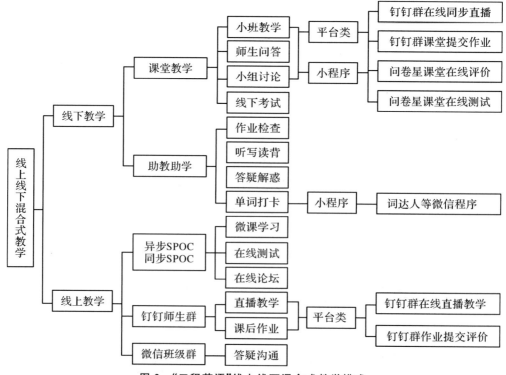

图2 "工程英语"线上线下混合式教学模式

1.线下教学

具体而言,线下教学主要包括任课教师组织课堂教学和助教教学辅助支撑学生学习。教师采取任务型教学和项目教学法,通过师生讨论、小组成员讨论等方式进行小班化教学。课堂教学内容基于听、说、读、写四个技能培训,聚焦学生学术思维能力的培养、创新能力和批判性思维的培养。

其中,听力能力:通过与人工智能专业相关的 TED 演讲、科技名人演讲以及相关专业知识英文课程教学视频的听力训练,提高学生听记能力。课程考试时,学生需要能听懂时长为 7—15 分钟的学术演讲,记录笔记,并完成听力理解题目。

口语表达能力:结合听力和阅读所学相关内容,训练学生用英语进行个人演讲、与同伴对话以及小组讨论。课程考试时,学生需要绘制英文的论文海报,用英语介绍自己的学术论文,回答其他同学提出的相关问题。

阅读能力:阅读与科技和人工智能专业相关的杂志和期刊论文。课程考试时,学生需提前两天自学一篇 5000 词以上的与科技主题相关的英文文章,并在考试当日完成阅读理解题目。

写作能力:通过完成与人工智能主题相关的 1500 词左右的学术论文,培养学生书写连贯、得体、流畅及符合相关文体规范和语体要求的学术写作能力。

助教团队主要由研究生助教担任。助教根据任课教师布置的任务,每周定期定点组织学生进行作业检查和听写测试,辅助管理学生单词背诵的打卡活动,并针对学生出现的普遍性学习问题提出建议。

2.线上教学

线上教学经历了异步 SPOC 和同步 SPOC 两个阶段。在第一轮课程建设阶段,课程组采用异步 SPOC 课程。在学校支持下,购买了中国大学 MOOC 上由北京联合大学开发的"工程英语(人工智能)"课程,普及与人工智能相关的英语知识,培养学生对人工智能的兴趣,帮助学生掌握与人工智能相关的基本词汇,阅读入门级的专业文章。但在本课程教学目标高、教学任务重的前提下,异步 SPOC 课程教学内容的针对性不强,和线下教学结合紧密度不够。因此,课程建设的第二阶段,课程组在泛雅平台自建了同步 SPOC 课程(https://mooc.chaoxing.com/course-ans/ps/222501085),内容设置紧密结合线下课堂教学,有效地解决了混合式教学中常常出现的"两张皮"现象。

线下教学进行时借助现代教育技术和教学平台进行辅助教学,如使用钉钉群进行教学签到和直播、作业提交及点评,使用问卷星小程序进行课堂教学问答和教学反馈以及在线测试等。通过教学内容、教学方式的结合,实现线上线下混合式教学的有效融合。

四、"工程英语"混合式教学模式课堂案例

以李开复 2019 年的"TIME100 演讲"教学课为例,在整个课程学习中有序、有理地推进听、说、读、写等语言技能和语言水平的训练与提升,同时提高其逻辑思维、创造性思维和批判性思维能力。下表为课堂教学设计的具体案例。

表 1 "工程英语"线上线下混合式教学设计案例

课时		教学内容设计
Section 1	课前任务	信息搜索及调研——李开复相关介绍及简介 调研主要内容:李开复简历,聚焦李开复在人工智能领域的贡献 (上一单元学习内容"人物介绍"的复习,对接雅思口语考试内容)
	课中教学	课堂口语练习——人物介绍:李开复 (1)学生以小组为单位完成李开复背景简介的讨论,梳理其在人工智能领域的贡献 (2)Q&A:师生问答,教师引导学生关注李开复所涉及的人工智能的应用领域 课堂听力练习——李开复 2019 时代演讲 (3)李开复演讲听力材料词汇激活(以 HANDOUT 形式发放给学生,完成中译英的练习) (4)听材料,做笔记,教师引导,一起在课堂内完成第一部分内容的思维导图 课堂评价:教师进行课堂点评,重点关注听力材料信息逻辑归类的思考
	课后作业	自主学习——课文语言知识的预习及复习 (1)线上 MOOC 课程的学习 (2)HANDOUT 单词复习,以及二、三部分的词汇预习;完成 SPOT DICTATION,积累词汇,自我检测,作业提交钉钉群
Section 2	课前预习	(3)思维导图的自我绘制,演讲的第一部分,课堂学习的复盘,提交钉钉群 (4)完成常规自主练习《计算机英语》1 单元练习 (完成词汇、语言点的预习及复习,将疑难点汇总,提交教师)
	课中教学	解答线上学习的疑难问题——聚焦语言知识的解析和积累 作业点评——优秀作业分享,帮助培养好的学习习惯,树立好的学习态度 课堂听力练习——李开复 2019 时代演讲 听材料,做笔记,课堂内学生自主完成第 2、3 部分内容的思维导图 课堂小组讨论——李开复 2019 时代演讲 小组成员分享讲解思维导图的内容,并就 AI 在中国的运用、深度学习以及 AI 的影响进行讨论 课堂评价:教师进行课堂点评,重点关注听力材料信息逻辑归类的思考;小组成员互评思维导图
	课后作业	自主学习——课文语言知识的预习及复习 (1)线上 MOOC 的学习 (2)HANDOUT 阅读文章的单词预习
Section 3	课前预习	(3)HANDOUT 听力二、三部分的词汇学习,完成 SPOT DICTATION,积累词汇,自我检测,作业提交钉钉群 (4)思维导图的自我绘制,演讲的前三部分汇总,课堂学习的复盘,提交钉钉群 (5)完成常规自主练习《计算机英语》2 单元练习 (完成词汇、语言点的预习及复习,将疑难点汇总,提交教师)
	课中教学	解答线上学习的疑难问题——聚焦语言知识的解析和积累 作业点评——优秀作业分享,帮助培养好的学习习惯,树立好的学习态度 课堂阅读练习——什么是人工智能 课堂教师讲解,通过课堂提问的方式,引导学生对文章进行深度思考 课堂小组讨论——结合听力材料和阅读材料进行小组讨论 邀请两个小组,选出发言代表,进行本单元学习的内容总结 课堂评价:教师点评及学生互评

续　表

课时		教学内容设计
课后作业		单元项目设计与实施 Recently, a special undergraduate named Zhibing Hua in Tsinghua University has gone viral on the Internet. It turns out that the student emerges as a virtual one…(for more details see: https://lifearchitect. ai/zhibing-hua/ and https://www. globaltimes. cn/page/202106/1225392. shtml) She is really talented in painting and composing Now please design a virtual student will be rolled out in our university, what specific functions you think she/he should be equipped with and what she/he should be named? Why? Take Zhibing Hua for example, her family name, Hua, represents the abbreviation of "China" and… 口头作业:Then make a keynote speech to introduce the AI student 笔头作业:Introduce the specific function that the AI student should be equipped and why

五、结　语

"工程英语"混合式教学模式构建的教学实施较为顺利。学生在课前完成线上教学内容的自主学习,课上进行相关主题内容的学习和探讨,主要以讨论课的形式进行学习,课后完成相应的练习;同时每周有助教进场,结合课堂学习、线上学习以及自主学习内容进行听写。经过课程学习,学生全部达到该专业培养方案所要求的语言要求,如图3所示。学生深度参与,活跃度高,教学效果突出。在和英方萨塞克斯大学语言中心的合作过程中,对方针对本课程教师提交的成绩进行了认定,高度肯定了教学成果。

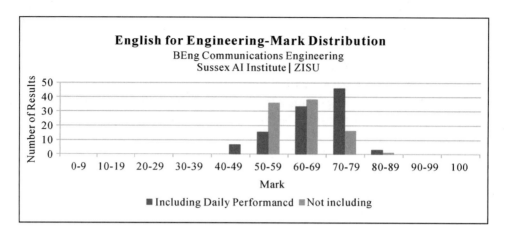

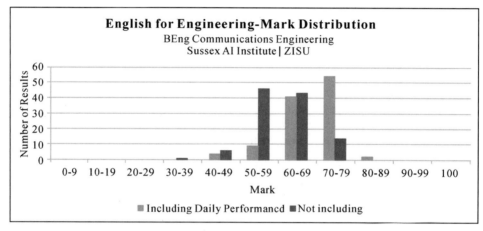

图 3 "工程英语"线上线下混合式教学成绩分析表

课程教学模式构建的同时,教研实践结合、共促师生成长。任课教师深刻地认识到教学内容、教学方法与教育信息技术高度融合对于提高教学质量和人才培养质量的重要性。教师根据内容、教学和技术三方面相互连接,综合考虑学科知识、教学方法和技术支持,设计恰当的教学方案。该模式构建的教学机制利于长效保障,便于复制推广。课程教学模式总体框架具有高度可操作性和复制性,可为其他外语类课程教学提供具有较强针对性和应用性的路径指引。

参考文献

[1] 何莲珍.新时代大学英语教学的新要求——《大学英语教学指南》修订依据与要点[J].外语界,2020(04):13-18.

[2] 吴岩.新工科:高等工程教育的未来——对高等教育未来的战略思考[J].高等工程教育研究,2018(12):4-9.

[3] 钟登华.新工科建设的内涵与行动[J].高等工程教育研究,2017(03):1-6.

[4] 朱琳,徐鹰,韩金龙.外语教学与信息技术的深度融合路径研究——学术英语教学改革与实践[J].外语界,2021(02):46-53,62.

后疫情时代大学英语线上线下混合式DELC 教学改革探究[①]

李 玲[②]

（浙江工商大学外国语学院）

摘 要:随着后疫情时代的到来,混合式教学以及信息技术与外语教育教学的深度融合势在必行。大学英语线上线下混合式 DELC 教学模式融合线上线下教学的优势,将知识传授、技能培养、价值塑造、情感激励融入整个外语教育过程,对促进外语教育混合式课程改革的质量提升,以及大学英语课堂教学的结构性变革具有一定的参考价值。

关键词:后疫情时代;DELC 教学改革;课程思政

2020 年,新冠疫情突发,将线上课程推至风口浪尖,很多教师和学生在尚未准备充分的情况下,开始了线上教学的尝试,实现了疫情期间"停课不停学"的基本目标,也积累了一定的线上教学的经验和教训。随着全国疫情形势的缓和,线上教学逐渐成为线下教学的补充。后疫情时代已然来临,对高校一线外语教师而言,如何顺应时代发展、提升信息素养、有效开展线上线下混合式教学,成为亟待思考和研究的课题。基于此,本文尝试提出线上线下混合式 DELC 教学改革模式,在教学设计和教学实践中融入深度学习理念,促进学生的深度学习,注重发挥学生学习的主动性,增强学生学习的意义感和获得感。

一、国内外研究背景

当前线上线下混合式教学已经成为学界的热门研究主题,国内外的相关文献比较丰富。从国内研究看,以"线上线下混合式教学"为主题搜索 CNKI 核心数据库得到146 条文献,绝大多数集中在 2020 年和 2021 年,大致可以分为三大视角。(1)从宏观上看,很多研究者探讨了线上线下混合式教学的特点、内涵、原则和范式等。比较具有代表性的有:穆肃等研究者们阐述了线上线下融合教学设计的特点、方法,指出混合式

---

① 2021 年度浙江工商大学校级本科教学改革项目,编号 1070XJ2921063;2021 年度浙江省教育厅项目,编号Y202147330;2020 年度杭州市哲社规划项目,编号 M20JC061。

② 李玲,浙江工商大学外国语学院副教授,博士,研究方向为外语教育。

教学应具备支持学习自主、驱动主动学习、融通学习要素以及深度融入技术等四大原则；王月芬对线上线下融合教学的内涵和实施进行了论述，指出线上线下融合教学若要发挥其效果，需要解决网络平台保障、优质教学资源开发、教师专业素养提升、教研方式转型、学习效果实证等多方面的问题。（2）从中观上看，一些研究对混合式教学改革框架、混合式教学模式的设计进行了探讨。其中比较具有代表性的有：徐锦芬等学者阐述了线上线下融合情境下大学外语教师能力框架，认为该框架包括意识、知识和技能三个能力构成要素，呈现探索、整合和创新三个发展阶段。冯晓英、王瑞雪对"互联网＋"时代核心目标导向的混合式学习设计模式进行了阐述。（3）从微观上看，一部分研究者着眼于混合式教学实践的难点、学习者的接受度、自我效能等。例如刘徽（2020）等研究者运用 Rasch 模型分析数据，指出当前混合式教学在目标设计、评价设计、内容设计、方法设计和资源设计五个方面中存在难点，并在此基础上，提出混合式教学设计应有逆向思维，贯穿全过程和为学习搭建支架。李莹莹、周季鸣考察了线上英语教学环境下学习者自我调控能力，研究显示，学生在目标设定、环境构建、策略选择、时间管理、寻求帮助和自我评价方面展现出不同的调控能力。

从国外研究看，以"blended learning"和"language teaching"为主题词搜索 WOS 核心文集，得到 764 篇文献，其中与语言教学直接有关的有 61 篇，相关研究主要集中在以下六个领域：（1）外语技能教学与线上线下混合式教学，包括写作教学、词汇、口语、听力、语法、口译和笔译、ESP 教学等，具有代表性的有：Michael Loncar 等学者调查了 L2 写作环境中技术中介反馈的使用；Jieun Lee 等学者通过调查和访谈结果，探讨了在线笔译和口译（T&I）培训课程的有效性。（2）跨文化教学与线上线下混合式教学。Liang Wang and James A. Coleman 对大学教师和学生关于跨文化课堂教学的看法进行了实证研究，发现互联网工具被用作信息来源而不是交流手段。（3）教师发展、教师角色和身份与线上线下混合式教学。Anna Comas-Quinn（2011）通过定量和定性分析，评估了在远程语言学习课程中引入混合式教学对教师的影响，指出混合学习的效果在很大程度上取决于教师从传统的面对面课堂角色过渡到更广泛、更复杂的混合角色的能力。（4）学习动机、参与度、接受度和自主性与线上线下混合式教学。如：Syeda Saima Ferheen Bukhari（2021）等研究者考察了 EFL 学习者对英语语言学习中融入混合式教学的看法，指出混合式教学有助于增强学习者的学习兴趣、互动性和自主性。（5）社交网络、课程设计与线上线下混合式教学。Kari A. Wold（2011）提出了一种针对英语语言学习者（ELL）的混合学习写作课程的教学设计模型。该模型综合应用认知负荷理论、活动理论、社会文化理论和交易距离理论以实现 ELL 最佳学习的四个基本原则——结构、环境、经验和人，旨在助力写作课程的混合式教学设计，从而实现教学改进。（6）语言学习有效性与线上线下混合式教学。Cui Guangying（2014）通过实证研究，考察了混合式教学对提高学生听力和口语技能的有效性，认为相较于传统教学，混合式教学可以将线上线下教学的优点结合起来，能有效地促进教师和学生的主动性，增强学习者的自主性。N Myravyova 等人（2021）指出混合式教学能够提高教学过程的有效性。

从国内外研究现状可以发现，国内研究比较关注从学理上分析线上线下混合式教学的特点、内涵和混合式教学模式设计，国外研究多强调混合式教学的具体环节设计，更关注如何利用混合式教学促进学生的学习。基于前人研究，本文从学理和实践两个方面探讨在省属高校中如何有效利用线上线下混合式教学设计来支持学生进行有意义的深度学习,助益其实现全面发展。

二、DELC教学模式

2021年11月10日,联合国教科文组织在第41届大会上面向全球发布《共同重新构想我们的未来:一种新的教育社会契约》(*Reimagining our futures together:A new social contract for education*)报告,探讨和展望面向未来乃至2050年的教育。报告指出,当前教育模式亟须变革,新的教育社会契约需要我们以不同的方式思考学习,以及思考学生、教师、知识和世界之间的关系。新的教育模式要求继承优秀教育传统,革新教育教学模式,强调生态、跨文化和跨学科学习,支持学生获取和生产知识,同时培养他们批判和应用知识的能力。从这个大背景出发,结合后疫情时代外语教育特点和当前课程思政改革思想,本文提出高校大学英语线上线下混合式DELC教学模式。该教学模式借鉴由美国著名教学设计者Eric Jensen和LeAnn Nickelsen所提出的DELC(Deeper Learning Cycle)教学七原则,并在此基础上,以培养学生的文化交际能力为重点,融合线上线下教学的优势,将知识传授、技能培养、价值塑造、情感激励融入整个外语教育过程,最终落实到教学实践中,培养学生的英语应用能力,增强跨文化交际意识、交际能力和自主学习能力,为迎接全球化时代的挑战和机遇做好准备。具体而言,由以下三个维度构成。

(一)课前线上准备

此部分包括七原则中的前四个原则,即学习目标和内容的设计、对学生进行预评估、营造积极的学习文化、激活旧知。在这一层次,教师依托网络教学平台(中国大学慕课、SPOC、学习通等),根据课程目标设定单元学习目标,让学生明确单元学习内容,学生预评估是指教师通过网络教学平台记录学生观看视频和完成线上习题的数据,了解学生对本单元学习内容的掌握程度,同时要了解学生的个性化需要;营造积极的学习文化需要教师有意识地创建支持性学习环境,通过线上指导、答疑、讨论等,激发学生的学习兴趣,为学生投入学习创造良好环境;激活旧知,需要教师根据预评估结果,运用不同方法,补充学生缺乏的先期知识,激活学生已有的旧知,为后续建立新知联系做好准备。在这一阶段,将重点放在挖掘教材中隐含的中国文化,通过线上SPOC,阅读书籍,观看影像,浏览相关网站、App、微信公众号、微博、中国日报双语新闻、新华社和《人民日报》(英文)以及我国学贯中西大家(如林语堂、钱锺书)的作品等各种方式让学生得以获得大量有关中国文化的有效输入。

(二)课中线下研讨

此部分包括七原则中的后三个原则,即获取新知、深度加工、学生评价。在这一层次,教师采用多种教学策略帮助学生在理解的基础上建立新旧知识的联结,获取新知识;深度加工,要求教师为学生创建真实的有意义的学习情境,引导学生将新知识迁移到此情境中解决复杂的现实问题,实现知识的应用、迁移和创造;学生评价,教师需要适时、及时给予学生反馈,推动学生更深入地学习。具体而言,教师根据单元整体设计理念,通过网络平台的学习过程数据和统计分析,了解学生课前知识掌握情况。并以此为基础,在线下课堂精讲精练,针对线上预习中的疑点和问题组织课堂活动,例如讨论、辩论、角色扮演等,设置具有开放性、挑战性的问题,开展小组合作探究,培养学生的高阶思维,实现对知识的深加工,针对课堂表现,对学生的线性学习给予评价。关于此阶段的教学活动,重点采取探究社区(Community of Inquiry)项目小组合作方式,通过移动和传统相结合的模式(例如 Vlog、微信推送等移动方式,以及阅读、写作、演讲、role-play、话剧等传统方式)。

(三)课后线上反思

在评价的基础上,师生及时反思教与学,为新一轮教学设计提供养料。课后反思主要依托网络教学平台完成,比如学习通、慕课堂、问卷星等教育技术工具。一方面,教师在课后根据单元教学内容,线上推送相关学习资料,供学生线上课后拓展学习。同时提出与本单元关联的现实问题,可以是热点、难点问题,要求学生提供创造性解决方案。另一方面,利用线上网络组织学生总结个人学习情况,反思自己和团队表现,教师也要反思教学全过程,认真总结,撰写教学日志,为后续教学各环节的改进奠定基础。

三、结　语

随着信息技术的不断进步,MOOC 和 SPOC 等全新的在线学习模式不断涌现。2019 年,教育部启动"双万课程计划",全面打造"五大金课",明确提出加强一流课程与在线课程的建设和应用,尤其是线上线下混合式课程的教学。在这样的大背景下,大学英语教学理念呈现出极强的"混合性"价值取向。混合式教学开始成为外语教育和高等教育信息化教学改革的重要途径,信息技术与外语教育教学的深度融合势在必行。本文提出的大学英语线上线下混合式 DELC 教学模式对促进外语教育混合式课程改革的质量提升,以及实现大学英语教育教学系统尤其是课堂教学的结构性变革具有一定的参考价值。

参考文献

[1] 冯晓英,王瑞雪."互联网+"时代核心目标导向的混合式学习设计模式[J].中国远程教育,2019(07):19-26,92-93.

[2] 李莹莹,周季鸣.线上英语教学环境下学习者自我调控能力研究[J].外语与外语教学,2020(05):45-54,149.

[3] 刘徽,滕梅芳,张朋.什么是混合式教学设计的难点?——基于 Rasch 模型的线上线下混合式教学设计方案分析[J].中国高教研究,2020(10):82-87,108.

[4] 穆肃,王雅楠,韩蓉.线上线下融合教学设计的特点、方法与原则[J].开放教育研究,2021,27(05):63-72.

[5] 徐锦芬,李高新,刘文波.线上线下融合情境下大学外语教师能力框架构建[J].外语界,2021(04):11-18.

[6] Bukhari SSF, Basaffar FM. EFL learners' perception about integrating blended learning in

ELT[J]. Arab World English Journal，2019：190-205.

[7] Comas-Quinn A. Learning to teach online or learning to become an online teacher：an exploration of teachers' experiences in a blended learning course[J]. ReCALL，2011，23（03）：218-232.

[8] Cui, G. Y. An experimental research on blended learning in the development of listening and speaking skills in China[J]. Southern African Linguistics and Applied Language Studies，2014，32（04）：447-460.

[9] Garrison DR，Anderson T，W Archer. Critical inquiry in a text-based environment：Computer conferencing in higher education[J]. The Internet and Higher Education，1999（02）：1-34.

[10] Jensen E，L Nickelsen. 深度学习的 7 种有力策略[M]. 温暖，译. 上海：华东师范大学出版社，2010.

[11] Lee J，Huh J. Why not go online ?：A case study of blended mode business interpreting and translation certificate program[J]. Interpreter and Translator Trainer，2018，12（04）：444-466.

[12] Loncar M，Schams W，Liang JS. Multiple technologies, multiple sources：trends and analyses of the literature on technology-mediated feedback for L2 English writing published from 2015—2019. Computer Assisted Language Learning，2021.

[13] Myravyova N，Zhurbenko N，Artyushina G. Blended learning for teaching professionally oriented foreign and native languages[J]. Arab World English Journal，Special Issue on CALL，2021（07）：126-139.

[14] Wang L，Coleman J A. A survey of Internet-mediated intercultural foreign language education in China[J]. ReCALL，2009（21）：113-119.

[15] Wold KA. Blending theories for instructional design：creating and implementing the structure, environment, experience, and people（SEEP）model[J]. Computer Assisted Language Learning，2011，24（04）：371-382.

基于自建语料库的英语主题写作的认知语言学启发教学研究[①]

张露茜[②]

（浙江工商大学外国语学院）

摘　要：行动研究基于认知语言学启发教学法，自建多个小型写作主题语料库，设计面向英语专业学生的过程性写作任务链。其中穿插 R 软件呈现的词云图和 AntConc 软件产出的词频表和高频词搭配例图，以展示主题作文的多彩图示。问卷调查显示，学生的主题相关词的语境运用能力与自主学习能力均得到提升。

关键词：英语主题写作；认知语言学启发教学；自建语料库

一、引　言

外语教学领域基于认知语言学启发教学法（CL-inspired pedagogy）研究已广泛用于翻译、写作、阅读等领域。在英语写作教学领域，已有面向特定课程开发的平台，如清华大学外语系和高等教育出版社合作推出的"体验英语写作"训练系统（蔡少莲，2008），但这些平台往往需要高校购买或课程仅针对特定学习群体。

当前基于语料库的写作平台主要是开放性他建平台，如常见的批改网。虽然他建平台拥有大型语料库支持，但是大部分使用者在具体作文实践中仍偏重独立语言点的修改。笔者所在教学班的学生反映，使用批改网进行作文润色后，仍容易犯相似语言错误。学生普遍认为出现此类问题的主要原因是，缺乏对特定主题相关错误语言点进行归类与反思的可理解性认知输入。

反观小型自建主题语料库，其更有利于特定体裁与特定主题的针对性分类统计，能更好地将归类的知识用于写作过程教学。借助小型自建语料库，教师还能针对一篇篇独立主题作文进行讲解，既可以避免教师个人对写作教学语言重点的主观性判断，也能令学生更全面地了解特定主题下高频词汇的常用与独特搭配。

---

①　浙江工商大学 2020 年度校级研究生教育改革项目，编号 YJG2020211。

②　张露茜，浙江工商大学外国语学院副教授，博士，研究方向为英语语言教育、语料库和话语分析。

二、理论基础

(一)当前认知语言学启发教学理论与研究

Boers 和 Lindstromberg(2006)最先提出认知语言学启发教学概念,当时认知语言学与应用语言学的结合研究受限于具象性思维的教学探索,主要关注一词多义和习惯表达。其中,一词多义研究重点关注介词和小品词的研究。他们认为,认知语言学与应用语言学结合领域尚有许多可拓展研究内容。

虽然初期发展阶段的认知语言学启发教学研究接近认知语义学的传统教学研究,但是认知语言学启发教学应不同于基于认知语义学的传统教学(Reda,2015)。认知语义学的教学重点是概念动机下的习语表达和基本的多义性单词。但语境存在可变性,且词义具有复杂性,将这一传统应用于第二语言词汇教学是远远不够的。认知语言学启发教学模式基于建构主义策略,帮助学习者理解语境意义。例如,教师借助语言语料库准备展示目标词不同使用形式与语境意义的材料。

当前认知语言学启发教学相关研究聚焦英语单词和语法层面的理论与实践研究,以及社会文化层面的语义研究。英语单词和语法层面的理论研究包括介词(Tyler & Evans,2003)、短语动词(Mahpeykar & Tyler,2015;Tyler et al.,2020)、情态动词(Tyler & Jan,2017)的研究。英语单词和语法层面的第二语言实践研究多基于任务型教学,包括情态动词(Tyler et al.,2010)、介词(Tyler et al.,2011)、条件动词(Jacobsen,2018)的研究。社会文化层面的语义研究则基于社会文化理论(Lantolf,2000),如进行英语动词、小品词的研究(Lee,2016)。以上包含图示教学的认知语言学启发教学研究都促进了第二语言学习。

图示有利于帮助语言学习者制定类似目标的空间配置和延伸意义(Tyler & Evans,2003),但仍未知在认知语言学启发教学实践中单纯保留图示教学是否能促进第二语言学习。基于认知语言学启发教学理念,针对第二语言学习者的 ERP 眼动研究结果发现,图示反馈能激发第二语言学习者大脑电位的显著变化,而纠错性反馈未能引发显著变化(Zhao et al.,2020)。即表示,第二语言教师提供给第二语言学习者的图示反馈效果优于教学中常见的纠错性反馈。包含 60 名伊朗中低级第二语言学习者的对照组和实验组对比研究结果显示,图示教学能促进实验组的英语介词学习,但是两组学生的自主学习能力在短期内无明显提升(Zarei et al.,2016)。

(二)产出导向法(POA)指导的任务链教学

传统的任务型教学和产出导向法(POA)都坚持以学生为中心的教学理念。但是传统的任务型教学法存在一些待解决的问题,其在教学假设和流程上不如发展中的产出导向法(邓海龙,2018)。在传统的任务型教学法中,学生的学习偏重应用性,且在教学过程中将评价与学习分离。而产出导向法能将应用与学习进行有机融合,并能以评促学。此外,大部分数字化课程学习者的学习注意力集中时间仅 15 分钟(Hattie & Yates,2014)。进阶型任务链细化切分任务,能很好地推动教学效果。

笔者曾以修读专门用途英语课程的 20 名外语应用语言学方向研究生为调查对象进行基于 POA 的任务链行动研究。项目基于当前国家研究生教育质量提升与国际化发展需求,创新性地采用当前流行的外语产出导向理论进行线上与线下结合混合式任务链教学设计,以提升本校外国语言学与应用语言学研究生课程质量的多元混合式 ESP(专门用途英语)任务链的教学设计与优化。问卷调查结果显示,学生对当前研究设计的课堂任务链活动表示满意,且学生特别喜欢与小组成员分享或者讨论学习任务。

基于认知语言学启发教学法,如何设计以产出为导向的任务链教学,以及教学设计能否有效促进英语专业本科生的第二语言学习仍待验证。

三、研究方法

本研究为教学行动研究,包括前期的行动研究教学设计和后期用于评价教学效果的问卷调查。面向大二两个班共 60 名英语专业学生,新型英语写作模式已历经两轮写作教学实践。大二英语专业学生需要进行大量英语写作培训,从 2 月开学后基本是一周一练,以应对 6 月的英语专业四级考试。英语写作课程组一贯注重三审三校的过程写作法,以提升自主学习能力为导向。虽然作文是一周一练,但由于需要三审三校,实际完成一篇作文需两周时间。

前期的行动研究教学设计需要基于英语专业学生当前的写作水平和未来需求调查。在课程的第一节课即开展学生写作水平测试和写作需求调查,结果显示学生的写作水平基本处于中上等水平,当前最迫切的写作需求是通过专四,也有少部分学生表示自身对英语写作感兴趣。针对行动研究设计,每学期末采用问卷星进行在线学生课程满意度问卷调查,调查问题围绕任务链每个步骤。下面将呈现行动研究具体教学设计与实践,以及学生问卷调查体现的行动研究教学效果。

四、研究发现与讨论

(一)行动研究的写作任务链教学设计

教学设计涵盖课前、课中、课后设计。写作任务链从教师基于小型自建主题作文语料库的课堂范文展示开始,到语言点实践练习,到前写作阶段的相似体裁话题的小组头脑风暴讨论,到初稿提纲设计,到课后作文写作(二审二校),再到回课时小组评选的优秀作文展示与回课后完成的三审三校。回课的小组展示要突出强调从语料库所学的语言点如何被运用到优秀作文中。下面将重点放到具体的教师课堂范文展示实践上。

(二)认知语言学启发教学下的课堂范文展示实践

光作文范例呈现,就需要教师课前花费大量时间出图与加色标注。虽然使用 WordSmith 软件也能作出词云图、词频表、高频词搭配例图,但是最终呈现的图形并非多色彩图。使用 R 软件呈现的词云图和 AntConc 软件产出的词频表和高频词搭配例图结合的方法,能实现多彩效果,即用不同色彩区分不同语言点,更适合在课内进行写作范文展示。

词云图、词频表、高频词搭配的范例图展示完毕后，需要呈现整体范文，教师将高频搭配和较长的习惯表达语字体进行彩色分类标注处理，以帮助学生更好地总结重要语言点与建构语境意义。现今，议论文、说明文、记叙文仍是英语专业等级考试的主要体裁。

以下以议论文教学为例，具体展现作文范例呈现过程。文章基于一篇阅读材料 *Traditional Chinese Art Meets Western Classics* 进行中国传统艺术是否应该融入西方文化的论述。图1—图3原为多色彩图，此处进行灰度处理修改为黑白色。

图1左边是主题作文的词云图，右边是高频词表。通过词云图展示的词间距和词大小能查看主题作文的高频词和不常见词，并快速判断范文的整体语言倾向属于积极的还是消极的，从而掌握作者所持的观点和用以表达观点的具体相关词汇。高频词表对经常使用的词汇与词类进行了量化统计。

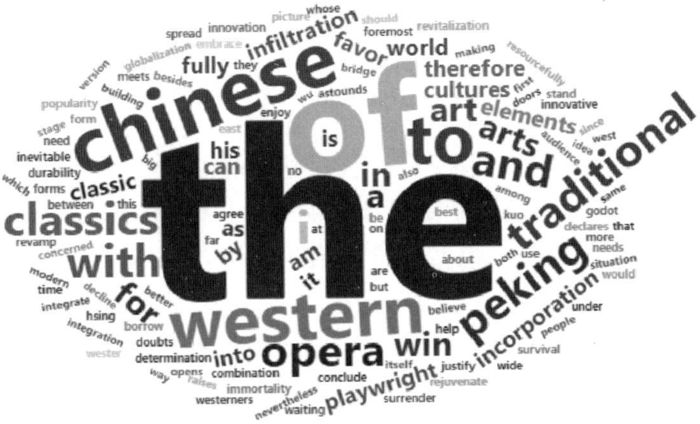

Word Types: 131 Word Tokens: 229

Rank	Freq	Word
1	21	the
2	12	of
3	7	chinese
4	6	to
5	6	western
6	4	and
7	4	classics
8	4	i
9	4	opera
10	4	peking
11	4	traditional
12	4	with
13	3	a
14	3	art
15	3	arts
16	3	for

图1 主题作文的词云图(左)与高频词表(右)

图2仅以关键主题词Chinese的搭配为例，呈现关键主题词与哪些词实现语法搭配。实际使用中需要将图1高频词表中词汇的搭配逐个进行呈现。学习词和短语层面后，还要基于社会文化视角回到语境中学习具体语义。

Concordance Hits 7

Hit	KWIC
1	Chinese people, they also need to borrow Chinese art forms. Therefore, the combination can better
2	Traditional Chinese Art Meets Western Classics Chinese version of Waiting for Godot, whose innovative
3	Traditional Chinese Art Meets Western Classics Chinese version of
4	infiltration of western cultures, the traditional Chinese arts are in decline. Since the infiltration
5	fully agree with the playwright that traditional Chinese arts should integrate with western classics.
6	is a win-win situation. For traditional Chinese arts to stand on a world stage
7	. For western classics to win favor with Chinese people, they also need to borrow Chinese

图2 主题作文中关键主题词Chinese的搭配

材料作文要求在首段即对材料进行概括，并提出个人观点，如图3所示。先采用不同的颜色标注衔接词，体现概括语言间的逻辑关系。再用下画线重点突出同义替换词，以使用不同词语呈现材料信息。标注内容的目的是帮助学习者更好地理解语义。除首段引言部分外，论述和结语部分也紧扣主题展开语义分析。

Chinese version of *Waiting for Godot*, whose innovative incorporation of Peking Opera elements into the Western Classic by Wu Hsing-kuo, **astounds 使惊骇** the audience, but at the same time, raises doubts about the durability of this art form. Nevertheless, the playwright declares no **surrender** of his determination to **revamp给换新画** and **rejuvenate使恢复** Peking Opera by building a bridge between the East and the West. As far as I am concerned, I am fully in favor of his idea.

图3 主题作文基于材料概括的引言部分展示

(三)行动研究效果的问卷调查结果

创新英语写作模式的适用性问卷调查结果显示,学生整体较为满意当前的教学模式。与前人研究结果一致(Zhao et al.,2020),学生还表示图示学习强于纠错性学习,令其更清晰地掌握写作语言重点,自身语言水平与主动性得到一定提升,且对考级写作更有自信。不同于 Zarei et al.(2016)的研究发现,学生认为短期内通过图示学习也能一定程度上提升自主学习能力。

五、结 语

基于自建语料库的英语主题写作的认知语言学启发教学结果显示,当前设计的创新写作任务链教学模式确实能提升英语专业学生的写作能力与自主学习能力。借助语料库技术,同一体裁的相似主题语言可相互借鉴。未来可进行更大范围的研究,以进一步验证结果的可推广性。

参考文献

[1] BOERS F, LINDSTROMBERG S. Cognitive linguistic applications in second and foreign language instruction: rationale, proposals, and evaluation[C]//In G. Kristiansen, M. Achard, R. Dirven & F. J. Ruiz (eds), Introduction: Cognitive Linguistics: Current Applications and Future Perspectives. Berlin, New York: Mouton de Gruyter, 2006: 305-355.

[2] GIEßLER R. Teacher language awareness and cognitive linguistics(CL): building a CL-inspired perspective on teaching lexis in EFL student teachers[J]. Language Awareness, 2012, 21(1-2): 113-135.

[3] HATTIE JAC, YATES GCR. Using feedback to promote learning[C]// In VA Benassi, CE Overson & CM Hakala (eds), Applying Science of Learning in Education: Infusing Psychological Science into the Curriculum. Washington, DC: Society for the Teaching of Psychology, 2014.

[4] JACOBSEN ND. The best of both worlds: Combining cognitive linguistics and pedagogical tasks to teach English conditionals[J]. Applied Linguistics, 2018(39): 668-693.

[5] LANTOLF J. Sociocultural theory and second language learning[M]. Oxford, UK: Oxford University Press, 2000.

[6] LEE H. Concept-based instruction: Imagistic and metaphorical understanding of phrasal verbs[J]. English Teaching, 2016(71): 167-191.

[7] MAHPEYKAR N, TYLER A. A principled cognitive linguistics account of English phrasal

verbs with up and out[J]. Language and Cognition，2015(7)：1-35.

[8] REDA G. A Review of the Cognitive Linguistics Approach to Teaching the EFL/EIL Vocabulary[J]. Arab World English Journal（AWEJ），2015，6(02)：189-200.

[9] TYLER A，EVANS V. The semantics of English prepositions：Spatial scenes，embodied meanings and cognition[M]. Cambridge，UK：Cambridge University Press，2003.

[10] TYLER A，JAN H. Be going to and will：Talking about the future using embodied experience[J]. Language and Cognition，2017(9)：412-445.

[11] TYLER A，JAN H，MAHPEYKAR N，et al. Getting out the word on phrasal verbs：It turns out phrasal verb construction meanings are systematic and teachable[C]// In W Lowie，M Michel，A Rousse-Malpat，M Keijzer & R Steinkrauss（eds），Usage-Based Dynamics in Second Language Development：In Celebration of Marjolijn Verspoor. Bristol，Blue Ridge Summit：Multilingual Matters Ltd，2020(141)：224-248.

[12] TYLER A，MUELLER C，HO V. Applying cognitive linguistics to instructed L2 learning：The English modals[J]. AILA Review，2010(23)：30-49.

[13] TYLER A，MUELLER C，HO V. Applying cognitive linguistics to learning the semantics of English prepositions to，for，and at：An experimental investigation[J]. Vigo International-al Journal of Applied Linguistics，2011(8)：180-205.

[14] ZAREI GR，DARAKEH M，DANESHKHAH N. Effect of using image-schemas on learning L2 prepositions and enhancing learner autonomy：A dynamic system theory and cognitive linguistics-inspired approach[J]. Journal of Research in Applied Linguistics，2016，7(01)：118-137.

[15] ZHAO H，HUANG S，ZHOU Y，et al. Schematic diagrams in second language of English prepositions：A behavioral and event-related potential study[J]. Studies in Second Language Acquisition，2020，42(04)：721-748.

[16] 蔡少莲.基于语料库的英语写作教学实证研究[J].外语教学,2008(6):61-64,8.

[17] 邓海龙."产出导向法"与"任务型教学法"比较:理念、假设与流程[J].外语教学,2018,39(03):55-59.

大学文科生课堂参与的现状与对策研究

——基于公管学院学生课堂参与数据的实证分析

吴雨欣[①]　蔡雨蕾[②]

（浙江工商大学公共管理学院）

摘　要：大学文科生知识的获取和专业素养的提高极大地依赖于课堂教学，而学生在课堂中的参与是提升课堂教学质量的重要因素。对我校公共管理学院 42 名学生的深度访谈，以及对 68 名学生的问卷调查数据表明，当前学生课堂参与的主动性和积极性都严重不足。为改变这一课堂教学中的困境，需要在四方面做出调整：第一，构建课堂的参与氛围；第二，改善教师的授课方式；第三，积极引导学生转变学习方式；第四，设计合理的课堂考核方式。由此将有效地提升课堂参与度，保障文科生教学质量的提高。

关键词：大学生；文科生；课堂参与；课堂质量

一、选题意义

随着科技发展，国家逐渐开始重视哲学社会科学在其中发挥的作用，技术的更新也向文科教育提出"新"建设的要求。习近平总书记提出："一个国家的发展水平，既取决于自然科学发展水平，也取决于哲学社会科学发展水平。一个没有发达的自然科学的国家不可能走在世界前列，一个没有繁荣的哲学社会科学的国家也不可能走在世界前列。"将中国特色人文社会科学体系的建设成果落实到教书育人环节，关乎新时代社会主义建设者和接班人的思想水平、政治觉悟、道德品质、文化素养的培养和塑造。增强我国文科教育事业力量，必须要提高文科课堂的质量，而其中的一个关键是要提升大学生的课堂参与水平。

在这样的大背景下，很多学者对大学生的课堂参与问题进行了研究。刘友荣认为，课堂教学要促进学生行为动机或水平上的发展，要求教育应注重学生课堂体验和参与（2020）；刘振天认为，教学不只是单纯的认知活动，同时还是师生之间那种主体对主体

---

①　吴雨欣，浙江工商大学公共管理学院副教授，博士，研究方向为中国人大制度和美国议会制度。

②　蔡雨蕾，浙江工商大学公共管理学院学生。

所展开的心灵对话和生命实践的交往活动(2020);许芳学表示,学生深度学习的引发一定离不开高质量的教与学的互动对话,因为人的学习总是发生在人与社会环境的互动作用中(2018)。以上研究充分说明,大学的课堂教学质量是学生培养的关键,而文科生由于专业特点,在学习过程中对课堂教学质量的依赖性更加明显。不同于理科学生会有实践环节的课程,文科学生的知识摄入主要来源于课本、专业书籍、期刊等,知识的输出也落脚于文章,对文字的理解要求更高。想要真正吸收知识,也就更加需要分析解释;想要提升写作水平,也就更加需要交流指导。只有在课堂上积极互动、友好交流,才能帮助"解惑",打好文科学习的良好基础。

然而,现实情况并不乐观。虽然课堂"讨论教学法"开始得到重视,小组讨论等交流形式也在不断创新,然而我校本科生的课堂参与明显不足。师生之间、学生之间存在沟通障碍,严重阻碍了教学质量的提高。

二、我校公管学院学生课堂参与状况调查分析

(一)调查方法概述

本研究以公共管理学院为实例,采用深度访谈法和问卷调查法获得第一手资料。访谈对象共计 42 人,均为本科生。调查问卷中共有 8 个问题,于 2022 年 2 月通过微信发放给公共管理学院学生,共回收有效问卷 68 份。参与调查的学生分别来自三个年级,以大二学生为主体,人数占比约为 53%,如图 1 所示。

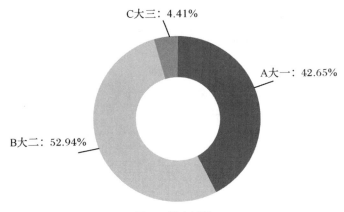

C大三: 4.41%

A大一: 42.65%

B大二: 52.94%

图 1　调查群体

(二)调查结论

1.课堂参与以学生被动参与为主

问卷关于课堂主要参与方式的统计表明,教师点名提问的非主动方式超过 72%,小组或个人讲话的半主动形式超过 57%,学生主动发言的占比不到 24%。

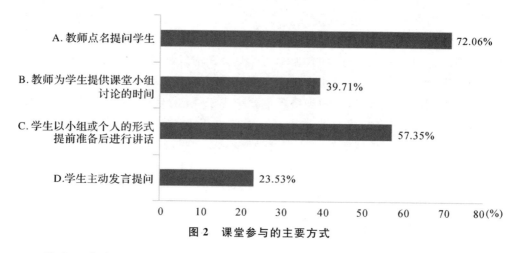

图 2　课堂参与的主要方式

2.学生课堂参与互动的频次偏低

调查显示,参与课堂互动的平均次数在 3 次以上的学生不到 27%,说明参与课堂互动的频率还有很大的提升空间,无论是学生还是老师,都需要加强课堂参与意识。

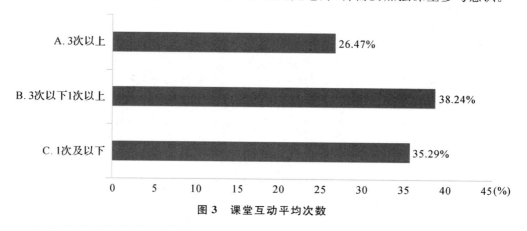

图 3　课堂互动平均次数

3.学生主动参与意识薄弱

主动参与课堂互动的调查显示,主动参与的学生占比不到 24%,说明学生的主观意识还有很大的进步空间,是提升课堂参与的一个重要方向。

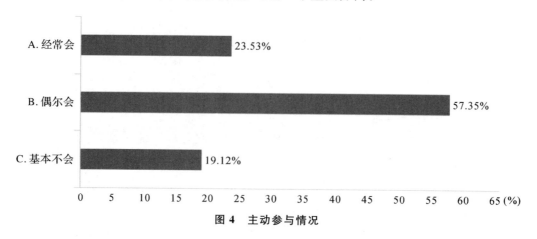

图 4　主动参与情况

4.学生普遍认可课堂参与的重要性

超72％的学生认可课堂参与对于学习兴趣和成绩会有一定的积极影响,说明绝大多数学生能够意识到课堂参与的重要性,为调整学生的积极性做好了主观上的铺垫。

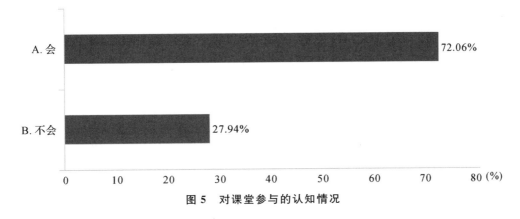

图5 对课堂参与的认知情况

5.课堂参与的影响因素分析

想要提升课堂参与度,必须要了解其主要的影响因素。调查显示,课堂氛围、授课方式、学生的主观积极性、课堂参与情况与课堂考核的关系程度等影响因素较为明显,前两者的占比甚至超过55％,需要以此入手来深入研究。

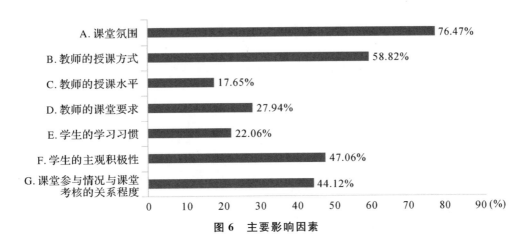

图6 主要影响因素

6.主要改进方向

调查显示,想要提升课堂参与度,可以从多个角度着手。当前学生认可度较高的四个方面是:改善课堂氛围、改良教师的授课方式、转变学生的主观积极性、调整课堂参与情况与课堂考核的关系程度。

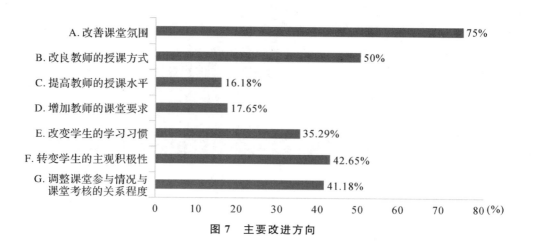

图7 主要改进方向

三、课堂参与不足的原因分析

以上情况在各文科学院普遍存在。通过对学生进行深度访谈后发现,学生课堂参与不足是由多种原因造成的。

(一)沉闷的课堂氛围压抑师生互动的热情

受传统教学观念的影响,现在的大学课堂经常会忽视课堂氛围这一点。从教师角度出发,在上课过程中大多数教师会倾向于个人的输出,在按时完成教学任务的压力下,会选择压缩学生互动、讨论的时间,也难以分出精力感受和调动课堂积极性,对学生的反馈不够关注;从学生角度出发,"手机泛滥"形势蔓延,自由自主的意识高涨,在上课过程中难以整节课都集中注意力,更遑论投入自己的情感,比如激情、好奇、质疑、认同等丰富的情感。美国学者 Kenneth Davis 表示,参与是指"一个人的思想和感情都投入一种鼓励个人为团体目标做出贡献,分担责任的团体之中。这种思想与感情的投入、决策的所有权不是走过场,而是实实在在的自我投入"。

(二)单一的授课方式无法提供充足的参与机会

大多数老师的教学以单方面输出知识为主,尚未跳出单一、持续性的课件、书本讲解这类方式,这样的授课无法与学生的心理需求匹配,也就难以吸引学生沉浸在课堂之中。通过调查访问发现,即使是小组或个人主题演讲这种半主动的方式,也无法保证每一次都有充足的机会进行展示。并且,教师的要求和框架在一定意义上会限制学生个性化的发挥,在展示完后一般由教师进行点评,没有给学生充足的话语权。

(三)大学生未能完成应有的学习方式转变

在大学期间,大多数学生未能从原本多年的应试教育下的"任务型学习"转变为"自主型学习"。高中的学习方式并不像大学一样强调自觉、自主思考,而是课程统一,强调重复的联系。大学的学习重视全面发展,课程多样且具有专业针对性,课程的考核结果足以看出学生对知识的吸收是否透彻。个性化的学习方式会让学生们感觉无法借鉴，很难找到适合自己的学习节奏。并且，学生们脱离了家长和老师的束缚，缺乏足够的自制力，使得他们的学习积极性不高。

(四)课堂参与和考核之间的关系需要调整

通过深度调查访问了解到，课堂参与在期中、期末的考核中，一般以平时分加减分的形式体现出来，相比课后的考试或结课论文的成绩，平时分的占比要小很多，并且难以拉开差距。大多数学生不仅缺少对自身的未来规划，而且学习目的不明确，导致对系统的课程学习不重视，抱着"六十分"的侥幸原则"划水"。因此，学生会忽视平时的课堂学习。

四、提升大学课堂参与度的对策分析

以上思考为提升课堂参与度、针对性地提高课堂质量提供了改进方向和对策。

(一)调动课堂氛围

教师作为课堂教学的引导者，学生作为课堂教学的主体，只有前者将后者的积极性调动起来，才有教学效果。轻松、自在的课堂明显会比沉闷、呆板的课堂更能够吸引学生。研究发现，大学教师的表情、目光等非语言行为会对学生的课堂投入状态产生重要影响。大学教师在课堂上要经常微笑，多用丰富的表情感染学生，提高学生的注意力。注重与学生的目光交流，时常对学生投以赞许的目光，鼓励学生，提升学生对学习的自我效能感。

同时，教师应当更加重视学生的发言，为他们提供充足的自由发挥的机会，学生能够实现自我展现，也就会在心理上更加轻松。可以使学生更有参与感，锻炼学生的发散思维、表述能力、合作能力等，有效提高课堂质量。

(二)改善教师授课方式

显而易见，传统的"填鸭"式教学方式，只会导致教师讲解得筋疲力尽，大学生却听得不知所云的恶性局面。不仅要促进课堂上的讨论、交流，而且要突破传统的课堂讨论式教学法的局限。课前老师需要明确讨论主题，按照课程规模合理分配任务，创造良好的辅助条件，打破单向沟通，构建交流的桥梁，强化外部支撑，构建激励机制。

在科技、信息发展的大背景下，大学教师也应当与时俱进，与同行交流、向专家请教，学习身边或网络上优秀教师的课堂教学经验，及时了解并实践慕课、翻转课堂、微课等新的教学方法和技术，创新授课方式与手段，不断提升学生的课堂参与体验感。

(三)积极引导学生学习方式转变

想要实现学习方式的转变，不能仅仅依靠学生自身的努力这些内在因素，还需要教师引导这些外界因素。教师应当在重视学生课堂上思想自由的同时，进一步强调课堂的纪律,布置适量、具有一定思考意义的作业,并且课程内容需要将学生的内在发展、未来规划、职业选择等联系起来,让学生能够沉浸在课堂中,逐步完成学习方式的转变。

(四)设计合理的课堂考核方式

对于学生来说,考核制度是课堂参与重视与中因素。因此,应当创新课堂参与考核机制,制定相关奖惩制度和规章,不再停留于简单的发言加分。要将课堂内的思考、反馈与平时成绩直接挂钩。要平衡课堂参与与最终考核之间的占分比例,让教师能够从过程与结果两个方面更深入地判断学生的课堂学习情况。

五、结　论

"国势之强由于人,人材之成出于学。"习近平总书记说过,教育是民族振兴、社会进步的重要基石,是功在当代、利在千秋的德政工程,对提高人民综合素质、促进人的全面发展具有决定性意义。高校教育的发展,需要教师和学生的共同配合,二者之间只有和谐交流和对课堂的积极参与,方能全面地促进高校文科生课堂教学质量的提高,从点到面,为我国的高等教育事业打下坚实的基础。

参考文献

[1] 习近平.在哲学社会科学工作座谈会上的讲话[N].人民日报,2016-05-19(02).

[2] 刘坤,李龙.重构与推进:新文科背景下的高校哲学社会科学变革[J].学位与研究生教育,2022(01):21-30.

[3] 柳友荣,张蕊.一流应用型大学建设:要素共识、标准内涵和路径选择[J].高等工程教育研究,2020(05):117-122.

[4] 别敦荣.大学课堂革命的主要任务、重点、难点和突破口[J].中国高教研究,2019(06):1-7.

[5] 刘振天.高校课堂教学革命:实际、实质与实现[J].高等教育研究,2020,41(07):58-69.

[6] 许芳杰.课堂教学境域中的教师现场学习[J].教育科学,2018,34(02):25-31.

[7] 蔡建钦,张心怡.以"教学参与"为原则:大学课堂手机泛滥蔓延情势之对策[J].湖北开放职业学院学报,2020,33(06):54-55.

[8] 应男.提高学生课堂参与积极性:沉默大学课堂的突破口[J].教育观察,2021,10(01):134-137.

[9] 约翰·W·纽斯特罗姆,基斯·戴维斯.组织行为学(第十版)[M].陈兴珠,罗继,等译.北京:经济科学出版社,2000:10.

[10] 周卉.大学课堂管理中存在的问题及解决策略[J].安阳工学院学报,2019,18(03):119-121.

[11] 张凯.大学课堂中学生参与度的探究[J].现代商贸工业,2019,40(14):180-181.

[12] 梁洁.大学教师非言语行为对学生课堂参与的影响研究——师生关系的中介作用[D].兰州:兰州大学,2021.

[13] 赵晓顺,袁江明,于华丽.大学课堂教学模式改革的思考[J].河北农机,2021(05):77-78.

[14] 徐丽娜,张娇,阿依娜西·加吾达提.高校课堂讨论式教学模式研究[J].科技视界,2021(26):37-38.

[15] 徐自田.大学课堂中的互动教学及策略探讨[J].教育现代化,2020,7(06):172-173,178.

课程改革篇

KECHENG GAIGE PIAN

面向法学国际生的课程思政实施路径研究

裴　蓓①

(浙江工商大学国际教育学院)

摘　要:随着中国开放程度的扩大,国际生的数量不断增加,我校法学院于 2013 年起招收法学国际生,截至目前,已招收了来自 34 个国家和地区的学生。由于生源质量参差不齐、背景各不相同,国际生往往存在道德法律意识淡薄、教育管理难度大等问题。文章着眼于法学国际生的课程思政实施路径的研究,构建实现立德树人、中外融通、和合相生的体系化思路和路径。

关键词:法学国际生;国际化课程思政;实施路径

一、法学国际化课程思政教育现状分析

(一)当前日趋紧张的国际关系对国际化课程思政认知不足提出了严峻的挑战

2010 年,国家提出"留学中国计划",就发展目标、任务、思路等 20 项内容提出国家层面的规划纲要,这是国家基于当时世界多极化、经济全球化、社会信息化、文化多样化现实,为推进教育国际化工作而做出的战略抉择,但当时国内高校对于课程思政在国际生专业教学过程中的地位和作用并未有足够重视,加之部分地区和高校给予国际生"超国民待遇",导致一部分国际生的思想、道德和价值观学习教育欠缺,对中国政治、经济、文化、国情、社会等方面认知肤浅。近年来,以美国为代表的一些西方国家对中国的政治、经济甚至文化实行高密度的围攻和封锁,片面、极端甚至虚假地制造和报道有关消息,极大地污名化中国的国际形象。历史和现实的原因都阻碍了国际生全面透彻地了解中国,严重损害了"留学中国"的初始意义和国家外交的战略布局。

(二)课程思政体系及配套不完善,导致国际化课程思政教育发育不全

大部分高校的国际生课程培养方案的组织和备案部门一般在教务处(本科生)、研究生院(研究生)或国际教育学院,但课程的教学安排和具体落实往往归口于各学院,学

---

①　裴蓓,浙江工商大学国际教育学院院长,法学院副教授,硕士,主要研究方向为民商法、教育管理。

校层面对国际化课程教学情况不清,学院教学管理自主性和随意性较大。同时受语言及专业能力并存的限制,大部分学校的督导并未对国际生课程落实常规性的监督,质量评估未能到位。正是主体不明、体系不清、配套不全、监督不到位使得在国际化课程中对课程思政缺少关注,欠缺"道德教育""价值引领"等评价指标,国际生在华教育的规模和质量上始终"跛脚走路",国际生人才培养全方位、全过程、全员育人的目标难以真正落实。

(三)法学国际化课程思政建设尚未有整体规划,课程设计中欠缺思政元素

虽然教育部2018年对高校来华国际生培养提出了人才培养目标等具体要求,但是自上而下的课程规范化管理和质量监督机制并未统一建立。在当下过于宽松的管理体系下,国际生教育的"个性化"发展毫无规律可循,课程设计、教学团队组建、评价流程的设置均带有很大的随意性。法学国际化课程相较于其他专业课程,其本身就含有一定的思政元素,如宪法法治意识、规则意识、民主法制等,但由于国际生在华学习法律一般以国际法方向为主,更关注国际公法、国际贸易法、WTO规则等,而对于中国国内的法制环境和政治司法体系的理解和探讨较少,课程设计中缺乏立足于中国国情的法律思政元素,导致国际生法学类课程思政缺乏有效的载体。

二、法学国际化课程思政实施的基本理念

(一)建立"有魂"的课程思政教育,提升法学国际化教学的内涵品质

为了充分发挥我校作为"浙江省国际化特色高校"的引领作用,主动对接国家"一带一路"倡议,紧抓国家加入RCEP的机遇,提升学校法学专业的国际化水平,加快法学国际化人才培养模式的改革,有必要提升法学国际化课程的精品化程度,增加法学国际化课程思政比重,落实国际生育人实效。针对法学国际生教育,落实以法学专业为基础的"文化立魂、内涵创新、措施得当"的课程思政教育,一方面有利于坚持法学教育领域扩大开放,培养法学国际生健全人格、强化规则意识、落实立德树人,从而推进国际化的人文交流、促进人类命运共同体建设的需要;另一方面,是不断提高我国法学国际化教育质量、提升国家法治环境软实力、改善国家国际法治形象、扩大国际影响力的必然选择。

(二)完善"有根"的课程思政设计,促进法学国际化教学深度交流

国际生因其生长环境、文化背景及受教育环境不同,使得课程思政的实施路径与针对中国学生的有所不同。鉴于国际生对中国的认知偏差较大,只有科学、合理且有技巧地设计"课程思政"的实施路径,根植中国历史与发展的实践,才能在国际化课程教学中提高课程思政的影响力。在法学国际化课程中坚持正确的政治方向,表明我国在国际法框架下一贯所持的政治立场,通过对国内外法律、政治的个案研究,采用理性分析、客观辩论、柔性传达等方式探讨政治体制、文化传统、经济制度、法律法规、宗教信仰政策的中国声音,实现与国际生在道德和价值上的相互尊重与理解,促进法学国际生对中国

历史文化、社会政治、法律规则、司法实践、法学教育理念及外交主张等方面的理解认同，形成开放友善、相互尊重的沟通交流路径，进而构筑起法学国际化教育意识形态领域的安全防线。

（三）融入"有效"的课程思政元素，培养国际生成为明理友善的法律人才

将有效的课程思政元素融入法学国际生的全过程培养中，建立课程思政与专业教学相结合的有效育人机制。在法学国际生人才培养方案专业课程布局的基础上，使得课程思政改革成果成为国际生了解中国和认识中国的重要窗口，结合专业教育讲好中国法制发展的故事、传递中国民主进步的声音和展示中国法治开放的形象。在开展法学国际化课程思政改革的过程中，精心栽培和引导好法学国际生的"拔节孕穗期"①，培养符合懂得我国法律体系和基本国情的国际法律人才，从而服务于未来海外投资、经贸发展、文化交往及国际竞争与合作。在国际舞台上，自主培养的国际生更能理解中国的法治环境，更熟悉中国的法律政治语言和思维，将更可能成为中国政治、法律、文化在海外传播的使者，有利于壮大中国的国际朋友圈，弥补国家新闻传播受限的不足，重塑和谐、融洽的国际关系，促进区域和谐稳定、共同发展。

三、法学国际化课程思政的实施路径

（一）设计面向法学国际生的课程思政内容架构

各类法学国际化课程应基于课程对象进行分析，区分面向法学国际生的课程思政教育与中国学生的差异。从实际教学情况看，许多国际生对中国的文化、历史、政治、主权的认识是有限、片面甚至是极端错误的，对中国基本情况的了解，无论是风土人情、历史文化，还是政治法律，基本都是"零基础"，在教学中需要植入"5D课程思政内容架构"适应法学国际生的学习需求，落实教学实效。"5D"分别指代 Direction（方向）、Discussion（讨论）、Demonstration（展示）、Discrimination（辨别）和 Destination（目标）。

Direction（方向）指课程思政建设要明确课程架构导向，每门法学国际化课程均有独特的思政自然属性，课程思政的建设方向要与自然属性相匹配。Discussion（讨论）指充分发挥国际生课上乐于表达的优势，用开放、包容的课程气氛鼓励学生就自己对中国、国际热点问题、法律精神等的疑惑、争议进行陈述和探讨，鼓励国际生发现问题、勇于探索。Demonstration（展示）指选择与法学专业课程内容相契合的课程思政案例、新闻报道、学术报告等相关焦点问题进行展示，为学生的深度思考提供理据。Discrimination（辨别）指通过展示过程，提出课程思政的"思索点"，鼓励国际生进行深度分析、论证，逐步辨别和抛弃原有的固定思维和偏见，最终解开各自的困惑和疑虑。Destination（目标）指根据课程教学实效，回顾前面"4D"，重新检视是否实现了课程思政在每门课程中最初的教学目的，是否在思政元素的选择上实现了最初设计的目标。

"5D课程思政内容架构"的设计以专业教学为基础、全过程教育为主线，考虑法

---

① 牛百文：《高校来华留学生课程思政建设与实践路径研究》，《开封教育学院学报》2019年第12期。

学国际生开放多元的个性,针对中国的政治理念、国际立场、争议应对、外交态度等问题的讨论,通过视觉化、史料化、案例化、比对化的展示,实现国际生对中国立场的理解和对争议问题的思辨,最终实现法学国际化课程思政的目标,即培养国际生成为具有体验感悟能力、认知分析能力、判断辨别能力、反思提炼能力的知华懂华的国际化法律人才。

(二)实现站位较高、多元包容、点面结合的资源建设

1.构建"三主题"课程思政案例库

课程思政案例库的建设对于法学国际化课程尤为重要。作为课程建设的重要模块,要从案例库的框架规划、主题甄选、素材选编与法学专业教学结合等方面进行全方位的规划和安排。课程思政案例库的建设流程应包括"思政元素甄选—课程思政小组审定—案例分类编写—小组再审入库"的建设流程,建设"具有中国特色的育人亮点、符合国际思维的规则原则、展现科学合理的案例组织"的课程思政教学案例库。案例库的构建包括三个主题:符合人类命运共同体概念的主题案例库、与专业教学相印证的专业案例库及体现具体课程知识点的课程案例库。

主题案例库应站在符合人类命运共同体的概念之上,体现和平发展、合作共赢、世界和平、共同发展的理念,要展现公平、开放、包容、共赢的世界发展观,要包含和而不同、兼收并蓄的文明交流,以及尊重自然、热爱生命、环境友好的生态文明。其思政内容可以包括"家国情怀""遵纪守法""道德修养""文化素养""敬业精神""科学精神""环保意识""敬佑生命"等多个国际广泛认可和接受的价值理念主题模块。

专业案例库应与专业教学相印证,法学国际化课程是在法学专业的基础上以国际法为方向设立的,同时结合法学国际生人才培养目标中对国际生素质的要求,确定本专业课程思政教育的主线。围绕这条主线,根据特定专业课程的内容特点及其在人才培养中所处的阶段和地位,安排该门课程应承担的思政教育主题。所有课程的思政教育主题应相互补充、交叉和印证。

课程案例库是由与具体课程内容知识点所匹配的思政案例组成的。在明确具体课程思政教育主题的基础上,根据本门课程的具体章节或主旨,深入挖掘所蕴藏的思政元素,经过科学设计、合理转化、有机融合、自然融入的系列教学过程,编写形成课程思政教学案例。同时,对于新闻性、时效性的思政教育主题,只要与课程内容关系密切的,在尊重版权的前提下也可以根据动态更新原则适量选入具体的课程案例库。

2.甄选课程思政重点课程和优秀案例

为了进一步扩大法学国际化课程的示范效应,此类课程的思政建设应当以法学国际生为视角,以学生的真实感受为依据,系统地诠释课程思政元素,让国际生愿意听,听得懂,勇于说,说得好,乐于学,学得通。建设有思政教育效能的示范和精品课程,需按照课程思政的相关要求,"坚持显性教育与隐形教育相统一"①。鼓励专业教师积极提升法学国际化课程中的思政研究,开发体现尊重国际条约、互惠原则、主权原则,尊重宪法,遵守公序良俗等法学国际化课程思政特点的文字与优秀视频案例或

---

① 蔡林明:《高校课程思政的核心要义与实践方法研究》,《湖北开放职业学院学报》2021年第22期。

主题短视频。通过课程思政重点课程和优秀案例的建设,有效增强国际生对中国国家发展道路的理论认同、政治认同和情感认同,也能使得法学国际化课程的思政研究从单一教师的工作推广向团队教学转变,形成示范效应,拓展样本效果,以点带面,逐步推开。

(三)落实课程思政"五课堂"的教学路径

面向法学国际生的课程思政要抓好课堂学习,通过课堂知识的传授,强化德育和思想价值引领,同时,要坚持理论与实践相统一,利用配套路径有效融合与实现。第一课堂即专业教学,这点在前面的案例库建设已经提过,此处不再赘述。第二课堂即创新创业实践,法学国际生在学习过程中可以通过参加学科竞赛积极融入中国健康向上的思政大环境中,如可以参加中国大陆地区红十字国际人道法模拟法庭全英文竞赛、中国国际"互联网+"大学生创新创业大赛国际赛道等,通过这些创新创业实践,亲身感受中国朝气蓬勃的经济发展、同龄人积极向上的青春气息和公平竞争的竞赛精神。第三课堂即校内校外实习实训,因法学国际生受到中国现有法律限制,并不能持有效护照随意进出法院旁听庭审,但可以到宪法纪念馆参观、在线观看涉外案件庭审及到律师事务所进行实习实践,这些有利于帮助法学国际生了解中国的司法现状和法治环境,对于中国的司法改革成果能有更深层次的认识和感悟。第四课堂即校园求学,学校现在有跨学科培养、微专业学习,法学国际生可以参加此类项目,通过跨学科的学习,了解其他专业的特点,认识不同领域的专家学者,在学习过程中产生新的共鸣。第五课堂为学生社区成长,鼓励法学国际生参与留学生学生会等学生组织,让他们在中国学生和国际生中融合,交流在中国的所见所闻,分享在中国所体会到的热情的民风、繁荣的经济生活、安全的社会环境,实现对中国各领域的全面认同。通过五种不同教学方法路径将价值塑造、能力培养融入其中,实现课程思政多维度的育人目的。

(四)搭建合理有效的课程思政评价体系

法学国际化课程思政的效果评价是有难度的,既不同于中国学生的课程思政,又高于一般国际化课程思政建设。原因在于:一方面国际化课程的课程思政育人指针不明确;另一方面,国际生在专业学习中逐步形成的法律思辨能力对课程思政提出了更高的要求。因此,建立合理有效的课程思政评价体系,应包括课堂教学和教学效果两个评价内容,要明确将"道德教育""价值引领""规则意识""文化体验"等纳入评价指标,完善并改进课程督察和反馈机制。要进一步优化自评与他评制度,落实教师间听课与学习,完善校院二级督导、分管领导听课,设计有效的学生评价反馈制度,把德育元素纳入课程评价体系,巩固法学国际生的课程思政育人成效,确保课程教学能得到国际生的认可和历史的检验。通过评价体系的不断完善,实现课程思政教学的反馈、评价和再提升,最终落实法学国际生的预期能力培养。

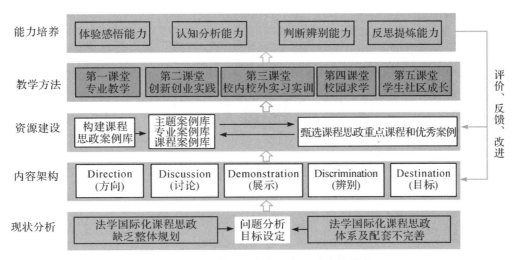

图1 面向法学国际生的课程思政实施路径

四、总　结

　　未来,法学国际生将在国际政治舞台的各个法域中担任重要的角色,高校亟须形成一套以针对法学国际生的培养质量及育人实效为指标的教学与评价体系,为课程思政建设质量的不断提升提供参数。同时,出于人才培养的初心,高校应着眼于提高法学国际生的综合法律能力,以学术能力和专业技能为核心,加强法学国际生对中国国情、政治、文化、社会主流价值观以及基本法律法规的认识和了解,为国家培养更多知华友华的国际法律人才。

基于数字化技术的高质量留学生课程建设优化研究[①]

陈婉莹[②]

(浙江工商大学管理工程与电子商务学院)

摘 要:基于数字化技术的高质量留学生课程优化建设十分重要,但基于数字化技术的留学生课程建设仍处于探索阶段,如何克服基于数字化技术的教学模式造成的学生之间协作减少、教师教学模式路径依赖、教学节奏不易把握、师生互动不够、外界因素干扰较多这五个问题,不仅关系到数字化技术是否能个性化、专业化、系统化地推动课程质量建设,以及数字化技术与教学深度融合,也是打造高质量课程的关键因素之一。对此,基于数字技术,全过程数字化教学环节,利用数字化技术,激发学生自主学习,构建学习社群,将对基于数字化技术的高质量留学生课程构建起到一定的推动作用。

关键词:数字化技术;高质量留学生课程;优化研究

一、引 言

2022 年在北京召开的全国教育工作会议上发布的《教育部 2022 年工作要点》中提出实施教育数字化战略行动。2022 年 2 月 23 日发布的《教育部高等教育司 2022 年工作要点》中提出,全面推进高等教育教学数字化,加快完善高等教育教学数字化体系,提升数字化应用能力、治理能力和国际影响力。实施教育数字化战略行动,用数字技术推动教育发展,在国际人才竞争进入大变局之际,显得尤为重要。随着我国国际影响力的提高,高等院校中的留学生数量呈明显上升趋势。在大变局中,规范数字化技术在教学中的应用,讲好中国故事,做好思政建设,不仅可以培养高层次的国际人才,也对进一步扩大中国的国际影响力有极大的促进作用。

课程内容的表现形式,经历了从教科书与黑板相结合的传统阶段,到使用仪器及设备,如投影仪、扩音设备的多媒体阶段,再到使用计算机的信息化阶段,随着互联网的飞速发展,数字化教学已成为必然趋势。基于数字技术的教学方式使学生的学习变得更

---

① 《物流成本管理》课程思政建设,编号 1310XJ0520128;考虑优先级的智能仓储机器人充电策略工程性实验设计与研究,编号 1310XJ0518003。

② 陈婉莹,浙江工商大学管理工程与电子商务学院副教授,博士,研究方向为排队论。

为容易,使教师的教学变得更为有效。基于数字化的教学模式集大数据、人工智能、机器学习等多种方式于一体,将视频、图像等融为更生动形象的方式,展现教学内容。基于数字化的教学内容可以将抽象的知识形象化、具体化、趣味化、灵活化,其新颖、生动、直观的展现方式可以激发学生的学习热情,提升学习效果。基于数字化的教学课程,可以有效避免教师的疲劳,同时这一技术亦可促进教师对课堂教学内容的组织,以及授课内容的结构化,有助于学生对知识的掌握。用数字技术强化学习效果逐渐成为教学的主流趋势。这一技术不仅减轻了教师的工作强度,提高了工作效率,也提高了教学质量。

二、基于数字化技术的留学生课程建设中的待改善要点

数字化技术虽然对高质量课程建设有着积极的促进意义,但由于基于数字化技术的高质量留学生课程处于探索阶段,仍有以下地方需要改善。

(一)协作学习

协作学习作为一种重要的教学方式被广泛应用,通过学习小组成员之间相互沟通、相互交流,小组成员的任务分配,共同完成学习任务。基于数字技术的教学环境,会使得学生过分依赖搜索技术而缺少和小组成员之间的交流,不利于互动教学。虽然基于数字化技术的教学环境有助于培养学生收集和处理信息的能力,但不利于学生之间的交流与协调。在基于数字化技术的课程设计中,加强学生之间的协作,是需要探讨的问题。

(二)教学模式路径依赖

随着数字化技术水平的日益提高,教师对基于数字化技术的教学模式的黏性日益增强。由于依赖模块化数字化的课程构建形式,教师失去了创新的动力,失去了教学改革的动力。从某种意义上来说,数字化教学模式一定程度上对教师的创新能力起了反作用。尤其是对留学生课程,如果采取统一的数字化管理模式,而不因材施教,往往会造成教学质量的下降。

(三)教学进度难以控制

数字化技术的使用会加快课堂的节奏,使教学内容的信息量增大。但由于文化差异、语言水平引起的语言障碍,很多留学生在课堂上会听不懂、跟不上,因此他们接受的信息量没有增加,有些还会减少,因为他们仅仅是在被动地观看。由于语言存在障碍,有些留学生甚至是在看哑剧。能听懂的学生,由于慌忙地做笔记,没有时间思考,影响了教学效果。

(四)师生互动不足

课堂上,数字化技术使用过多,会减少教师与学生的互动,影响教学效果。给中国学生上课时人数多,会出现这种情况,给留学生上课,虽然班小人少,但如果过度依赖数字技术,同样会出现这个问题。

(五)注意力分散

数字技术的使用,虽然能够激起学生的学习兴趣,但也会干扰教师教学。例如课堂上教师让学生用手机查询某一知识点,因为智能手机上装有很多其他软件,当学生去完成指定任务时,会被其他软件所吸引。给留学生上课,此问题尤其严重。他们手机中有一些与他们各自国家相关的软件,加上中国的软件,因此软件数量会更多。再如,课堂上由于语言听不懂时会去查词典,查词典时看到刚收到的短信,注意力就会被短信吸引走。新冠疫情暴发迫使教师使用网络上课,以上问题会更加突出,使教师更难注意到每一个学生,严重影响教学效果。

三、基于数字化技术的高质量留学生课程优化方案

优化基于数字化技术的留学生课程,可以采取以下措施。

(一)基于数字化技术,全过程数字化教学环节

教师队伍要加强数字化技术的学习,高效地应用数字化技术在整个教学环节,不可孤立数字化于单独的授课环节。同时,针对留学生的背景,基于大数据、数据分析等技术,动态监控整个教学过程,形成闭环的教学质量控制线,使得教学质量能够得到积极反馈,以便于针对留学生的学习薄弱环节进行改进和提高。采用人工智能技术,为留学生定制课后作业,循证化教学过程,精准教学内容。围绕数字化教学的课前预习、课堂教学、课后复习,建立三位一体的课程质量管理全链条。全面集成、融合、分析课程教学数据,及时准确掌握学生课程学习状况,支持科学的学科优化决策。基于数字化技术克服教与学中信息不对称问题,优化教学课程质量管理流程。

(二)利用数字化技术,激发学生自主学习

加强留学生学习素质的培养,利用数字化技术激发学生的学习热情,让学生了解基于数字化技术的学习方式,做到数字技术赋能学习热情,通过线上线下相结合的方式,逐步引导,让学生形成新技术环境下的学习习惯。同时,根据学科特点,加强数字化技术在学生自主探究、自主学习中的杠杆作用。

(三)基于数字化技术,构建学习社群

基于数字化技术,构造外部相联、内部互通的学习社群,从决策、计划、组织、执行、控制、反馈等方面进行管理。孤岛式的自学意识形态在一定程度上已经无法适应现代教学发展的需求。因此,基于数字化技术,横向集成,增强学生之间相互协作,资源共享显得尤为重要。在强调社群网络高效协作的学习模式的同时,加强对思政工作的管理。基于学科建立学生学习的数据库,数据集中管理,提高思政建设的质量。

四、结　语

　　基于数字化技术的高质量留学生课程的构建对我国向国际输送高质量人才有着举足轻重的作用。基于数字化技术的教学环境虽然对课程质量有着积极的影响,然而,仍带来了学生之间协作减少、教师教学模式路径依赖、教学节奏不易把握、师生互动不够、外界因素干扰较多等待提高点。通过全过程化数字教学环节,基于数字化技术,构建学习社群,利用数字化技术,激发学生自主学习,将对这些待提高点起到一定的积极作用。

参考文献

[1] 张刚要,刘陈,赵允玉.多重逻辑下的课程形态变迁:一个分析框架[J].教育理论与实践, 2019,39(07):51-55.

[2] 郭志宏.基于多媒体教育技术的英语视听说教学[J].教学与管理,2016(24):110-112.

[3] 关秋红.浅谈教学手段和教学方法在对外汉语教学中的运用[J].长春理工大学学报(高教版),2009,4(04):161-162.

[4] 杜广才,黄光大.大学英语多媒体教学的正负面效应及对策[J].东莞理工学院学报,2008,15(06):80-83.

[5] 叶伟剑.大学生网络课程学习行为及影响因素的实证研究[J].教育学术月刊,2014(06):101-105.

[6] 杨翠萍,刘鸣放.在大学英语教学中以任务教学为手段实施协作学习策略[J].外语界,2005(03):49-54,67.

"互联网＋教学"的使用现状及效果初探：
以"宏观经济学"课程为例[①]

郑晓冬[②]　　林姝含[③]

（浙江工商大学经济学院）

摘　要：在数字经济时代，互联网对高等教育发挥着日益重要的作用。本文以本科生"宏观经济学"课程为例，考察"互联网＋教学"的使用现状及其效果。结果表明，慕课和SPOC等互联网学习平台在本科生中较为普及且满意度较高。"互联网＋教学"平台对学生成绩的影响并不明显，但是教师结合互联网平台授课能够比较显著地提升学生对课程的满意度。基于此，本文进行了相关讨论并提出了完善"互联网＋教学"的建议。

关键词：数字经济；互联网＋教学；宏观经济学

一、引　言

近年来，随着互联网、大数据和云计算等信息技术逐渐成熟，中国的数字经济快速发展（张勋等，2019）。数字经济对高质量经济发展、对外贸易模式、产业转型、就业和消费结构等方面产生了深远影响（戚聿东等，2020；许宪春和张美慧，2020；王军等，2021）。与此同时，在数字经济时代，互联网在高等教育和教学过程中发挥着日益重要的作用，"互联网＋教学"模式的运用日趋广泛。简单来说，"互联网＋教学"是指，将互联网平台和教学进行深度融合，利用互联网的优势特点，旨在将教学资源、教学过程和学习讨论在线呈现，从而扩展学生的学习视野、提升其学习效率、改善教学效果。受到新冠疫情的持续影响，慕课（MOOC）以及在其基础上建立的小规模限制性在线课程（SPOC）等各种基于互联网的高等教育教学创新模式纷纷涌现。在此背景下，两个自然的问题便是：本科生的"互联网＋教学"使用和评价情况如何？"互联网＋教学"是否提升了本科

①　本文为2020年度省级及以上教学平台自主设立校级教学项目"本科生课程中'互联网＋教学'的应用与评价——以宏观经济学教学为例"（编号：1050XJ0518002-05）、2021年度校级本科教学改革项目"数字经济背景下宏观经济学课程的教学改革与实践"（编号：1050XJ2921034）的研究成果。

②　郑晓冬，浙江工商大学经济学院数字经济系副主任，副教授，博士，研究方向为发展经济学和劳动经济学。

③　林姝含，浙江工商大学经济学院经创2001班在校生，研究方向为产业经济学。

生的学业表现以及课程满意度？回答这些问题有助于完善线上线下结合的教学模式，以及促进相关课程教学效果。

有鉴于此，本文以"宏观经济学"课程为例，通过对往届已完成本课程学习的本科生进行问卷调查，初步考察"互联网＋教学"的使用现状、评价及效果。"宏观经济学"课程的主要教学目的是：通过全面介绍和分析宏观经济学的基本概念、原理和模型，使同学们了解整个国民经济的运行规律，以及政府发挥的作用，并能够进一步用宏观经济学方法去分析和理解现实经济中的实际问题。考虑到浙江工商大学的宏观经济学原理是中国大学慕课的重要课程之一，同时也是首批国家级一流本科线上课程，在"宏观经济学"课程教学中的应用相对频繁，因此本文主要关注"互联网＋教学"中的慕课及其对应的SPOC的使用效果。

二、"互联网＋教学"的使用现状

(一)数据说明

受到疫情的限制，本次调查采用线上形式。课题组在2022年2月使用"问卷星"输入问卷，包括学生的基本情况、学习成绩、慕课(或SPOC)及其他"互联网＋教学"平台使用情况、课程满意度等方面的内容。2022年3月，课题组将设计完成的问卷逐一发放至已完成"宏观经济学"课程学习和期末测试的往届本科生所在班级群，并邀请学生完成问卷调查以更好地了解学生的课程学习体验、"互联网＋教学"的使用情况及其效果。需要说明的是，由于教授课程的教师负责的教学班级为非经济类本科生，因此本次为跨学院问卷调查，调查结果的客观性相对较强。经过近一周的调查，最终回收有效问卷87份。

(二)受访学生基本情况

表1报告了受访学生的基本情况。在本次调查的87名学生中，有男生28人(约占32％)，女生59人(约占68％)。在年级分布方面，受访学生来自目前大一至大四的各个年级，以大二为主(约占62％)，在学习"宏观经济学"课程时年级以大一为主(约占74％)。在专业分布方面，受访学生覆盖了金融类、旅游类和审计类三个专业，其中以金融类专业学生为主(约占87％)，其次为旅游类专业学生(约占12％)，最后为审计类专业学生(约占1％)。

表1　受访学生基本情况　　　　　　　　　　　　　　　　单位:人

性别	人数	百分比	专业	人数	百分比	年级	现在	百分比	学宏观时	百分比
						大一	2	2.30%	64	73.56%
			金融类	76	87.36%	大二	54	62.07%	20	22.99%
男	28	32.18%	旅游类	10	11.49%	大三	20	22.99%	3	3.45%
女	59	67.82%	审计类	1	1.15%	大四	11	12.64%	0	0.00%

(三)"互联网＋教学"的使用现状与评价

图 1 展示了受访学生在"宏观经济学"课程学习过程中,是否习惯使用互联网学习的情况。可以发现,约占 86%的同学习惯于使用互联网进行课程内容学习。从具体的"互联网＋教学"工具的使用情况来看(如表 2 所示),同学们使用的线上学习平台主要包括慕课或 SPOC(约占 79%)、SPOC(约占 66%)、哔哩哔哩(约占 76%)和学习通(约占 55%)。此外,有部分同学曾使用智慧树(约占 29%)、网易公开课(约占 16%)和其他(约占 2%)网络平台进行课程相关内容学习。

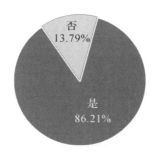

图 1 受访学生是否习惯使用互联网进行课程学习

表 2 受访学生在课程学习过程中曾使用的互联网平台 单位:人

	慕课	SPOC	哔哩哔哩	学习通	智慧树	网易公开课	其他
人数	69	57	66	48	25	14	2
百分比	79.31%	65.52%	75.86%	55.17%	28.74%	16.09%	2.30%

针对同学们使用较多的中国大学慕课和 SPOC 网络学习平台,调查进一步询问了受访学生的使用频率,如表 3 所示。结果显示,大部分同学表示教师经常结合慕课或 SPOC 进行教学(约占 64%),例如结合慕课资料和习题进行课上教学和课下练习。但是,学生主动使用慕课或 SPOC 进行课程内容学习的频率仍然有待提高。调查显示,每周和每两周使用慕课或 SPOC 平台学习的学生占比分别约占 25%和 24%,两者相加不到总样本的一半,而很少使用和期末集中使用慕课或 SPOC 的同学分别约占总数的31%和 20%。可见,虽然使用过慕课或 SPOC 的同学比例较高,但是高频率持续使用的同学的比例仍有较大的提升空间。

表 3 受访学生使用慕课或 SPOC 的频率 单位:人

教师结合慕课或 SPOC 的频率	人数	百分比	慕课或 SPOC 使用频率	人数	百分比
			每周都使用	22	25.29%
经常	56	64.37%	每两周使用	21	24.14%
偶尔	26	29.89%	期末集中使用	17	19.54%
从不	5	5.75%	很少使用	27	31.03%

表 4 给出了受访学生对慕课或 SPOC 平台学习课程内容的使用评价,包括总体使用体验,以及"课件""测验与作业""考试""讨论区"等模块的评价。评价标准由 5 级组

成,从 1 分(非常不满意)到 5 分(非常满意)。从总体评价来看,超过 80% 的受访学生对使用慕课或 SPOC 平台学习"宏观经济学"课程表示非常满意(约占 54%)或者比较满意(约占 30%),满意度平均分为 4.37 分。这表示同学们总体上对慕课或 SPOC 学习平台的满意度较高。从不同模块的学生评价来看,"课件"和"测验与作业"的平均分均为 4.41 分,是所有模块评价中的最高分。相较而言,"讨论区"(4.23 分)和"考试"(4.39 分)模块的满意度相对低一些。这说明,"课件"和"测验与作业"模块的学习资源更受学生欢迎,而学生参加线上讨论和考试的积极性相对较低。

表 4　慕课或 SPOC 平台学习的使用评价

	总体评价	课件	测验与作业	考试	讨论区
1(非常不满意)	0	0	0	0	0
2(不太满意)	1.15%	1.15%	0	0	0
3(一般)	14.94%	14.94%	16.09%	14.94%	16.09%
4(比较满意)	29.89%	29.89%	26.44%	28.74%	28.74%
5(非常满意)	54.02%	54.02%	57.47%	56.32%	55.17%
平均分	4.37	4.41	4.41	4.39	4.23

三、"互联网+教学"的效果初探

(一)学生成绩与课程评价

图 2 展示了已经完成"宏观经济学"课程的受访学生的课程成绩分布。总体来看,大部分同学的成绩在 80 分以上。其中,80～90 分的学生占比为 39%,90 分以上的学生占比约为 22%,受访学生的平均成绩为 81.6 分,总体课程学习表现较好。进一步从学生对"宏观经济学"课程的教学效果评价来看(如图 3 所示),分别有约 54% 和 30% 的同学对课程教学表示非常满意或比较满意,认为课程教学效果一般和不太满意的同学分别约占总样本的 15% 和 1%。因此,目前来看,"宏观经济学"课程教学效果总体良好,不过仍有一定的上升空间。

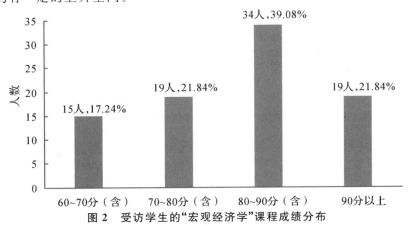

图 2　受访学生的"宏观经济学"课程成绩分布

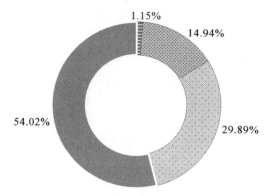

■1（非常不满意）＝2（不太满意）※3（一般）※4（比较满意）■5（非常满意）

图3 受访学生对"宏观经济学"课程教学效果的评价

(二)"互联网＋教学"与学生成绩的关系

表5展示了慕课或SPOC使用与学生课程成绩之间关系的交互分析。结果显示，从受访学生的慕课或SPOC使用频率与学生课程成绩的关系来看，较少使用慕课或SPOC的同学中成绩相对较低的比例较高。但是，统计分析结果显示该列联表的皮尔逊卡方（Pearson's χ^2）检验 p 值为0.675，即两者并没有统计显著的相关关系。从教师结合慕课或SPOC授课的频率与学生课程成绩的关系来看，教师经常结合慕课或SPOC平台资源进行授课后，课程成绩较好的同学的比例相对较高。但是，该交互分析结果的皮尔逊卡方检验 p 值为0.317，统计并不显著。以上结果表明，尽管慕课或SPOC的使用对于学生的"宏观经济学"课程成绩有一定促进作用，但两者的关系并不十分明显，需要更好地结合线上线下教学，促使学生充分使用互联网平台学习资源，提高学生学习效率。

表5 慕课或SPOC使用与学生课程成绩 单位:人

慕课或SPOC使用频率	60～70分（含）	70～80分（含）	80～90分（含）	90分以上	合计
很少使用	4(14.81%)	4(14.81%)	12(44.44%)	7(25.93%)	27(100%)
期末集中使用	5(29.41%)	5(29.41%)	4(23.53%)	3(17.65%)	17(100%)
每两周使用	3(14.29%)	3(14.29%)	10(47.62%)	5(23.81%)	21(100%)
每周都使用	3(13.64%)	7(31.82%)	8(36.36%)	4(18.18%)	22(100%)
教师结合慕课或SPOC的频率	60～70分（含）	70～80分（含）	80～90分（含）	90分以上	合计
从不	0(0%)	3(60%)	1(20%)	1(20%)	5(100%)
偶尔	7(26.92%)	5(19.23%)	9(34.62%)	5(19.23%)	26(100%)
经常	8(14.29%)	11(19.64%)	24(42.86%)	13(23.21%)	56(100%)
合计	15(17.24%)	19(21.84%)	34(39.08%)	19(21.84%)	87(100%)

注:括号中为相应人数占该行总人数的百分比,下同。

(三)"互联网＋教学"与课程满意度的关系

表 6 展示了慕课或 SPOC 使用与学生课程满意度之间的交互分析结果。可以发现,从学生的慕课或 SPOC 使用频率与课程满意度的关系来看,经常(每周或每两周)使用慕课或 SPOC 作为课程学习工具的同学对课程的满意度相对较高,但是皮尔逊卡方检验结果仍然并不显著($p=0.312$)。从教师结合慕课或 SPOC 授课的频率与课程满意度的关系来看,教师经常结合慕课或 SPOC 平台授课时,学生对课程的满意度水平相对较高。该交互分析结果的皮尔逊卡方检验的 p 值为 0.091,即至少在 10％的水平上统计显著。这意味着教师在授课过程中结合使用"互联网＋教学"有助于提高学生的学习体验感和满意度。

表 6　慕课或 SPOC 使用与课程满意度　　　　　单位:人

慕课或 SPOC 使用频率	2(不太满意)	3(一般)	4(比较满意)	5(非常满意)	合计
很少使用	1(3.7％)	5(18.52％)	9(33.33％)	12(44.44％)	27(100％)
期末集中使用	0(0％)	5(29.41％)	6(35.29％)	6(35.29％)	17(100％)
每两周使用	0(0％)	2(9.52％)	5(23.81％)	14(66.67％)	21(100％)
每周都使用	0(0％)	1(4.55％)	6(27.27％)	15(68.18％)	22(100％)
教师结合慕课或 SPOC 的频率	2(不太满意)	3(一般)	4(比较满意)	5(非常满意)	合计
从不	0(0％)	1(20％)	2(40％)	2(40％)	5(100％)
偶尔	0(0％)	8(30.77％)	9(34.62％)	9(34.62％)	26(100％)
经常	1(1.79％)	4(7.14％)	15(26.79％)	36(64.29％)	56(100％)
合计	1(1.15％)	13(14.94％)	26(29.89％)	47(54.02％)	87(100％)

四、结论与建议

本文以"宏观经济学"课程为例,通过对已完成课程学习的往届本科生进行问卷调查,考察"互联网＋教学"(特别是慕课和 SPOC)的使用现状及其相关效果。调查结果表明,慕课和 SPOC 等互联网学习平台已在本科生中较为普及,但是学生利用其进行课程内容学习和巩固的频率仍然有一定的提升空间。在慕课和 SPOC 的模块设置上,同学们对课件和作业部分的满意度较高,不过也有同学表示相关线上测试和作业缺少详细的解答,不利于学习巩固。关于慕课或 SPOC 使用效果的分析结果显示,"互联网＋教学"平台有助于在一定程度上提高学生成绩,但两者的关系并不明显。不过,慕课或 SPOC 平台的使用,特别是教师利用以上平台进行线上线下结合授课,能够比较明显地提升学生对课程的满意度。

"互联网＋教学"有助于教学目标、知识来源和教学时空的多元化,理论上有助于提升教学资源的配置效率和教学效果。不过,从本文的调查结果来看,"互联网＋教学"的效果仍未达到理想预期。一个重要的可能原因是:相比线下教学,"互联网＋教学"更加强调自主学习的主观能动性。行为经济学理论显示,不同群体的自我控制能力是不同的,从而使得部分人的最终行为并不符合其初衷。因此,由于缺少线下课堂的监督,利用互联网学习的学生的学习积极性和勤奋程度就将产生两极分化,相应地,最终的学生成绩也有可能产生马太效应。克服以上挑战是进一步完善"互联网＋教学"的重点。因此,在"互联网＋教学"过程中,教师应积极转变思想、提升教学能力,同时辅助学生提升自我管理能力、信息处理能力和互动交流能力,从而促使学生更好地吸收和运用"互联网＋教学"过程中所学的知识。

参考文献

[1] 戚聿东,刘翠花,丁述磊.数字经济发展、就业结构优化与就业质量提升[J].经济学动态,2020(11):17-35.

[2] 许宪春,张美慧.中国数字经济规模测算研究——基于国际比较的视角[J].中国工业经济,2020(05):23-41.

[3] 王军,朱杰,罗茜.中国数字经济发展水平及演变测度[J].数量经济技术经济研究,2021,38(07):26-42.

[4] 张勋,万广华,张佳佳等.数字经济、普惠金融与包容性增长[J].经济研究,2019,54(08):71-86.

乡村振兴背景下高校农业经济课程思政教育的缘起与实践逻辑[①]

王伟新[②]   葛 涛[③]

（浙江工商大学经济学院）

摘　要:乡村振兴战略是现阶段我国高校人才培养的关键载体与依托平台。功以才成,业由才广。高校应积极探索课程思政背景下思想政治教育与服务乡村振兴战略的结合点,培养更多"一懂两爱"的乡村振兴服务高层次人才。本文介绍了乡村振兴背景下农业经济课程思政的源起,梳理了传统课程教学的困境,继而在经验分析的基础上给出了农业经济课程思政的实践逻辑,最后结合乡村振兴要求提出了农业经济课程思政的目标体系。

关键词:乡村振兴;农业经济;课程思政

一、引　言

党的十九届五中全会从新时代党和国家事业全局出发,提出"坚持马克思主义在意识形态领域的指导地位,坚定文化自信,坚持以社会主义核心价值观引领文化建设,加强社会主义精神文明建设,围绕举旗帜、聚民心、育新人、兴文化、展形象的使命任务,促进满足人民文化需求和增强人民精神力量相统一,推进社会主义文化强国建设"。这是中国特色社会主义制度在意识形态和文化领域的具体体现。坚持马克思主义始终是巩固高校意识形态阵地的首要任务与稳定基石。2020 年 6 月,教育部印发《高等学校课程思政建设指导纲要》,明确指出"全面推进课程思政建设,就是要寓价值观引导于知识传授和能力培养之中,帮助学生塑造正确的世界观、人生观、价值观"。所谓课程思政指以构建全员、全程、全课程育人格局的形式将各类课程与思想政治理论课同向同行,形成协同效应,把"立德树人"作为教育的根本任务的一种综合教育理念。如何将课程思政真正融入专业教育与课程中,如何将课程思政通过合适的平台与载体发挥出其"春风

① 浙江工商大学校级课程思政教学项目"全面推进乡村振兴视域下农业经济学课程思政的创新与实践研究"(1050XJ6222065);浙江工商大学省级及以上教学平台自主设立校级教学项目"乡村振兴视域下知农支农学子的思政教育研究——以'农业经济学'课程为例"(1050XJ0518002-11)。

② 王伟新,浙江工商大学经济学院讲师,博士,硕导,研究方向为农业经济、数字经济。

③ 葛涛,浙江工商大学经济学院本科生,研究方向为农业经济。

化雨""润物无声"的作用,仍然是当前高校教育工作者研究的重点方向与课题。

乡村兴则国家兴,乡村衰则国家衰。我国人民日益增长的美好生活需要和不平衡不充分的发展之间的矛盾在乡村最为突出。党的十九大提出实施乡村振兴战略,是以习近平同志为核心的党中央着眼于党和国家事业全局,深刻把握现代化建设规律和城乡关系变化特征,顺应亿万农民对美好生活的向往,对"三农"工作做出的重大决策部署。可以说,乡村振兴战略是现阶段我国高校人才培养的关键载体与依托平台。功以才成,业由才广。高校应积极探索课程思政背景下思想政治教育与服务乡村振兴战略的结合点,即在课程思政维度下如何通过精准帮扶、校地合作、科技支农、社会实践等方式,培养更多"一懂两爱"的服务乡村振兴的高层次人才,探索总结创新服务模式,持续助力乡村经济、社会以及生态等各方面全面发展。

二、乡村振兴背景下农业经济课程思政的源起

全面推进乡村振兴战略实施,需要懂技术的职业农民,也需要善经营的"田秀才"。培养更多"一懂两爱"、知农爱农的大学生,推动高层次人才下乡,引导他们发挥其专业才能,为农村现代化建设输送攻坚力量、为乡村振兴提供动力引擎成为当下高校人才培养的重要方向和时代潮流。农业经济学一直是我国农林院校的传统核心课程及财经院校的重要选修课程。农业经济课程的学习目的是使学生详细了解农业经济相关基本理论,并且能够根据所学知识分析我国农业经济与农村经济发展状况,形成较强的实践能力。学习农业经济是让学生认识目前农村发展困难以及农民增收等多方面的问题,对学生了解我国"三农"现状、理解"四个全面"战略有十分重要的意义。

2022年是"绿水青山就是金山银山"理念提出17周年,是浙江省"八八战略"提出19周年,更是共同富裕示范区建设提出后的第一年。作为"绿水青山就是金山银山"理念发源地的浙江已率先进入城乡融合发展阶段,美丽乡村建设领跑全国,"千村示范、万村整治"工程荣获联合国"地球卫士奖",为全球生态文明建设贡献了中国方案。这离不开浙江高校青年在服务乡村振兴方面发挥的积极作用。迈入新时代,浙江高校正积极探索课程思政背景下思想政治教育与服务乡村振兴战略的结合点,即在课程思政维度下如何通过精准帮扶、校地合作、科技支农、社会实践等方式,培养更多"一懂两爱"的服务乡村振兴的高层次人才,探索总结创新服务模式,持续助力浙江继续争当新时代乡村振兴的排头兵。

当前,在全党工作重心由脱贫攻坚转向全面推进乡村振兴之际,浙江财经类高校作为培养农业经济人才的重要基地,应以新文科、新农科建设为契机,以立德树人为根本,以强农兴农为己任,全面推进课程思政建设,厚植"大国三农"情怀,培养更多知农爱农、强农兴农的创新型人才,为推进农业农村现代化、推进乡村全面振兴做出新贡献。

三、农业经济传统课程教学的困境

(一)庞杂的教学内容体系设置与应用型本科教学发展的矛盾冲突

农业经济学是运用经济学特别是微观经济学原理解释和分析农业部门重大经济问题的一门学科。在科学研究中,它既需要应用经济学的一般原理,又区别于一般的经济

学,它不仅研究农业和农村相关部门的生产,更研究农业生产者本身(Dooley & Roberts,2020)。而国内包括我省农业经济课程是在吸收苏联农业经济理论的基础上,逐步将其中国化而形成的具有政策解释功能的学科(钱文荣,茅锐,2021)。虽然改革开放后,农业经济也引入了西方经济学、发展经济学等学科的理论和方法,但仍没突破原有框架局限(李谷成,罗必良,2019)。崔宁波等(2013)的研究指出,在学科内容体系上,农业经济存在多学科简单交叉重复、学科重点不突出、教学内容多理论说教等一系列问题。这使得学生难以把握学科研究重点,无法掌握农业经济学研究特有规律。而且这种简单重复堆砌,对农业经济学仅仅是概念上的解释、理论上的套用,缺乏对学生能力的培养,很容易让学生丧失学习兴趣。这与应用型本科教学"培养面向生产、建设、管理、服务一线的行业高级专门人才"的培养目标有一定差距。

(二)教师和学生在教学中的矛盾冲突

在新的教学理念中,教学是教与学的交往、互动,师生双方相互交流、相互沟通、相互启发、相互补充,彼此将形成一个真正的"学习共同体"(李昱静,王宏波,2020)。而在目前的农业经济教学实践中,教与学却存在着矛盾和冲突。从教师角度来讲,多数老师认为农业经济是理论型课程,教学中仍以理论讲授为主,教师多采取"满堂灌"式教学方法,学生很少参与到教学互动当中,只能被动接受教师的教学内容,致使学生学习主动性受到挫伤,教学效果自然也不理想(吴珍彩,2020)。从学生角度来讲,学生学科认同度不高,学科思想不稳定,再加上大多学生受就业观和就业压力的影响,对农业经济课程学习兴趣不浓,存在应付考试的思想,学习积极性和主动性不强(田旭,展进涛,2017;覃梦妮,陆维研,2019)。可见,在农业经济教学中,参与教与学的两大主体在更多时候处于分割状态,教师的填鸭式教学和学生的被动式学习很难形成"教学互动、相互启发"的良性发展的教学局面。

(三)单一教学形式难以提升学生学习积极性

开设农业经济课程的高校数量相对较少,师资力量相对薄弱。任课教师非常重视该课程的教学改革,注重教学方法的不断创新。比如为提高学生学习积极性,培养学生专业素养,增加了案例教学、"三农沙龙"等教学形式,但从整体上看,教学形式仍然单一。首先,课堂教学仍以教师讲授为主,虽然也借助了多媒体等现代教学工具,增加了案例教学环节,但多媒体仅仅减少了教师板书时间,许多现代农业经济复杂的发展动态演变过程和研究方法的推导演绎并没有显示出来,无法帮助学生深刻理解农业经济基本规律(张云兰,2017)。案例教学仍以教师分析为主,学生参与课堂的频次并不高,而且案例设计多与实际脱节,不能激发学生好奇心,学生主动思考的积极性没有调动起来。其次,刘宏波和崔鹏(2021)在基于"新农科"理念的农学专业综合实习课程改革的探索研究中发现,教学环节缺乏对学生的有效监督,学生存在应付现象,使教学效果大打折扣。

(四)传统考核形式不利于学生创新思维培养

目前农业经济学等经济学专业课的考试形式大致分为两种:如果是必修课,一般采用期末出试卷闭卷考试形式;如果是选修课,则采用课程论文形式。农业经济学是部门经济学，不仅是农业经济理论的介绍，也是根据经济理论，研究和解决农业经济领域各种问题的一门学科，具有较强的实践性（Wilson & Nelson，2009；王雅鹏等，2014）。而纯粹试卷考试，往往侧重农业经济基本概念和理论的考核，无法开拓学生的创新思维，不能对知识进行活学活用。而选修课的课程论文，学生抄袭现象严重，也达不到督促学生掌握农业经济基本理论的目的。

由此，当前农业经济学在教学内容上表现为政策化而非理论化，在教学方法上表现为规范化而非实证化（贾小虎等，2021）。尽管如此，已有研究与问题不仅为本文探讨财经类院校如何结合自己的特色与优势培养农业经济人才提供了理论与实践基础，而且也表明在全面推进乡村振兴背景下探讨农业经济学课程思政元素的挖掘及其融合还存在较大的研究空间。

四、乡村振兴背景下农业经济课程思政的实践逻辑

课程教学在实施层面无外乎两个维度——理论教学与实践教学。农业经济课程作为一门与实践联系极为紧密的经济学专门学科，理论教学与实践教学并重显得尤为重要。此外，乡村振兴战略实施对高校人才培养方向和模式的引导也强调突出实践教学的重要性。因此，在乡村振兴背景下，农业经济课程思政的实践逻辑同样依循理论与实践两个维度展开。

理论教学层面：首先理论分析在农业经济课程教学中挖掘与融合思政教育的基本逻辑，制订全面推进乡村振兴视域下农业经济课程思政实践的专门教学计划，厘清逻辑结构，设计思政案例、教学环节以及互动方式等；其次，编写具体的教学文案，创新调整现行农业经济课程教学大纲，将课程思政的具体内容纳入其中；再次，以实效性为前提，动态调整农业经济学授课提纲，从教材核心知识点中筛选若干个热点问题如"疫情下的食品供求""俄乌危机下的粮食安全"等作为课程思政选题，于课程初期向学生进行系统介绍，给定时间范围由学生自由组队认领选题；最后，教研室或课程教师团队举行相关教研会议，反复论证上述思政内容和实施方案，增强项目实施的科学性、针对性和有效性。

实践教学层面：首先，加大实践教学比例，挖掘乡村振兴战略实施中出现的鲜活案例，把农业经济研究领域和社会发展的最新成果，以及多学科间的知识交叉与渗透反映到实践课程内容中来；其次，通过开拓产学研融合、校企合作渠道及校外实习基地，组织学生在授课期间到相关样板村、农民合作社、涉农企业以及研究机构等开展实地参访活动，将课程实践教学与大学生"三下乡""三支一扶"等社会实践活动相结合，进一步提升课程思政的学习效果；最后，优化调整农业经济课程的教学质量分析评价指标，由过去分析评价期末考试成绩的单一指标改革为由课程思政理论论文成绩与课程思政实践成果构成的综合评价指标体系。其中，课程思政理论论文可考虑实行"回乡记"形式，引导学生从家乡发展变化中的人和事观察乡村振兴战略实施的现实意义；课程思政实践成果可采用实地调研报告形式，设计和安排若干主题，以分组形式组织学生赴典型地区开展实地调研，让学生在实践中认识和理解真实世界，将课程思政成果落到实处。

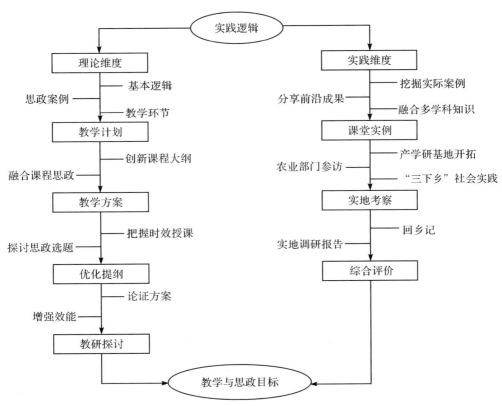

图1 乡村振兴背景下农业经济课程思政的实践逻辑

总而言之,课程思政是一个春风化雨、润物无声的过程,授课教师需要在专业知识传授过程中潜移默化地建构学生成熟积极的价值观、世界观。实施层面需要将思政教育内化于课堂和实践教学的具体细节中,充分利用好乡村振兴战略这个时代背景和广阔舞台。

五、乡村振兴背景下农业经济课程思政的目标体系

架构课程思政体系的核心目标是要形成授课学生的文化自觉与文化自信,将社会主义核心价值观、乡村振兴战略等思想与战略内化于心、外化于行。具体到农业经济课程思政,则必须聚焦以下三个子目标:

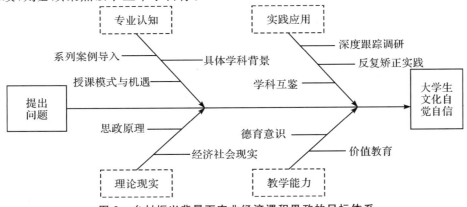

图2 乡村振兴背景下农业经济课程思政的目标体系

（1）在农业经济学课程教学中引入思政教育，以政治需求为旗帜，以社会需求为导向，改变过去传统的单一学科设置，优化创新学科专业设置，实现教学与实践相衔接，做到"学以致用"，旨在提高学生政治素养与思想素质，丰富农业经济学课堂，增强学生专业知识认知，并能让学生在实践中发现问题、分析问题、解决问题，提高应用能力，增强立足三农、服务三农的意识和干劲，进而实现课堂学习、社会实践、国家发展的三赢。

（2）在农业经济学课程教学中引入思政教学，可为其他经济学课程，特别是为应用经济学课程教学改革积累经验。经济学尤其是应用经济学课程教学过程中，理论联系实际显得极为重要。过去以课堂教学为主的传统教学方法在很大程度上限制了经济学的普及与应用。部分学生在系统学习经济学各门课程甚至取得高分后，依然只识概念，不懂应用，只通晓原理，却不善变通，即所谓"眼高手低""不接地气"。农业经济学课程率先引入思政教学予以改革，力求为其他经济学课程提供可供参考的试点经验。

（3）开展农业经济学课程思政，力求进一步提升授课教师的德育意识和价值教育能力。教师是引导学生树立正确价值观取向的关键。只有教师对核心价值有深刻的理解，明确课堂教育中的德育责任，才能在教学过程中自然而高效地将社会主义核心价值观传递给学生。农业经济学课程思政，应该做到不断强化专业教师的教书育人的使命感和责任感，把德育意识培养纳入教师的每一堂课。同时，更加丰富和充满活力的农业经济学课堂，预期可增强教师的人格影响力，从而促使教师承担好学生健康成长指导者和引路人的责任，引领学生"亲其师，信其道"，实现教育与教学的有机统一。

参考文献

［1］Dooley Kim E.，Grady Roberts T.．Agricultural education and extension curriculum innovation：the nexus of climate change，food security，and community resilience［J］．The Journal of Agricultural Education and Extension，2020，26(1)．

［2］钱文荣，茅锐.农业经济学研究中的微观数据使用及发展趋势——第三届微观经济数据与经济学理论创新论坛综述［J］.经济研究，2021，56(02)：206-208.

［3］李谷成，罗必良.直面现实推进中国农业经济学研究——第三届中国农业经济理论前沿论坛综述［J］.经济研究，2019，54(06)：204-208.

［4］崔宁波，郭翔宇.关于农业经济学精品资源共享课程建设的思考［J］.学理论，2013(11)：216-217.

［5］李昱静，王宏波.力行新的教学理念，讲好"关键课程"［J］.思想理论教育导刊，2020(09)：95-100.

［6］吴珍彩.应用型本科《农业经济学》课程教学改革探析［J］.现代商贸工业，2020，41(06)：182-183.

［7］田旭，展进涛.欧洲农业经济学科培养模式的创新趋势及启示——基于中德模式的比较［J］.教育教学论坛，2017(07)：94-96.

［8］覃梦妮，陆维研.基于联结学习理论的《农业经济学》课堂教学模式的创新研究［J］.科技视界，2019(05)：196-198.

［9］张云兰.教育信息化在农业经济学课程教学改革中的应用研究［J］.传播与版权，2017(01)：157-158.

[10] 刘宏波,崔鹏.基于"新农科"理念的农学专业综合实习课程改革探索——以浙江农林大学为例[J].高教学刊,2021(08):121-124.

[11] Norbert L. W. Wilson,Robert G. Nelson. A Laboratory Science Approach to Teaching in the Agricultural Economics Curriculum[J]. Review of Agricultural Economics,2009,31(2).

[12] 王雅鹏,吕明,尹宁.现代农业经济学学科演变与前沿问题——基于教材建设视角[J].农林经济管理学报,2014,13(04):447-453.

[13] 贾小虎,张颖,邓蒙芝.乡村振兴战略下新型农业经营主体培育——农业经济学教学思考[J].天津农业科学,2021,27(01):57-59.

基于"5R"协同融合的"景观设计学"混合教学重构与实践①

徐　清②

（浙江工商大学旅游与城乡规划学院）

摘　要:结合新工科背景的人才需求和教学过程中的学情与痛点问题,本文基于PBL教学范式,提出"师生角色重组(Reshaping)—教学内容重组(Reorganizing)—教学模式重建(Rebuilding)—教学组织重构(Reconstructing)—教学评价重整(Reforming)"的"5R"协同融合混合教学重构思路。通过参与式教学组织重构与教学创新实践,有效创建"云课堂＋线下课堂＋实践实训＋景观学坊"四维空间学习共同体教学生态模式,在学生创新实践能力提升、教改学术研究、产教融合促进等方面取得显著成果,加速推动专业建设及教改创新的辐射推广。

关键词:5R;教学重构;景观设计学

一、引　言

在新工科发展背景下,学生对工程设计的实践实训偏少,存在对工程中的有关现象缺乏批判性思考等问题。通过教学组织重构与教学创新可以创建四维空间学习共同体教学生态模式,推动高质量教学创新与实践体系的形成。

至今,在我国大多数的高校课堂教育中,仍未摆脱传统的讲授型教学模式。在信息化的发展背景下,迫切需要重构教学模式,创新教学方式,传统的教学模式已无法满足新时代下高素质创新型专门人才的培养。目前城乡规划学科的学生在专业理论知识方面较熟悉,但存在工程设计实践训练缺乏、专业情怀缺失、批判性思考缺位等问题。解决上述教学问题中的学情与痛点问题,是推动教学组织重构与教学创新实践的当务之急。

①　教改项目:2021年研究生核心课程思政教学示范(3100JYN4118002G -546);2019年校级线上线下混合式教学改革项目(1040XJ2919104)。

②　徐清,浙江工商大学旅游与城乡规划学院副教授,硕士,研究方向为乡村旅游与新农村建设。

二、学情与痛点问题分析

(一)学情分析

本课程主要授课对象为城乡规划专业二年级本科学生。每学期第一周上课前,均会对各班级学生的学习需求及存在的问题展开调研,以准确掌握学情与教学痛点,拟定针对性教学对策。以城乡规划2017级和2018级学生为例,共发放问卷137份,回收有效问卷132份。调查发现,学生基本专业理论知识较熟悉,自尊心和自信心较强,自学能力较好,对规划设计领域的新技术感兴趣,这些有利学情为学生后期综合能力的训练提升奠定了良好的基础。

(二)基于新工科背景的痛点问题

当前我国正处于向工程教育强国迈进的重要时期,新工科背景下的人才培养,需要具有家国情怀、创新创业能力,批判性思维、自主终身学习,学科交叉融合、数字化能力,沟通与协商、工程领导力,等等。调研发现,38%的学生存在专业情怀缺失、角色模糊,65%的学生普遍认为工程设计实践训练缺乏,48%的学生对生活和工程中的有关现象缺乏细心观察和批判性思考,45%的学生沟通和创新设计能力较弱,36%的学生存在被动学习、惰性参与、评价监督难等教学痛点问题。

(三)解决路径

面对新工科的建设语境,应根据工程人才所必备的专业情怀、知识、能力、素质等需求进行设计,改变以往的灌输式教学,倡导启发式教学、任务驱动式教学,这就需要在师生角色、教学内容、教学模式、教学评价等方面全面整合与重构,使学生能够通过自主学习不断提高实践能力、思辨能力和工程创新能力。

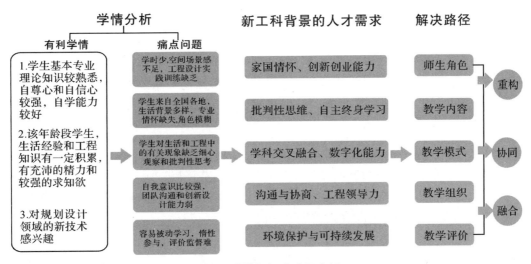

图 1 学情与解决路径分析

三、解决思路与创新策略

(一)基于"5R"协同融合的混合教学重构思路

通过以上学情问题与解决思路分析,本课程结合设计类课程综合性、实践性、创新性强等特点,以PBL(Project-Based Learning)项目式教学范式为教改基础,突出以学生为中心、项目任务为驱动、多空间情境教学等模式的动态混合教学方法,构建"师生角色重塑(Reshaping)—教学内容重组(Reorganizing)—教学模式重建(Rebuilding)—教学组织重构(Reconstructing)—教学评价重整(Reforming)"的"5R"协同融合混合教学重构思路,形成以学生为中心、问题为导向、多元评价为支撑的高质量教学创新体系。

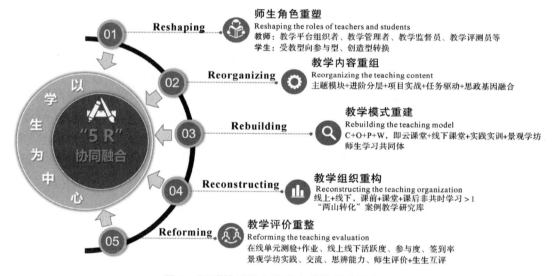

师生角色重塑
Reshaping the roles of teachers and students
教师:教学平台组织者、教学管理者、教学监督员、教学评测员等
学生:受教型向参与型、创造型转换

教学内容重组
Reorganizing the teaching content
主题模块+进阶分层+项目实战+任务驱动+思政基因融合

教学模式重建
Rebuilding the teaching model
C+O+P+W,即云课堂+线下课堂+实践实训+景观学坊
师生学习共同体

教学组织重构
Reconstructing the teaching organization
线上+线下,课前+课堂+课后非共时学习＞1
"两山转化"案例教学研究库

教学评价重整
Reforming the teaching evaluation
在线单元测验+作业、线上线下活跃度、参与度、签到率
景观学坊实践、交流、思辨能力、师生评价+生生互评

图2 "5R"协同融合的混合教学重构思路

(二)混合教学重构创新策略

1.师生角色重塑 Reshaping the roles of teachers and students

"互联网＋"逐渐深入教学模式的方方面面,新型师生关系迫切需要重塑。教师不再只负责教书育人,还要身兼多重角色,从景观知识的输出者变为学生学习的参与者。学生也不再是单纯的受教者,而是主动参与者。

2.教学内容重组 Reorganizing the teaching content

基于上述四维空间学习共同体教学生态模式,打造层层进阶任务链,以主题模块化内容体系、进阶分层式挑战实训、设计真题化以赛促教、情怀基因式思政融合为教学内容重构导向,建立线上线下混合式教学重构内容体系。

(1)内容组织:主题模块化内容体系。

以景观设计的综合能力培养和育人目标为主线,以主题模块的重难点内容为核心,以专题案例讨论为补充,以课程项目设计为挑战。

按照课程内容构建七大教学模块,每个模块提炼不同主题,通过开门见山—认知激活—知识渗透—方法路径—公共认知—专题思辨—案例借鉴—实践感知—实训提升等渐进式知识和思政切入,按内容要点讲解(线上+线下)、进阶式挑战实训、解惑式专题研讨三大步骤重点实施。

(2)实践体系:进阶分层式挑战实训。

基本理念:景观课程设计分层化实践任务及循序进阶式难度挑战,给学生提供能力提升空间。

基本方法:1个(课程设计)+2个(课外实践)的进阶分层训练模式。

实施步骤:按"任务驱动—调研实践—借鉴模拟—小组风暴—关键点创新—自主设计—情境式答辩综评"的进阶分层实训过程。

训练类型:基本训练+综合训练+竞赛实战。

综合提升:课程设计按个人能力自由组合,采用自主选题、分工合作、答辩评分的模式,课外实训采用现场景观认知、分析、评价及难度挑战等进阶模式。

(3)设计体系:设计真题化以赛促教。

为促进理论与实践的充分融合,景观课程设计以浙江省大学生乡村振兴创意大赛为设计综合能力提升基础,以全国高等院校城乡规划专业乡村规划大赛、全国大学生城市管理竞赛、全国大学生乡村振兴创意大赛等高水平设计竞赛为辅助,以大学生乡村建设、创新创业真题真做的参赛项目为手段,通过沉浸式乡村振兴与美丽中国建设的竞赛参与,促进高阶能力的提升,以创助学,以赛促教。

(4)育人体系:情怀基因式思政融合。

思政特色:七大育人基因元素和五大思政内容的全程融合与长效实施。

七大育人基因:政治认同、家国情怀、文化传承、美育教育、设计伦理、职业素养、研究创新。

五大思政教育:中国特色社会主义和中国梦教育、社会主义核心价值观教育、劳动教育、专业伦理与职业素养教育、中华优秀传统文化教育。

协同育人路径:立足学校办学定位和学科专业视角,深入挖掘课程中的"思政"元素,以"立德树人"总体目标为引领,价值塑造、知识传授、能力培养三大维度协同切入,讲好浙江经验和美丽中国故事,以期实现"思政"与"专业"的"基因式"融合,形成1+1>2的协同效应。

专业情怀培育:带领学生用脚步丈量城市,用情怀深耕乡村,课程足迹遍布浙江省36个示范型村镇和22个县市,以最饱满的热情,去了解基层社区民众的需求。

表1 主题内容模块与思政基因融合表

序号	思政基因 内容模块	政治认同	家国情怀	文化传承	美育教育	设计伦理	职业素养	研究创新
1	模块一							
2	模块二							
3	模块三							
4	模块四							

序号	思政基因 内容模块	政治认同	家国情怀	文化传承	美育教育	设计伦理	职业素养	研究创新
5	模块五							
6	模块六							
7	模块七							
8	课程设计							
9	课外实践							

备注：■ 深度融合　■ 中度融合　□ 一般融合

3.教学模式重建 Rebuilding the teaching model

课程打破传统意义上的教师教和学生学的教学壁垒,不断让位于师生互教互学,以学生为中心、教师为主导,形成一个"学习共同体"。将共时学习和非共时学习相融合,以项目问题探究式学习和过程性评价为教学主脉,重建以问题为导向、任务为驱动的"云课堂(C)＋线下课堂(O)＋实践实训(P)＋景观学坊(W)"四维空间学习共同体教学生态模式,引导学生进行自主学习与主动探究。

图3 "COPW"四维空间学习共同体教学生态模式

4.教学组织重构 Reconstructing the teaching organization

根据课程性质和教学要求,以学生为中心、师生学习共同体为支撑,依托"互联网＋"技术,优化设计混合式教学组织过程,明确线上、线下和课前、课堂、课后各环节的全过程参与式混合教学组织重构(如图4所示),最终完成线上自学知识传输、线下授课知识内化、课后巩固思辨创新的教学目标,重构乐享、共享、创享的参与式学习教学过程有效组织。

5.教学评价重整 Reforming the teaching evaluation

强调以过程性评价考核为主导,与终结性评价相结合。重点关注学生线上和线下参与学习的过程,并对整个教学过程进行监督与管理,强调学生对课程内容、问题、案例讨论等内容的重视,从而提高过程性评价和终结性评价的有效性。

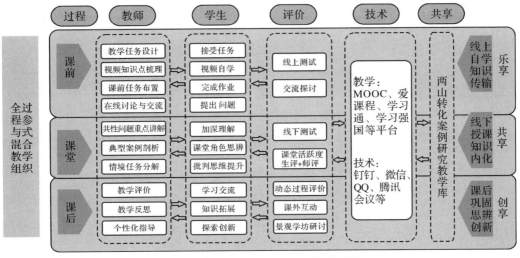

图 4　全过程参与式混合教学组织重构

评价比例:过程性评价占 60%,终结性评价占 40%。

线上过程考核评价(30%):线上单元测验(5 次)＋总测(1 次)占 20%,线上作业成绩占 15%,线上互动活跃度和签到率占 5%,以客观分＋生生互评＋生讲师评为主。

线下过程考核评价(30%):线下作业＋互动表现占 10%,课外实践教学占 10%,以生生互评＋生创师评为主。

终结性评价(40%):在线章节相关题目测验和期末大型作业训练,对学生掌握景观设计知识转化、创新能力与沟通合作能力等进行终结性评估。

四、教学创新成效与推广

(一)人才培养,学生创新实践能力有效提升

基于"5R"协同融合的混合教学重构实践,结合国家新型城镇化和乡村振兴战略,突出本课程特色和教学衔接,学生的专业情怀逐渐加深,科技创新能力有效提升。近 5 年规划班学生获得国家级、省级竞赛金奖、银奖、铜奖共有 56 项,其中国家级奖项 8 项,省级奖项 48 项。指导 24 项省大学生科技创新计划暨新苗人才计划项目和省级新苗计划、"希望杯"等科技项目。

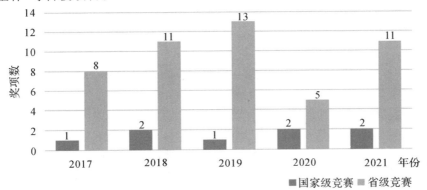

图 5　近 5 年规划班科技竞赛获奖情况

(二)教学评价,创新实践受众度高

课程基于 PBL 教学范式重构的"5R"协同融合混合教学创新思路与策略,通过精选任务、创设情境、组织研讨、引导解惑四个阶段驱动教与学的过程,结合不同主题模块改革与实践,融合社会热点问题的思考,传达真题真做的价值认同,已形成问题探究型、认知激活型、案例启发型三大教学方法支撑混合教学组织,提升了学生自我发现问题、分析问题、解决问题的思维与能力,学生受众度高,并获得一致好评。

(三)教改示范,创新成果丰富多样

教学获奖成果丰富。2020—2021 年,"景观设计学"获第一批省级课程思政示范课程、省级课程思政优秀教学微课、省本科高校一流课程(并被推荐至第二批国家一流课程申报)、省优秀研究生教学案例、省休闲学会优秀论文三等奖、全省高校优秀微型党课征集展示"入围课件"奖等。

教学能力不断提升。主编《景观设计学》《城乡景观规划理论与应用》等 4 本教材和专著,主持省教育科学规划课题和其他课题共 7 项,发表教改论文 6 篇;其中主编的教材《景观设计学》已出版 12000 余册,课程案例"安吉余村的两山论实践"入选"全国百篇优秀管理案例"库,等等。课程对美丽中国的"浙江样板"和各具特色的地方经验进行归纳总结,目前已精选 60 个案例研究库进行共建共享,提升了专业建设的高阶性样板与可持续性示范。

(四)媒体宣传,产教融合促进专业推广

课程教改成果被《杭州日报》、大学生乡村振兴创意大赛、浙江教育在线、发现浙江、《科学时报》等相关媒体报道宣传,竞赛金奖项目获得第二届农信杯大学生乡村振兴创意大赛公开路演。本课程积极推进产教融合,共建校企合作实训基地。作为课程教改的负责人,利用浙江省建设工程咨询专家、省文化和旅游厅规划专家、杭州市旅游景区评定专家等多重身份,依托主持和参与多项国家级、省厅级基金项目,以及 80 多项城乡规划、景观设计等课题获得的良好口碑,已与杭州市政府及杭州市社会企业等密切对接,提供知识输出与技术指导,使得专业的示范、带动和辐射作用更加突出,促进专业建设与推广,一定程度上扩大了学校和学院的知名度,有效促进学校和院系的专业建设。

参考文献

[1] 段芳,黄泳仙."互联网+"背景下高校创新创业课程教学重构研究[J].无线互联科技,2019,16(12):154-155.

[2] 徐清."互联网+"时代微信移动课堂在设计类课程辅助教学的应用——以景观设计学课程为例[M].赵英军,厉小军,伍蓓.人才培养与教学改革——浙江工商大学教学改革论文集(2017):175-180.

[3] 李宏亮,赵璇.基于"互联网+教育"的课堂教学重构[J].上海教育科研,2016(05):80-83.

[4] 李扬,刘平,王丹丹.新工科背景下的城乡规划专业设计课程教学改革研究[J].安徽建筑,2019,26(02):148-150.

党史融入高校思政课教学的三个维度①

彭庆鸿② 朱栋荣③ 虞晓东④

（浙江工商大学马克思主义学院）

摘 要：将党史融入新时代高校思政课理论教学是当前热门的学术问题之一。本文认为，应从三个维度出发：第一，要注意文献史料与教学的融合，在广泛收集、研读党史史料文献的基础上，丰富思政课理论教学内容；第二，要注意课堂理论教学与党史实践相结合，组织学生回到历史现场，切身感受中国共产党百年奋斗的艰辛与伟大精神；第三，要注意科研与教学之间的关系，开展中共党史研究，借鉴党史研究的最新理论方法和研究成果，更新教学方法和教学内容。

关键词：思政课教学；党史文献；实践教学；党史研究

习近平总书记强调："在全党开展党史学习和教育，是党中央立足党的百年历史新起点、统筹中华民族伟大复兴战略全局和世界百年未有之大变局、为动员全党全国满怀信心投身全面建设社会主义现代化国家而作出的重大决策。"要做到学史明理、学史增信、学史崇德、学史力行。因此，将党史深入融入思政课教学，对提升思政课立德树人的育人功效大有裨益。

一、广泛收集与研读党史文献，丰富思政课教学内容

浩如烟海的党史文献是中国共产党百年奋斗史的最好印证。中国共产党党史文献资料非常丰富，其基本文献主要包括八个方面：一是反映党在新民主主义革命时期的历史文件，如《建党以来重要文献选编》（一九二一——一九四九）；二是反映党在新中国成立后的文献资料，如《建国以来重要文献选编》《中共中央文件选集》（1949 年 10 月—1966年 5 月）等；三是党和国家在改革开放新时期的重要文献，如《三中全会以来重要文献选

① 基金项目：浙江省社科规划"高校思想政治工作研究"专项课题"服务性学习视角下高校思政课实践育人的协同机制研究"（21GXSZ062YBM）、浙江工商大学校级课程思政教学改革项目"思创融合理念下高校创业课程建设的协同机制研究"的阶段性成果、浙江工商大学与省委宣传部共建课题"新时代高校基层党建与党史教育深度融入的长效机制研究"的阶段性成果。
② 彭庆鸿，浙江工商大学马克思主义学院讲师，博士，研究方向为中共党史。
③ 朱栋荣，浙江工商大学马克思主义学院讲师，博士，研究方向为中国政治史。
④ 虞晓东，浙江工商大学马克思主义学院党委书记，副教授，硕士，研究方向为党建。

编》以及党的十三大到十五大的重要文献选编等;四是以李大钊、陈独秀为杰出代表的早期领导人的基本著作,如《李大钊文集》《陈独秀文集》《蔡和森文集》等;五是以毛泽东、邓小平、江泽民为核心的中央领导集体的基本著作,如《毛泽东文集》《邓小平文选》等;六是以胡锦涛为代表的重要报告和讲话,如《十六大以来重要文献选编》《十七大以来重要文献选编》等;七是党的十八大以来,以习近平总书记为核心的党中央系列重要论述,如《习近平谈治国理政》等;八是与上述党的文献密切相关的单个国家级军队领导人的日记、书信、诗集、年谱、回忆录、传记等。这八个方面基本文献,从宏观层面揭示了党的百年政策发展史。

党史还有不少专题文献。这部分资料包括各地党史档案、报刊、文集、日记等。报刊资料,如中央在各时期的机关报等。档案方面,在各个革命的具体时期,形成了专门的档案资料集等。书信方面,有《红色家书》《革命烈士诗抄》等;日记方面,如《王恩茂日记》《汪大铭日记》《彭绍辉日记》《赖传珠日记》等。这些资料极为丰富。

"中共党史学科本质是一门历史科学"[①],其研究与教学都应建立在充分的史料基础上,因此党史融入高校思政课理论教学,必须要注意文献史料与思政课理论教学的融合。

一方面,通过广泛收集研读党史文献,将思政理论回归到历史中,才能使理论阐述更为生动。党的历史问题是跟当时社会环境紧密联系的。张静如写道:"对党史中的重大问题,包括大的历史事件和有影响人物的思想及实践,利用中国近现代社会史研究的成果,从社会生活诸方面进行分析,找出形成某个重大历史现象的复杂的综合的原因,并描述其产生的影响在社会生活诸领域的反映。"[②]此外,不少党史文献中都提到了革命过程中的复杂社会关系。如《毛泽东选集》第一卷《井冈山的斗争》讲述了井冈山斗争的基础状况,如宗族问题、土客矛盾等。毛泽东说:"社会组织是普遍地以一姓为单位的家族组织。党在村落中的组织,因居住关系,许多是一姓的党员为一个支部,支部会议简直同时就是家族会议。"[③]"这种土客籍的界限,在道理上讲不应引到被剥削的工农阶级内部来,尤其不应引到共产党内部来。然而在事实上,因为多年遗留下来的习惯,这种界限依然存在。"[④]毛泽东对各地方的社会调查,更是全面揭示了革命的经济社会状况。

另一方面,受制于篇幅限制,思政教材内容仅是一个整体历史框架,缺乏微观的历史细节,需要通过党史文献予以补充。如关于大革命失败之后,面对国民党的大屠杀,中国共产党人表现了坚定的革命立场和大无畏的英雄气概。教材仅这一句话,学生自然无法感受到在严峻考验面前中国共产党人的坚定的革命立场和大无畏的英雄气概,因此补充《红色家书》等资料,这样教学内容就变得丰富。如中国共产党人周文雍在狱中题写"头可断,肢可折,革命精神不可灭。壮士头颅为党落,好汉身躯为群裂"[⑤]的绝笔诗;夏明翰写给家人遗书中:"我一生无遗憾,认定了共产主义这个为人类翻身解放造

---

① 王炳林等:《中共党史学科基本理论问题研究》,北京人民出版社 2021 年版,第 27 页。

② 张静如:《以社会史为基础深化党史研究》,《历史研究》1991 年第 1 期。

③ 《毛泽东选集》(第一卷),人民出版社 1991 年版,第 74 页。

④ 《毛泽东选集》(第一卷),人民出版社 1991 年版,第 75 页。

⑤ 萧三编:《革命烈士诗抄》,中国青年出版社 1959 年版,第 12 页。

幸福的真理,就刀山敢上,火海敢闯,甘愿抛头颅,洒热血。"①王器民(1892—1927),就义前给妻子高慧根的遗书中写道:"'为求主义实现而奋斗。为谋民众利益而牺牲。'自我立志革命,参加实际工作以来,这二句已成誓词……我是为大多数人谋利益而牺牲,我的革命目的达到了。"②这样的史料数不胜数。

可见,要实现党史与思政课理论教学的高度融合,首先必须从党史学科属性出发,广泛收集、研读各式各样的党史文献史料,丰富思政课教学内容。

二、展开实践教学,置身历史现场,感悟中国共产党人的伟大精神内涵

中国共产党百年奋斗历程中,在全国开展了新民主主义革命和社会主义建设,在全国各地留下了许许多多的革命遗迹与革命遗址。在这些革命遗迹、遗址的基础上,又修建了不少革命纪念馆和纪念碑。

纪念物、纪念空间与记忆建构纪念物既是一种实体文化,也是一种记忆形式。按原始目的,可分为有意图和非意图的纪念空间和纪念物。意图性纪念空间、纪念物"是依其当初预设的,或制作人试图表达的纪念性意图为出发点"③。非意图性纪念空间、纪念物则是未经人特意制作的公共纪念空间和纪念物体。即使在最初"非意图性纪念物"不具有特别的纪念意图,但经过后人的塑造,可以转化为"意图性纪念物"。纪念物本身承载着历史记忆,而特意制造的"意图性纪念物"则可在历史记忆的基础上,重构社会记忆,以达到改造者的意图。因此,建造意图性公共纪念空间和纪念物是社会记忆建构的重要方式。

各地兴建的红色革命博物馆、纪念馆、纪念碑即是一种最常见的意图性空间和纪念物。纪念馆"具有调动情感、引发思考、唤起并重塑社会记忆的功能,与社会记忆的关系极为密切"④。思政理论课教学,在课堂教学的基础上,应充分利用这些空间和场所,对当代学生集体记忆和思想精神进行培育和塑造。

相较于课堂教学而言,在博物馆、纪念馆或者革命遗址处开展现场实践教学具有无可比拟的优势。第一,博物馆、纪念馆属于专门性的公共纪念空间,其必然拥有更为丰富、多元的原始文献史料,如纸质文献、珍稀图片、革命标语、实体建筑、革命遗物等,并拥有相关的革命纪录片和视频。这些丰富的馆藏资料,包含了丰富的历史信息,可以极大丰富教学内容。

第二,课堂教学较为枯燥,现场教学方式更为深刻。课堂教学因局限在课堂上,其教学方式多以讲述法和讨论法为主。在博物馆、纪念馆等开展现场教学,属于情景式教学。情景式教学是让学生亲临其境,将学生带回到历史现场。这种历史现场的情景式教学方式,使平常在课堂上讲的不容易理解的知识,通过现场教学一目了然,使学生对知识记忆更为深刻。

---

① 中国井冈山干部学院编:《红色家书——革命烈士书信选编》,党建读物出版社 2018 年版,第 189 页。

② 中国井冈山干部学院编:《红色家书——革命烈士书信选编》,党建读物出版社 2018 年版,第 13—14 页。

③ 陈蕴茜:《纪念空间与社会记忆》,《学术月刊》2012 年第 7 期。

④ 陈蕴茜:《纪念空间与社会记忆》,《学术月刊》2012 年第 7 期。

第三，通过现场感受，学生能感受到中国共产党人的伟大精神谱系，实现学史增信的效果。中国共产党人的精神谱系的精神要义包含崇高理想、坚定信念、一心为民、作风清廉、热爱祖国、无私奉献、艰苦奋斗、百折不挠、大胆探索、勇于创新等。[①] 对于精神的分析，使用讲述法容易使内容变得空洞。实践教学，将学生带入各地纪念空间里，大量革命烈士的光辉事迹，馆藏的革命历史文物、革命具体实况，使学生从视觉、情感上得到共鸣，深刻感悟到中国共产党领导红色武装取得革命成果的来之不易。

可见，要实现党史与思政课理论教学的融合，须在课堂教学的基础上扩展实践教学，置身历史现场。为了开展实践教学，各高校可以在当地的红色革命景点等建立实践教学基地，促进思政课实践教学的常态化。以浙江台州大陈岛为例。1949 年，为开发海岛，一群建设者用梦想、青春和汗水，在国民党撤离大陆时破坏成荒无人烟的岛上，发展生产。这种伟大的海岛建设精神，习近平总书记将其总结为"艰苦创业、奋发图强、无私奉献、开拓创新"的大陈岛垦荒精神。为此，浙江大学、浙江大学城市学院等一大批浙江高校纷纷与大陈岛建立实践教学基地，打造"行走的思政课"。

三、开展党史研究，追踪学术前沿动态，更新教学内容

科研与教学如鸟之两翼，缺一不可，二者相互促进。大学课程是一门理论课程，其教学也不再是简单的知识陈述，而是要把学术最新的知识与理论传授给学生。对新时代高校思政课而言，同样如此。要深化党史融入思政理论课，须重视科研与教学之间的关系，通过党史研究，追踪研究前沿动态，以实现教学的深入。

党史研究起源于抗日战争时期，发展于新中国初期，繁荣于党的十一届三中全会之后，至今有数十年历史，如今已成为一门显学。如今党史研究已有《中共党史研究》《党史研究与教学》《党的文献》等系列刊载党史的专业期刊，借助这些期刊平台，一大批高质量研究成果不断涌现。从最初的传统革命史，单一强调阶级分析来开展史学研究，到 20 世纪 80—90 年代，现代化史观、社会史研究的引入兴起，再到如今"新革命史"研究理论。

这些党史研究范式转变促进中共党史的研究。传统革命史诠释体系，将中国共产党的百年历史集中在革命与反革命这条主线上。这种传统革命史的诠释体系虽抓住了中国共产党人革命的实质，但其主线较为单一，不能完全揭示中国共产党百年历史的全貌。20 世纪 90 年代，以党史学家张静如为代表的学者以社会史为基础深化中共党史研究，使党史研究视野拓宽。由于中共及中共党员的革命活动总不能脱离社会而存在，必然受到时代的约束，因此党史不能局限在中共自身历史活动，也要关注影响中共历史活动的社会环境和社会关系。因此，党史研究的视野不再局限于政治领域，而以往许多未得到重视的问题、文献逐渐受到重视，从而极大反映出百年党史的复杂性与多元性。如今，"新革命史"研究兴起，党史研究回归到常情、常理、常态之下。以往革命史教学与研究都把革命胜利这一道革命难题变得不费吹灰之力，这种表面上"高大全"式的称颂实际贬低了中国共产党的伟大，"大大遮蔽了农民参加革命的复杂性和艰巨性，因为它

---

① 详见王炳林、张雨：《中国共产党百年革命精神的精髓要义》，《思想理论教育导刊》2021 年第 3 期。

忽视了农民参加革命的主体性,忽视了传统社会与革命政策的关系,忽视了农民的犹豫和挣扎,忽视了共产党遇到的困难、障碍和教训"①。

中国革命是复杂、曲折、艰巨的。如中国革命中的群众动员,在传统革命史视野下,群众往往简单接受或跟随中国共产党的革命步伐。在引入社会史、新文化史视野后,学界发现情况并非如此简单。在革命影响下的群众,往往受到宗族关系、地缘关系等社会关系的影响,其行为总是游离在革命之外。梁漱溟在山东开展乡村振兴运动时发现,由于群众不参与,"乡村运动"往往变成"乡村不动"。毛泽东在《井冈山斗争》中写道:"此时期内,贫农因长期地被摧残及感觉革命胜利无保障,往往接受中间阶级的意见,不敢积极行动。""无论哪一县,封建的家族组织十分普遍,多是一姓一个村子,或一姓几个村子,非有一个比较长的时间,村子内阶级分化不能完成,家族主义不能战胜。"②李里峰对解放战争期间华北土改进行研究时也发现,农民不管属于何种阶级,但其都具有"理性"一面,会对革命形势和自身处境加以判断,进而做出相应的行为选择,体现出理性农民与道义农民之间的张力。可见,在最新研究成果之下,许多教学内容应得到更新。

可见,运用最新的研究成果,可以更好彰显中国共产党人有血有肉的革命情怀与精神力量,更能揭示出中国革命的来之不易。因此,要将党史更好融入思政课教学,还要求思政课教师强化党史研究,涉猎最新的研究成果与研究理论。

总之,关于将党史更好融入思政理论课教学,应注意三个维度:第一,从党史文献角度出发,广泛收集和研读党的文献,将其广泛运用到课题思政课理论教学,丰富思政课理论教学内容;第二,从实践角度出发,开展实践教学,将学生置身历史现场,感受党百年奋斗的艰辛与伟大;第三,从理论研究出发,开展党史研究,追踪党史研究前沿问题,将最新研究成果运用到思政课理论教学,揭示中国共产党领导中国革命与建设的艰巨性、复杂性与曲折性。

---

① 李金铮:《向"新革命史"转型:中共革命史研究方法的反思与突破》,《中共党史研究》2010 年第 1 期。
② 《毛泽东选集》(第一卷),人民出版社 1991 年版,第 69 页。

大学体育课程思政教学改革与实施路径研究[①]

施兰平[②]　　徐　峰[③]　　严小虎[④]

(浙江工商大学体育工作部)

摘　要:体育作为生物性和社会性统一的产物,在改造人的身体和激发人的意志上有着特殊的教育作用。大学体育课堂教学实践中蕴含的意志品质、道德修养、家国情怀等思政元素对学生有着独特的教育功能。大学体育课程学习过程中,教师通过显性和隐性的教育情境设计,通过实践体验实现潜移默化的思想政治教育,最终引导学生树立积极向上的人生观和价值观。本研究认为教师的"言传身教"和"思政话语"建设是上好课程思政的关键,具身化教学是提升学生大学体育课程思政获得感的保证。

关键词:大学体育;课程思政;改革

一、大学体育课程思政概念与思政元素构成

(一)大学体育课程思政的概念

根据教育部发布的《高等学校课程思政建设指导纲要》文件的相关精神,结合查阅关于课程思政的相关研究,认为大学体育课程思政可定义为:在大学体育课程教学中充分挖掘德育元素,运用一定的教学手段与方法,将提炼出的德育元素融入体育学习中的思政教育活动过程,其最终的目标是实现大学体育课堂教学中的立德树人功能。大学体育课程思政将改变传统的体育运动技术教学中只重视运动技能学习,忽视学生认知观提升的教学过程。

(二)大学体育课程思政元素构成

1.体育课程思政理论基础

体育课程区别于其他课程的特点之一就是实践教育,体育教育实践中蕴含的意志品质、道德修养、家国情怀等精神元素有着独特的思政教育功能。大学体育对学生意志

---

①　2021年度校级本科教学改革项目,编号1160XJ2921071。
②　施兰平,浙江工商大学体育工作部副教授,硕士研究生,研究方向为体育人文社会学。
③　徐峰,浙江工商大学体育工作部党直支书记、副主任,助理研究员,研究方向为课程教学论。
④　严小虎,浙江工商大学体育工作部副教授,硕士研究生,研究方向为体育教育训练学。

品质教育和身体健康教育有着双重的目标,课堂学习不仅要求能够提高身体素质,行为方式和意志品质的获得也是大学体育课程的主要目标。

2.体育课程思政元素的构成

思政元素是体育课程思政的核心。要想上好大学体育课程思政,必须要弄清楚大学体育课程思政包含哪些德育元素。当前课程思政的德育元素较多,适合体育课程的思政元素才容易融入课程教学,最终带来学生课程思政获得感的提升。应该从哪些方面去构建大学体育课程思政的元素?研究认为大学体育课程思政元素的构成主要与新时代背景下国家和学校对培养什么样的人有关系,具体包含下面4点:(1)社会主义核心价值观,包含国家、社会和公民的要求。教育主要面对的是学生,也就是未来的公民,社会主义核心价值观对公民的要求是爱国、敬业、诚信、友善。(2)大学德育总目标:爱国主义、集体荣誉感、坚定的民族复兴理想与信念、诚信、社会道德、法律法规、团队合作、顽强拼搏、承担责任、身心健康等。(3)党和国家领导人对体育的期望:文明其精神、野蛮其体魄;在体育运动中享受乐趣的同时磨炼意志、增强体质和健全人格。(4)校训精神:根据各学校的校训精神,结合育人目标在课程思政过程中进行。

二、大学体育课程思政现实困境与反思

(一)现实困境

1.思政课程与课程思政混淆,生搬硬套的课程思政适得其反

当前各大院校都在积极推进大学体育课程思政教学改革,但是存在着很多需要解决的问题。有些学校在体育课程教学中生搬硬套地把思政内容加在体育教学中,把体育课上成德育课,强行在教学中加上思想政治教育的内容,出现为了思政而进行思政的填鸭式教学,这样的学习效果适得其反,让参与学习的学生在主观能动性上产生抵制情绪,让学习的效果打折。生搬硬套的课程思政不仅使教师自己感觉到此项教学为累赘,学生也会因为在体育活动中突然增加思想政治教育而感觉到奇怪,使学生在课程思政学习过程中消极适应,被动迁就,不能起到启发思维、发展能力、提高课程思政教学效果的作用,最终影响整个体育课程学习。

2.大学体育课堂教学中如何进行课程思政

体育教师在运动技术上拥有丰富的体育教学经验,但是在体育课程思政上普遍存在教学经验不足的问题,有很多教师尤其是年轻教师不清楚如何进行体育课程思政。当前,大学体育课程学习以提升学生的身体健康为主要目标,以运动技术学习和练习为主要手段,造成很多教师重视传授学生运动技术,忽略了学生价值观的培养,弱化了身心一体中的意志品质教育。如何将大学体育课程技术教学和学习与思政元素充分融合,以隐性的做人做事道理、价值观和人生观作为引导,在潜移默化中完成课程思政教学是保证大学体育课程的核心点。

(二)现状反思

1.教师的"言传身教"和"思政话语"建设是上好课程思政的关键

习近平总书记指出,上好思想政治理论课关键核心在教师。"身正为范、学正为师","言传身教"意味着教师在教学活动过程中所展示出来的行为规范和教学准则直接影响学生生活中的行为结果。在这样的背景下,广大体育教师要做到不忘立德树人初心,在体育教学过程中要有创新精神,不能满足于以往的教学经验,加强思政话语练习,不断提升自己的表达和沟通能力,锻炼将思政元素融入课程教学的能力。此外,在体育课堂教学过程中,体育教师要注意举止得体、谈吐文明、言行一致的个人外在形象。这样不仅能够树立良好的体育教师形象,而且会潜移默化改变学生的人生观、健康观,引导学生积极追求阳光活泼的外在形象。

2.具身化教学是提升体育课程思政获得感的保证

课程思政要根据在教学过程中创设的情境和实际发现的问题,让学生积极参与其中,通过体验后可以很好地提升课程思政的获得感。体育课程是实践教育,需要学生身体参与其中。具身认知强调身心一元,身体感受会影响学生的认知。教师需要不断加强课程思政教学设计能力,创设体育课程思政体验情境,创新教学手段,让学生成为教学中心和主体,积极引导学生发言,激发学生积极有效的思考。

三、大学体育课程思政实施路径与教学融入

(一)大学体育课程思政的实施路径

1.大学体育课堂的显性教育

体育课程的显性教育是教师通过有组织的体育练习活动使参加运动的学生自觉地受到有形教育,显性教育最大的特点就是教育目的明确。在体育课堂教学中,显性教育的主体是教师,教师言传身教是课程思政显性教育的实施重点,教师在教学过程中亲力亲为,身正为范、学正为师的示范作用会给学生带来积极的课程思政效果。在课前准备时教师应按照教学常规的要求通过课前点名、检查服装,严格执行请假和见习制度、考试统一尺度,增强规则意识、纪律意识。课程学习中设置不同的练习手段和挑战性的训练方案,通过运动量和强度的调整,培养学生坚忍不拔的意志品质和吃苦耐劳的精神。

2.大学体育课堂的隐性教育

隐性教育主要是通过环境和特定的情景去教育学生。体育课程的具身化教学特点属于隐性教育。在体育课程学习过程中,教师应该采用专业知识点和思政元素融合的教学方式,通过特定的环境、情景去教育学生,锻炼学生的思维和认知能力。课程思政注重以点带面,以身心一体化的形式完成教学。

大学体育课程思政隐性教育实践路径上,主要是对照体育课程思政元素,充分挖掘各个教学单元蕴含的思政元素,在体育专业知识学习中融入思政元素。如网球课按照学期教学大纲将每周课分为若干专题,在各个专题中依据所要学习的内容进行教学活动。

(二)专业知识点与思政元素的融合

以"初级网球"专业知识点和思政元素在教学过程中的融合为例。从初级网球课程中挖掘出来的思政元素包含下面9点,融合手段主要是在课程导入、技术动作讲解、错误纠正和总结点评等阶段依靠教师的讲解进行课程思政教学。

(1)规则意识:可以通过每节课的课堂常规要求如点名、关闭手机、服装要求等实现。(2)爱国主义和民族自豪感:介绍中国网球运动发展情况、奥运会获得女双金牌、中国网球公开赛、上海大师赛,以及优秀运动员如李娜等取得大满贯冠军为国争光事迹,提升学生爱国主义和民族自豪感。(3)遵纪守法与安全意识:在课程学习中有学生在教师讲评的时候乱挥拍,因为彼此站得近,存在危险情况,通过讲解拓展到比如骑车看手机、戴着耳机在路上骑车横冲直撞等行为,提升学生的规则意识和安全意识。(4)合作和团队精神:通过运动实践,两人隔网颠球体验,控制自己的力量和落点,告知学生做事情要多从对方的角度去思考,要考虑对方的感受,由此培养合作精神。(5)友善和尊重他人:网球运动中,当对手打出好球的时候要给对方鼓掌祝贺,培养学生欣赏他人优点的友善美德。实战对抗比赛中,比赛失败,即使心里有多么的不愿意,也要和对手拥抱握手;对方打出来精彩击球时要鼓掌;在练球过程中不能随便穿越他人场地,当别人练习的时候,捡球的同学需要等练习的同学球停了之后再去捡球,引导学生学会尊重他人。(6)刚健自强与持之以恒:想要提高技术,不能"三天打鱼,两天晒网",需要持之以恒的精神。遇到挫折的时候要选择坚持,有不服输的精神,在以后学习和生活中不可能一帆风顺,肯定会出现挫折和困难,出现了我们要咬牙坚持挺过去。(7)集体主义精神和责任感:针对实际练习时出现的将球打出墙外的学生不会主动去捡球,球粘到围网上不会想办法拿下来,以及下课不主动捡球等行为,告知学生在集体活动中这些都是自私和无责任感的行为,是缺乏责任感和集体观念的表现。(8)顽强拼搏精神:针对学生在比赛时紧张的现象,告知学生产生恐惧是因为身体不够强大,由此引导学生认识到体育锻炼是战胜恐惧的最好练习手段,通过多参加体育活动,多参加各种竞赛不断强大自己的内心,最终让自己变得勇敢。针对学生在考试时紧张的现象,告知学生在未来生活中会面临着各式各样的考试和面试,这些比拼的都是心态,过于焦虑被压力束缚肯定不会有好的成绩,引导学生认识到要多参加挑战,让自己内心强大。(9)诚信:介绍跑步要求时告知学生要讲诚信,考试压力下很容易出现占便宜心理,由此联系到未来生活和工作中,一旦涉及利益分配的时候,个人是不是也要去占便宜而选择不择手段,由此变得失去诚信而没有朋友。

四、结语

大学体育课程不仅仅是让学生学会运动技能,更应让学生在社会主义核心价值观和人生观上得到正确的熏陶。通过体育教学、思政教育的密切结合,充分挖掘和发挥体育专业课程的育人功能,将"三全育人"理念贯穿大学体育教学的全过程,努力实现体育专项知识体系教育与思想政治教育的融合发展,使体育课程教学与课程思政工作同向同行。

从当前的体育课程思政趋势中看出,体育课程思政的实施主体是体育教师,体育教师在教学活动中通过言传身教的显性教育、隐性的思政话语直接影响学生的课程思政获得感。各大高校应该建立适合本校人才发展要求的课程思政元素理论库,体育教师应根据所教授课程的特点,将学校层面思政元素库的要素和课程教学内容进行融合,让大学体育课程在润物细无声中取得好的效果。

参考文献

［1］教育部关于印发《高等学校课程思政建设指导纲要》的通知［EB/OL］.（2020-05-28）［2020-07-18］.http://www.moe.gov.cn/srcsite/A08/s7056/202006/t20200603_462437.html.

［2］杨祥全.铸魂育人:体育课程思政建设的紧迫性与自身优势探究［J］.天津体育学院学报,2020,35(01):13-16.

［3］董翠香,樊三明,高艳丽.体育教育专业课程思政元素确立的理论依据与结构体系建构［J］.体育学刊,2021,28(01):7-13.

［4］王秀阁.关于"课程思政"的几个基本问题——基于体育"课程思政"的思考［J］.天津体育学院学报,2019,34(03):188-189.

新文科背景下一流课程建设的探索与实践

——以首批国家一流课程"概率论"为例①

王江峰②　陈振龙③　陈宜治④

（浙江工商大学统计与数学学院）

摘　要：课程建设是高校教学建设的重要组成内容，是保证教学质量的关键，它直接影响着高校人才培养的质量。在新文科和一流课程"双万计划"建设的背景下，如何建设好一门课程显得尤为重要。本文以概率论课程为例，从课堂教学改革、教学资源建设和思政内容挖掘等方面介绍了建设过程中的做法和经验，探索了概率论课程改革的方向性、可操作性和实效性。

关键词：一流课程；概率论；课程建设

大学课程是高校人才培养的核心要素，是落实"立德树人"教育任务的关键一环。一流课程建设的质量直接决定着人才培养的目标能否实现，也决定着一流专业建设的质量和水平。2019 年，教育部发布了《关于一流本科课程建设的实施意见》（高教〔2019〕8 号，以下简称《意见》），启动了一流本科课程（亦称"金课"）的"双万计划"，提出了高阶性、创新性和挑战度，即"两性一度"标准。《意见》为我校开展课程建设指明了方向。近年来，浙江工商大学教务处非常重视"五类金课"的申报和建设工作。

概率论是研究自然界、人类社会及技术过程中大量随机现象及其统计规律性的一门应用性课程。通过学习这门课程，可以培养学生利用随机思维模式看待和处理随机现象的能力，从而提高学生创造能力和解决实际问题的能力。该课程是我校统计与数学学院本科专业的一门核心专业必修课，涉及应用统计、经济统计、数学与应用数学以及数据科学与大数据技术等所有的专业。因此，学院一直非常重视这门课程的建设工作。2011 年，"概率论"获批浙江省精品课程；2013 年，"概率论"被评为校首批优秀 BB 平台网络课程；2016 年，教材《概率论与数理统计》（适用专业课）获得校重点教材建设

①　本文获浙江省首批课程思政示范课程项目（概率论）、首批国家级一流本科课程（概率论）、国家一流本科专业建设点（应用统计学）、浙江省课程思政教学研究（思政理念下"概率论"课程教学改革思路及实现机制的探索与实践）、浙江工商大学本科教学改革项目（概率论课程思政课堂教学改革的探索与研究）、国家一流专业平台校级教学项目（基于 MOOC 的概率论混合式教学模式研究）资助。
②　王江峰，浙江工商大学统计与数学学院应用统计系副主任，教授，博士，研究方向为数理统计。
③　陈振龙，浙江工商大学统计与数学学院院长，教授，博士，研究方向为随机过程与风险管理。
④　陈宜治，浙江工商大学教务处副处长，教授，博士，研究方向为样条统计理论方法与应用。

项目。经过前面几年的建设,该课程在各方面都取得了一些较大的发展,但新形势下也产生了一些突出的问题。

一、概率论课程原有问题剖析

(一)专业要求有差异性,教学要求多样化

由于学院涉及 4 个不同的本科专业,每个专业培养目标不同,所以对这门课的要求呈现多样化趋势。以往在教授概率论课程时,对所有的专业都不加区分地使用相同的教学大纲,采用相同的教学要求,讲授相同的教学内容,进行相同的考核评价,因此,没有将专业差异与课程紧密联系起来,教学多样化体现不够。

(二)教学观念和手段相对落后

过去概率论课程主要的教学方法为注入式教学,即"理论知识＋典型例子＋课后习题"。在教学内容上,过于强调概率知识的系统性和完整性;在教学方式上,把概率论当作一门数学课程,注重推导的严密性。这种"重理论教学,轻实验和实践教学"的教学模式,不利于学生随机思维的培养,难以激发学生的学习兴趣。

(三)考核评价方式单一

以往概率论课程的考核方式采用平时成绩(占 30％)＋期末闭卷考试(占 70％),其中平时成绩主要以出勤和作业为主。这种"一考定终身"的考核方式,忽视了对学习过程的考核,导致部分学生学习目的不明确,学习动力不足,缺乏强烈的求知欲,班级学风堪忧。而一旦期末考试来临,仅仅靠短时间的死记硬背,刷一些同类型的题目来应付考试过关。

(四)原有教材无法满足新的教学模式

近年来,随着智能手机、移动互联网等技术的普及和发展,互联网正在改变知识的传播方式。在教学方式上,"互联网＋教学"正利用信息技术以及网络平台,让互联网与传统教学进行深度融合。而原有的纸质版教材由于受表现形式、篇幅和成本等多方面限制,许多教学案例、课堂讨论、随堂练习、拓展资料、随机模拟实验、概率统计学家人物介绍以及课程思政教育等内容无法纳入其中。

(五)课程思政没有融入课堂中

2016 年 12 月,习近平总书记在全国高校思想政治工作会议上强调:"要坚持把立德树人作为中心环节,把思想政治工作贯穿教育教学全过程,实现全程育人、全方位育人。"在过去的概率论课程教学中,存在重视专业知识讲授,轻视思政协同育人的问题。在教学目标制定、教学内容设置、教学方式设计以及教学效果评价等各个环节,没有根据教学内容恰当融入课程的思政元素。

二、概率论课程建设的举措与实践

基于以上剖析的课程所存在的问题,课程组重新构建了课程建设的整体思路。近两年来,从课堂教学改革、教学资源建设和思政内容挖掘等三个方面进行了课程建设的探索与实践。

(一)概率论课堂教学改革

1.分类教学稳步推进

(1)学生专业背景分类。

鉴于各专业学生对课程的要求不同,我们将学生分为 A、B、C 三类进行教学:A 类为应用统计和数学与应用数学类的学生,强调概率论的原理、理论与方法,注重推理过程;B 类为数据科学与大数据技术类的学生,将概率论的理论、方法与大数据背景相结合,强调方法和应用能力并举;C 类为经济统计类的学生,强调概率论的理论与方法在经济管理中的应用,注重经济与管理的背景。

(2)授课师资、教学内容、教学案例分类。

根据 A、B、C 三类学生对课程的要求不同,授课教师也不同。A 类学生的授课教师理论水平高;B 类学生的授课教师注重数据分析;C 类学生的授课教师具有经济与管理的背景,注重经济数据分析。另外,课程组对不同专业学生,对教学讲授的内容进行了梳理(理论性强或证明过于复杂的知识点仅 A 类学生学习),并且有针对性地建立了与其背景相关的教学案例。

2.课堂、实验和实践多元联动不断加强

注重课堂实验演示教学,课题组和天津商业大学一起录制了 22 个课堂演示实验,每讲完一个定理、原理和方法,在课堂上都能马上给学生进行演示,让学生对所学的抽象知识有一个直观的认知。通过开放式实验、校内外竞赛以及实训等途径对学生进行集体培训,让学生从传统的确定性思维模式向随机性思维模式转化,从而培养学生运用随机思想与方法分析和解决实际问题的能力。

3.新型课堂教学模式逐步成型

以问题为导向,以讨论互动式为主线,探索了多种教学方法交互使用的课堂教学模式。具体包括研究式教学、启发互动式教学、案例教学法、翻转课堂式教学。为此,课程组已经录制了 8 个典型的案例视频,并且和学生共同打造"治哥四点半"公众号(3 年多已发布 50 多个微视频),学生参与程度高。

4.形成性评价的考核体系不断完善

课程考核方法的改革,打破了传统的期末终结性考评模式,通过多形式考评结合,实现形成性评价体系。学生在考核中真正体会到自己的创造性思维和主动学习态度及能力能够创造"价值",从而激发学生的学习兴趣,学生积极主动地参与整个教学过程,某种程度上达到了课程教学改革的真正目的。下面是在部分专业和班级试行的形成性评价考核方法。

(1)成绩评定方式:期末卷面成绩 50%;形成性评定 50%,其中期中考试占 20%,平时成绩占 30%。

(2)平时成绩构成:课程论文占 15%,课前预习占 10%,课堂参与占 10%,课后作业占 25%,网络互动占 15%,平时测验占 25%。

(二)概率论课程教学资源的建设

1.新形态教材的建设

2020 年,《概率论与数理统计》教材获得浙江省普通高校"十三五"新形态教材建设项目。在建设过程中,遵循"新体系—新思想—新体例—新融合"的宗旨,通过二维码将纸质教材、线上 Blackboard 平台资源库、实验视频、典型教学案例以及思政内容等,以集成文字、声音、图像以及视频等形式有机地衔接融合起来。和第一版纸质版教材相比,做了以下几个方面的努力:

(1)体例生动,富有启迪:在每章结束后以二维码形式罗列出该章的内容提要,在每章每节后的习题中以二维码形式详细解答每个习题。

(2)注重思想,体现应用:制作了 22 个模拟实验和演示视频,包括正态分布、中心极限定理等模拟实验;增加了 8 个贴近生活且兼顾趣味性的教学案例。

(3)融入思政,强调育人:增加了知识背后概率学家的人物介绍(12 个)以及国内老一辈概率大师(8 个)的人物事迹,激发学生的学习兴趣以及民族荣誉感。

2.教学网络平台资源的建设

打造新的教学网络平台——泛雅网络学习平台,建设了以下相关的资源:

(1)电子教材和课件:2016 年自编的《概率论与数理统计》电子教材、2021 年自编的新形态电子教材和 2 本电子参考教材;课程的主讲教师介绍、教学大纲、授课提纲、教学进度;全部 PPT 多媒体课件和全部 Word 电子教案。

(2)电子教辅和习题库:Word 版各章节课后习题、每章精选典型例题及答案、每章测验试题库;10 套模拟试题及答案、历年概率论考试试卷及答案;配套的自编电子教辅 1 本。

(3)教学案例和拓展知识:概率论的起源与发展、贝努利等 20 位概率学家的介绍;22 个模拟视频,供学生课堂或课后模拟实验;闲话概率(共 16 篇)以及师生互动讨论专区;发表或撰写的本课程教学论文(4 篇)和教学案例(8 篇)。

(三)概率论课程思政内容的建设

1.制定了课程思政育人目标

根据学生情况和专业人才培养要求,制定了学习本课程后,学生需要达到在知识、能力以及素质等三个方面的目标。见下面育人目标分解图1。

(1)知识目标:加强概率论基本原理学习,实现知识与思政交叉融合。

在概率、随机变量及分布、随机变量的数字特征、极限定理等课程知识的讲解中,需潜移默化融入隐含的哲学观点、科学精神、核心价值、价值取向等育人元素,将知识作为思政的载体。

（2）能力目标：强化思维转化，促进随机思维与思政相互依存。

培养学生从确定性思维模式向随机性思维模式转变，运用随机思想描述"随机现象"的规律，建立随机模型；在分析和解决实际问题的过程中，润物无声地融入概率学家秉承初心、勇于创新、敢于挑战的科学素养。

（3）素质目标：深化知识、能力与思政结合，提高受教育者的文化素养。

把核心价值观引导融入概率知识传授和随机能力培养中，注重学生理想与信念教育，让学生在感悟概率原理温度和美感、体验随机精美的同时，提升理性判断的素养。

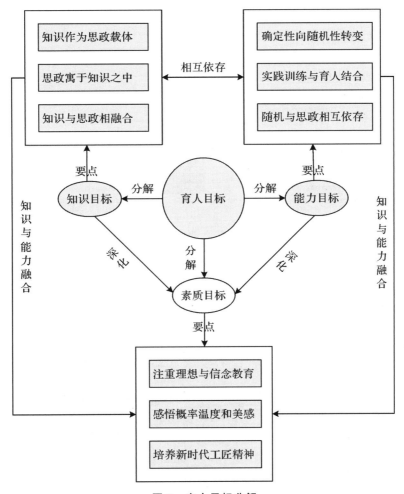

图1　育人目标分解

2.教学思政内容丰富，思政教学方法多样

（1）教学内容上潜移默化融入思政元素。

概率论作为与现实生活结合密切的课程，其中有许多思政元素可以思考、挖掘和提炼。比如，在用贝叶斯公式讲解"狼来了"的寓言故事时，通过实例讲解，告诫学生要"诚信做人"；在讲解"小概率事件终究会发生"时，可以向学生引入"勿以恶小而为之，勿以善小而不为""锲而不舍，金石可镂"；等等。

（2）多种思政教学方法并举，师生互动性好。

通过启发式教学、案例式教学及实验教学等多种方法，将辩证唯物主义、社会主义核心价值观、家国情怀等元素融入课堂，真正实现三全育人的任务，完成立德树人的要求。为此建设了8个思政教学案例，并且创立了"治哥四点半"公众号，分享课程亮点和正能量，打造有爱、有温度的微课堂。

3.贯彻了教书育人使命，打造了全链条思政教学的新模式

更新了传统教学理念，形成了育人为先的思政课程再造；践行将教学融入思政的育人理念，由以教授学生知识为主转变为实现知识传授、能力培养与价值引领的有机统一；改革了传统的课程评教方法，构建了思政教学评价体系，健全与课程思政教学相对应的评价机制，通过学生问卷调查、教师相互听课、师生座谈等形式考评思政教学效果；打造了全链条思政教学的新模式。见图2。

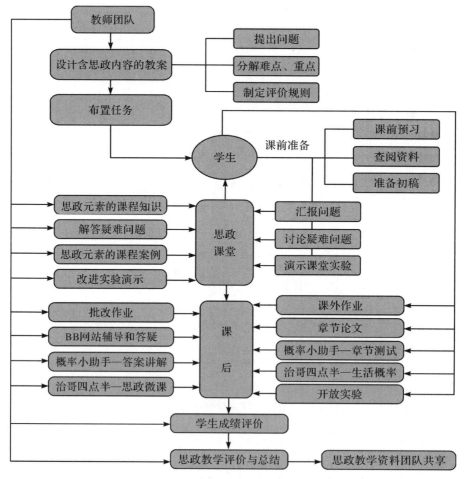

图2 全链条思政育人教学模式

三、概率论课程建设的成效

(一)本课程取得的成效

概率论课程于 2020 年被评为国家首批一流线下课程,2021 年被评为浙江省首批思政示范课程,配套出版的教材《概率论与数理统计》于 2021 年入选浙江省"十三五"新形态教材。

(二)课程的示范和推广成效

课程组成员注重概率论一流课程建设经验和方法的推广,课程组成员主持的数理统计学课程于 2020 年被评为浙江省首批一流线下课程,2021 年推荐参评国家一流课程;课程组成员主持统计学课程于 2021 年分别获得浙江省线上和线下一流课程。

(三)课程组成员取得的教学成就

课程组成员积极参加教学改革与实践,取得了喜人的成绩。课程组教师 2018 年获得省第四届微党课比赛二等奖,2021 年获得省第一届高校教师教学创新大赛"课程思政"微课专项赛理工科组一等奖;主持省级课堂教改项目 2 项、校级课堂教改项目多项。鉴于本课程建设的成效,2020 年课程组成员受邀在由高等教育出版社主办的"概率论与数理统计课程教材建设研讨会"上做大会报告和主题发言,与全国专家学者分享概率论课程建设方面的经验。

(四)学生培养方面取得的成效

课程组成员注重提升学生的综合能力,近三年学院统计类专业本科生考研升学率达到近 50%,而数学类专业考研升学率也超过 40%,均有较大的提升;在各类学科竞赛方面,据不完全统计,已有国际级、国家级以及省部级奖项 200 余项;国创、新苗计划以及校创等各类立项课题 100 余项。

四、结束语

在一流本科课程的"双万计划"背景下,以概率论课程为例,在教学改革方面,改变以教师为中心的传统教学方法与组织形式,向以学生为中心的新模式进行转化。在教材建设方面,编撰了与信息技术深度融合的新形态课程教材,并将典型案例、实验视频以及思政元素以模块化形式嵌入教材中。在思政内容建设方面,持续更新教学内容,深度挖掘思政教育元素,创新教学手段和方法,加强专业知识与思政教育的有机结合,构建了多元一体的思政教学评价体系。

参考文献

[1] 吴岩.建设中国"金课"[J].中国大学教学,2018(12):4-9.

[2] 习近平在全国高校思想政治工作会议上强调:把思想政治工作贯穿教育教学全过程　开创我国高等教育事业发展新局面[N].人民日报,2016-12-09(1).

[3] 陈学慧,李娜,赵鲁涛.将思政元素融入概率论与数理统计"金课"建设与实践[J].大学数学,2021,37(03):30-35.

[4] 冯晶晶,史艳维,邢瑞芳.以课程思政为导向的概率论与数理统计教学改革路径探索[J].教育观察,2021,10(25):46-48.

依托在线教学平台的"统计决策方法与应用"课程改革实践[①]

洪金珠[②]　徐　密[③]　郑哲翔[④]　王欣宇[⑤]

（浙江工商大学统计与数学学院　浙江工商大学信息与电子工程学院）

摘　要：在线教学平台的使用将是大势所趋。本文详细介绍了"统计决策方法与应用"课程的教学改革思路与实践，主要包括传统课堂改革与多种在线教学平台、AI实训平台以及新形态教材等教学资源相结合，多种教学方式融合使用，取长补短，以达到提高教学质量的效果。

关键词：统计决策方法与应用；在线平台；教学改革

一、"统计决策方法与应用"课程建设背景

传统的课程教学策略主要以教师授课、学生听课为主，教师按照课程所涉及的知识点逐一讲解，不断给学生输入知识点，却忽略了学生的输出。基于"统计决策方法与应用"课程的实用性非常强，其方法与技术被应用在很多领域，又因为本课程使用了很多数据分析方法，需要用到计算机编程技术[1]，本着深入浅出的宗旨，在系统介绍统计决策方法与技术的同时，结合社会、经济、商务运行等领域的研究实例，将统计决策的方法与实际应用结合起来，努力把我们在实践中应用统计决策方法与技术的经验和体会融入其中。让教学从灌输走向互动，让学生从一味接受知识走向主动思考如何运用知识解决问题，帮助学生养成良好的学习习惯的同时，提高教学效果。

二、统计决策方法与应用课程改革目标

随着互联网、人工智能等新兴事物的发展，数据分析在经济、金融、管理等专业领域发挥着越来越重要的作用。统计知识在经济管理领域有更广阔的应用前景。在这种背

---

① 2021年度浙江工商大学高等教育研究课题（项目编号：Xgy21012；Xgy21034）；浙江省大学生科技创新活动计划（新苗人才计划）支持项目（项目编号2021R408078）。

② 洪金珠，浙江工商大学统计与数学学院讲师，硕士，研究方向为线上教育大数据。

③ 徐密，浙江工商大学信息与电子工程学院研究生，研究方向为线上教育大数据。

④ 郑哲翔，浙江工商大学信息与电子工程学院本科生，研究方向为线上教育大数据。

⑤ 王欣宇，浙江工商大学统计与数学学院本科生，研究方向为智慧教育。

景下,统计决策方法与应用课程必须及时适应当前的形势,以培养更好地满足社会需求的专业人才[2]。对此,我们已经在中国大学 MOOC 上申请并正在建设在线教学资源,包括课件、教学视频、案例库、习题库等。

本课程旨在向学生系统介绍统计决策方法与技术的原理、概念、模型以及具体的技术方法,使学生掌握多种统计决策方法与技术,提高学生的量化分析能力和运用这些量化决策方法解决实际问题的能力;通过阐述国内外统计决策方法在经济、金融、管理、教育等领域的综合应用案例,加深学生对运用量化方法进行决策的理解和认知,使学生在将来的工作中具有良好的大数据思维和量化决策素养,以适应互联网＋时代和大数据时代的需要。

具体量化为以下三个方面:

(一)知识目标

完成统计决策方法与应用课程每学期设置的教学计划,包括指定的教材、阅读书籍、文章和规定的课时,并通过课堂讨论、作业等方式确保学生完成知识目标。

(二)能力目标

本课程在培养提高学生的量化决策能力的同时还要兼顾培养学生的量化思维,所以能力目标细化为以下三个方面:

1.数据的采集与管理能力

运用统计方法进行决策必然要对数据进行收集和整理,所以必须具备大数据的采集与管理能力。

2.数据规律的发现与捕捉能力

完成了数据的收集管理之后可以对数据进行描述、可视化和预测,了解其背后规律的方法和模型,通常会使用统计方法以及学习模型来完成。

3.统计决策方法的运用能力

依据统计决策科学理论,判断应该采用哪种统计决策方法,即统计决策方法的运用能力。

(三)素质目标

端正学生学习态度,引导学生运用方法解决实际问题,强化学生运用所学方法解决实际问题的能力,提高学生综合素质。

三、统计决策方法与应用课程改革内容

(一)设计课程建设思路

本课程"以生为本",以培养"私学相通,知行合一"的高层次应用人才为己任,努力探索和实践线上线下混合式教学,形成课程独有的思政特色。

1.打造思政课堂,深化线下教学

利用课堂教学的主渠道,围绕教学的各个环节,将育人功能渗透其中,发挥统计决策学课程的隐性"思政教育"功能,形成协同效应。努力成为先进思想文化的传播者、中国共产党的坚定支持与拥护者,引导学生"专业成才,精神成人"。

2.开发自主资源,助推线上教学

致力于打磨精品线上视频课程、编写教材与教辅、优化多媒体课件、组建试题库、编制教学案例集、汇集优秀学生科技作品等,为线上教学的顺利开展提供强有力的资源保障。

3.探索新型教学模式,促进线上线下融合

不断更新教学理念,突破以知识传授为中心的传统教学模式,寓教学于项目研究和实习实践之中,建立起突出思想与能力、融合线上与线下的混合新型教学模式。

4.注重统计决策思维培养

本课程每一章由一个简单有趣的故事开始,深入浅出地引出统计决策思维的基本理论,帮助学生掌握统计决策基本思想,逐渐养成统计决策思维。

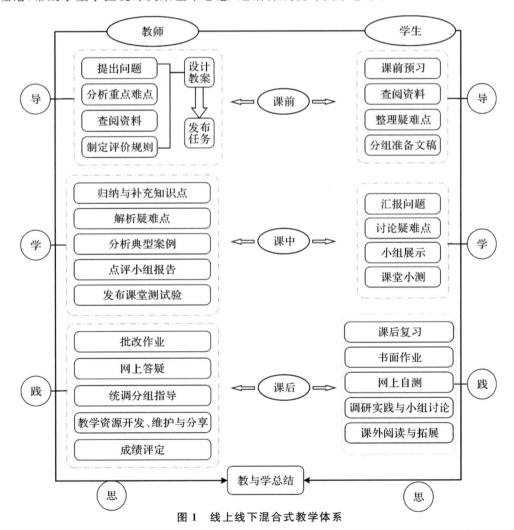

图1 线上线下混合式教学体系

(二)提出"新三中心"的教学理念

在大数据时代,在新的"互联网＋教育"形式下,以传统的教育模式培养的学生已不能满足时代发展的需要。如何以学生为中心,充分调动学生的积极性和主动性,提高统计学课程的教学效果,培养具有创新统计思维和统计核心价值观的统计学领域人才迫在眉睫[3]。因此,本课程提出"新三中心"的教学理念。

1.以学生为中心的教学理念

统计决策方法与应用作为经济与计算机类专业选修课中崭新的一门课,我们秉持以学生为中心,以教师团队、助教团队以及开发团队为辅助的教学理念,充分激发学生的主观能动性。教师团队指导助教团队完成教学总体方案制订,并由助教团队完成教学内容设计、教学视频录制以及教学过程管理工作。另外,教师团队指导开发团队完成项目开发,开发团队所承担的学习信息化项目也为教学提供了更多的教学案例,促使教学内容的持续改进。学生作为课程学习的主体,由教师团队授课,助教团队进行答疑解惑,开发团队交流分享项目开发经验。对项目开发感兴趣的学生也可以加入开发团队,从而增强开发团队整体实力。

2.以问题为导向的教学策略

传统的开发类课程教学策略主要以教师授课、学生听课为主,教师按照课程所涉及的知识点逐一讲解,不断给学生输入知识点,却忽略了学生的输出。考虑到课程主要培养学生的人工智能＋统计决策方法应用能力,我们以已有的教育大数据结合人工智能算法进行决策,形成丰富的教学案例,以问题为导向,将每个算法切割成几个问题模块,以讲故事的方式逐一展开模块学习。学生对于相关知识点的学习,不再只是教师单纯的传授,统计决策知识点以网状的形式分布在学习模块中,引导学生在解决一个实际问题的过程中,获取并充分理解知识点。以问题为导向的教学策略,让教学从灌输走向互动,让学生从一味接受知识走向主动思考如何运用知识解决问题,帮助学生养成良好的学习习惯的同时,也提高了教学效果。

3.以作品为标准的考核机制

课程教学中的评价主要分为平时成绩与期末大作业成绩,各占总评成绩的50%。教学过程依托在线学习平台,线上以精心制作的教学视频为主要学习资源,学生按照教学计划完成线上教学视频学习、测验和作业,学习平台自动统计学生在线学习数据,作为平时成绩依据,线下教师进行系统而深入的互动式教学,引导学生进行讨论,以团队合作的形式解决问题。期末通过学生组队的形式,自主决定研究课题,独立完成课题相关的数据收集、算法验证并做出决策,学习成果撰写成小论文投稿。

(三)注重课程特色,配套完善相关教材课件

本课程团队自2017年9月以来,刚开始想找一本合适的教材都非常困难,统计决策相关的内容是有的,一般被包含在诸如《统计预测与决策》这样的教材里,决策部分内容不突出,篇幅所限,无法做到全面详尽地介绍统计决策方法。近几年互联网大数据技术快速发展,新的决策方法也推陈出新,但一些老的教材却没有及时追踪理论前沿,案

例方面也比较陈旧。课程团队先是通过分工合作,拟定课程框架后,自行编写教学提纲和内容,并通过几轮授课反馈和教学迭代,不断修正教学内容。2019 年 10 月,团队萌生了编写教材的想法,获得了学院领导的支持。2020 年 10 月在中国大学 MOOC 平台上进行在线教学资源建设,由本课程教学团队编著的《统计决策方法与应用》教材已经在清华大学出版社出版,并且于 2020 年 12 月获得"浙江省十三五新形态教材"称号,相关的教学课件、视频、案例库建设正在持续完善中。

(四)融合多个教学平台,提高教与学的便利性

课程采用线上线下相结合的教学模式,线下保留改善传统授课方法,线上教学形式分为同步线上教学和异步线上教学两种主要模式。同步线上教学主要利用 QQ、钉钉等直播软件,进行同步直播教学,提高课堂交流的实时效果;异步线上教学中,根据授课对象的差异,将教学视频、相关电子课件分别部署在中国大学 MOOC、哔哩哔哩网站、网易云课堂等多个在线教学平台,方便校内外同学进行系统性学习。

图 2　基于 spoc 的统计决策方法与应用课程的开设

根据授课对象的差异,利用中国大学 SPOC 平台对课程进行裁剪和优化,并面向信电学院大四的实训课程开设了本课程,连续 5 天上下午各完成统计决策 9 个实验教学案例模块的学习,按需定制使得各个层面的需求都得到了满足。同时在 MOOC 上传输了相关的课程视频。

(五)搭建云资源实训平台,提高教学实效

阿里云天池实训平台是基于当前人工智能与数据科学学科建设与发展需求,结合天池大数据竞赛近 5 年沉淀的各领域经典场景实践项目,为新开设人工智能、数据科学专业与学院的高等院校量身打造的实训平台。天池通过竞赛沉淀了多个领域数据集、

代码与在线 AI 编程工具,帮助教师简单高效地开展人工智能教学,助力学生接触工业场景实战项目,融入实战式学习。

传统的数据分析课程教学方式存在重理论、概念性强、学生难以理解等很多问题。现有的数据分析工具不适合作为课程的通用动手工具,因为它们更专业且学习成本更高。基于 Python 的数据分析与可视化平台可以很好地解决上面提到的问题[4],本课程借用天池 AI 实训平台现有的实验资源,同时结合教材中的理论知识,为每一章的理论知识配备了基于 Python 的数据分实验,并且实验也配备了文字和视频讲解。通过这些实际的案例能够让同学们更好地理解相应的知识点。

(六)优化教学模式,提高教学质量

在各智慧教学平台的应用中,要结合信息时代的发展优势和特点,优化线上线下结合模式,加强线上线下教育的融合,提高学生的学习能力。向学生讲解所学知识的同时,结合线下课堂教学时间组织课堂教学活动,使学生将所学知识应用到实践活动中[5]。

本课程通过教材来进行相应课程内容的配套完善,并在 MOOC 平台上对教材内容和教学方法进行快速迭代,推动人工智能+统计决策综合素质人才培养。未来团队将持续致力于源案例、教材、视频以及教学形式的改革,做到每一期开课都能有所进步,有所创新。

在国家"互联网+"的战略下,鼓励学生参与各类学生科技竞赛等(如"互联网+"、挑战杯、新苗计划、国创项目,以及各类创新创业项目)。在教学互动过程中,探索并撰写教改论文、专利,开发各类项目过程中申报软件著作权,并带动学生自主创业。

随着"人工智能+"的推动,统计决策方法与应用课程的教学将从主要面向传统的统计专业学生快速地推广到面向全校各专业同学的学习,对此将加大课程建设力度,面向校内开设通识课,同时在慕课平台上面向校外同学开设选修课。目前我们面向人工智能技术的发展进行教材内容的进一步更新与完善,根据真实决策案例完善课程实验内容,并在中国大学 MOOC 上进行在线教学资源建设,包括课件、教学视频、题库等各类资源。并且在阿里云天池的实验环境中部署各个章节对应的实验内容,同时部署实验所需的环境,以便学生在后续的学习中能够实时验证教材中所涉及的实验内容。

四、总　结

课程是人才培养的核心载体,课程教学的创新是教学改革的核心部分。本课程在多年的大数据类教学实践中,坚持以学生、学习和学习效果的"新三中心"为导向,紧扣编程语言、数据算法和统计分析三个关键要素,形成效果好、可迭代、易推广的教学成果。

本课程完成了整体授课内容的重编排、案例的优选取、综合项目的精设计,以及课程思政教学目标的有效落实;针对大数据类课程的特点,借用阿里云天池实训平台,克服 MOOC 教学中实验训练弱化的缺陷,利用"互联网+"技术手段,支撑"课前—课中—课后"全过程的教学,显著提升教学效果,帮助学生更好地消化教学内容;同时,构建了

"四循环"评价体系,由浅入深地培养学生解决复杂问题的能力。基于教学全过程记录信息,分析形成包括学业水平、学习能力、学习状态和学习品格的"四维度"学生画像;为了更好地服务同学们,本课程在各大在线教学平台进行部署,配套助教服务以实现实时沟通,提高学习效果。

参考文献

[1] 于扬.计算机软件在《统计预测和决策》课程改革重要性研究[J].现代计算机(专业版),2017(24):39-42.

[2] 王慧芳.大数据背景下经管类专业统计学课程改革与创新研究[J].科教文汇(中旬刊),2021(17):128-130.

[3] 孙晓阳,李芳林.以学生为中心的"统计学"课程混合式教学模式探讨[J].江苏科技信息,2021,38(36):73-77.

[4] 陈华.基于 Python 的数据分析与可视化平台研究[J].网络安全技术与应用,2022(02):57-58.

[5] 权莉,魏言春.信息化时代教学体系的改革与创新[J].中国多媒体与网络教学学报(上旬刊),2021(11):36-38.

专业与思政融合的"食品化学"课程协同育人研究与实践①

杨玥熹② 牛付阁 房 升 施永清 黄建颖

(浙江工商大学食品与生物工程学院)

摘 要:本文阐述了"食品化学"课程结合思政教育的意义,探讨思政元素与专业知识融合的教学策略和教学设计,可以为"食品化学"教学内容、考核方式、实践应用等方面与思政的融合提供一定的实施方案和实践途径,也可为其他食品专业课的课程思政改革提供借鉴和参考。

关键词:食品化学;思政;协同育人;实践

一、本研究和实践的背景、目标和意义

(一)背景

1."食品化学"课程特点

"食品化学"是食品科学与工程专业主干专业课之一,也是食品相关专业的一门重要基础理论课程,主要阐述食品中各主要化学成分的结构、性质及相互作用。本课程为进一步学习食品工艺学、农产品贮藏与保鲜、食品添加剂等专业课程提供了必要的基础知识,同时也为学生日后从事食品的研发、品质控制、质量监督相关工作提供了较为宽广的专业理论基础,具有集理论性、技术性、应用性、多学科交叉性、实践性、创造性于一体的特点。

2."食品化学"课程传统教学中存在的不足

(1)在"食品化学"传统教学中,教师只管教书、不理育人。

(2)存在着思政教育、专业教学和创新创业教育各自独立的现象,这让有些学生发出"大道理谁不知道"的吐槽。

(3)由于教师是工科教育背景,政治素养、人文素养欠缺,有融合之心,无融合之力。

---

① 2019 年(下)省级及以上教学平台自主设立校级教学项目,编号 1110XJ0518001-10;2020 年浙江省一流专业—食品科学与工程建设项目,编号 1110XJ0520141-06。

② 杨玥熹,浙江工商大学食品与生物工程学院副教授,博士,研究方向为食品加工技术。

（4）虽然进行了融合，但是融合得不自然有痕迹，不能形成一个互相促进的有机体。

（5）课程本身具有融学术、道德、关注社会为一体的特点，在教育教学中学生的悟性和教师的点拨能力有待加强。

（6）学生不能把思政课的学习、专业课的学习和创新创业教育融为一体并做到融会贯通、相互促进。

（7）该课程在食品学科中的目标是使学生掌握食品中主要成分的结构与性质，及其在加工和保藏等过程中的物理、化学、生物化学变化及相互作用的基础知识，理解这些变化和作用对食品感官品质、营养品质及保藏稳定性的影响，并在食品行业各种岗位（如研发、品控、供应链、督察）上实际应用，将食品生产设备、工艺、配料、品质变化、安全监测和市场评估等系统集成整合为食品行业创新的能力。而在现有的课堂教学及考核模式下，各章节间独立性较强，课程总体顶层设计不够，很难促进学生融会贯通，上述培养目标的完成较为困难。

（二）目标

引导学生认知行业发展，掌握食品化学应用相关的知识技能，养成自觉遵守规则、诚实守信的良好习惯，形成尊重宽容、团结协作的品质，激发创新创业意识与兴趣，掌握创新创业技法，等等，牢固树立正确的世界观、人生观、价值观。

（三）意义

习近平总书记在全国高校思想政治工作会议上强调："要用好课堂教学这个主渠道，思想政治理论课要坚持在改进中加强，提升思想政治教育亲和力和针对性，满足学生成长发展需求和期待，其他各门课都要守好一段渠、种好责任田，使各类课程与思想政治理论课同向同行，形成协同效应。"作为食品科学与工程专业的一门主干课程，"食品化学"课程在食品科学与工程专业人才培养中起着举足轻重的作用，本身具有融学术、道德和关注社会为一体的特点，但由于学生领悟力不够、教师的点拨效果不佳，致使部分学生不能把知识技能、道德、生活经验、关注社会等融合为一个不断生长的有机体。这就要求我们在"食品化学"课程教学中，充分挖掘"食品化学"课程的德育、创新创业教育元素，充分发挥课堂教学在育人中的主渠道、主阵地作用，着力将思政教育、创新创业教育贯穿于"食品化学"教学的全过程，着力将立德树人的根本任务落实于"食品化学"课程教学的主渠道之中，凸显专业课教学的育人功能，更好地实现食品专业人才培养目标。因此，探讨"大思政"背景下的"食品化学"课程教学改革是非常必要的。

二、本研究和实践的策略和方案

（一）策略

大思政教育背景下"食品化学"课程教学改革，不仅要求教师具有很强的政治意识、比较深厚的专业基础与宽广的人文素养等，还要求教师在实施过程中根据教学情景的变化，能够灵活运用各种教学方法，组织课程的教学内容和考核评价，等等。同时，不但要求教师具有较强的融合能力,使思政教育、专业教育、创新创业教育无缝对接和无痕有机融合,采取春风化雨、润物无声的"无痕教育"的教育方法,达到内化于心、外化于行的目的,而且要求教师引导学生向社会这门大课程学习,因为一个学生的健康成长不是几门课程能够完成的,要发挥全社会的力量。因此,"大思政"背景下的"食品化学"课程教学改革与实践需要持续性、长期性进行。结合开课情况,本项目实践对象为 2017 级、2018 级、2019 级食工专业及 2017 级、2018 级食品创新班学生。

(1)应用马克思主义的立场观点,以及党的十九大精神,特别是习近平新时代中国特色社会主义思想分析解决课程中涉及的技术、道德、社会等问题,把学术、道德、关注社会融为一个不可分割的不断生长的有机体。加强师德师风建设,身教胜于言教,严守高校师德"红七条"底线。

(2)把习近平总书记在全国高校思想政治工作会议上的讲话精神、党的十九大精神等贯彻落实到"食品化学"教学的全过程中。坚持四个统一,即教书与育人的统一、身教与言教的统一、潜心问道与关注社会的统一、学术自由与学术规范的统一。坚持"四个服务",即为人民服务、为中国共产党治国理政服务、为巩固和发展中国特色社会主义制度服务、为改革开放和社会主义现代化建设服务。坚定四个自信,即道路自信、理论自信、制度自信、文化自信。落实立德树人的根本任务。

(3)在"食品化学"课程教学的各个环节中,践行社会主义核心价值观:爱国、敬业、诚信、友善(个人准则);富强、民主、文明、和谐(国家目标);自由、平等、公正、法治(核心观念)。

(二)方案

1.课程准备

在课程准备过程中,结合课程的重点和难点,根据教学内容的特点渗透和融合课程思政教育元素,找准结合点,实现有心无痕,让学生在不知不觉中获取真知,增强精神力量。

2.专业与思政融合的教学内容设计

马克思主义哲学和自然科学具有密切的辩证联系,同时二者之间具有相互不可替代的特点。哲学对自然科学的指导作用集中表现在世界观和方法论方面;高校自然科学教师应该自觉地学习和运用马克思主义哲学,将毛泽东思想、邓小平理论、"三个代表"重要思想、科学发展观、习近平新时代中国特色社会主义思想与课程教学实践充分融合,并要以身作则,用良好的师德和师风对学生产生潜移默化的影响。现将本课程教学中使用的专业与思政融合的内容设计举例如下:

(1)结合食品化学发展史说明现象学和辩证法在食品研究中的应用,阐释由表及里,点、线、面结合的研究方法,以及食品化学在总结归纳、去伪存真、去粗取精中不断螺旋式发展的规律,达到学术自由与规范的统一等。

(2)结合食品化学中营养物质转化及对食品安全与品质影响的教学内容,阐述做人做事的态度是一种"能量",要学会理智、科学地去处理问题。

(3)结合脂质氧化产生的条件及控制因素等食品中化学反应产生的条件及控制因素,阐述量变引起质变,要透过现象看本质。

(4)结合维生素的体内合成和体外摄入两种方式,阐述内外因相互作用以及内因的关键性作用。

（5）结合矿物质与其他食品营养素的结合方式以及矿物质缺乏对人体健康的影响，阐述抓主要矛盾、从实际出发抓关键问题的重要性。

（6）结合酶在食品加工中的应用，阐述自由、民主、平等的前提，自由与法治的关系，以及责任与义务的相关性。

（7）结合色素的分类和应用，阐述统筹安排、分类治理的重要性。

（8）结合香气控制原理及方法，阐述点面结合、全局观以及量变与质变的关系。

（9）结合基于食品化学基础知识开展创新创业教育的内容，说明创新创业中自由、民主、平等、法治很重要。实践中既要表达和转化创新的思想，又要遵守所涉及的规程、规范，做到规矩下的自由、民主、平等，自由、民主、平等中有规矩，达到学术自由与学术规范的统一等。

3.课程考核

课程考核既要重视学习过程的考核，又要重视学习结果的考核。如：课堂考勤、平时作业、期末考试、课程实验（验证型、创新型）、创新创业训练项目需要按照课程要求，不得弄虚作假；对于抄袭他人作业查重不过、团队作业贡献不够的学生计零分等，强调诚信、奉献是一个人的根本。又如：对于有替课、逃课行为的学生和协同欺骗的班干部，在平时成绩中扣除一定的分数，以进行诚信、协作、奉献精神教育等。

4.教学反思

根据学生课前、课中、课后、课外的学习记录和成长记录，进行数据分析和教学反思，持续改进。

三、本研究和实践的效果

（一）促进教师的发展

通过"大思政"背景下的"食品化学"课程教学改革，改变了教师的教学观，教师的学习积极性和育人能力得到明显提升，做到了教书与育人、身教与言教、潜心教学与关注社会、学术自由与学术规范的统一，实现了课程教学、创新创业教育、思政教育的有机融合，形成了良好的师德师风，促进了教师的发展。

（二）助推学生的成长

通过"大思政"背景下的"食品化学"课程教学改革，学生打通了知识技能、创新创业、道德、生活经验、关注社会之间的壁垒，融会贯通、知识迁移能力明显增强；课程思政教育为专业课程教学注入灵魂，引领了知识技能和创新创业两翼的发展，助推了学生健康成长，学生的综合素质得到了明显的提升。

（三）推动思政大格局的形成

把"食品化学"课程作为立德树人的有效载体，推进了思想政治工作多元化开展，充分发挥了"食品化学"课程在思想政治工作中的作用与地位，落实了习近平总书记在全国高校思想政治工作会议上的重要讲话精神,实现了"食品化学"课程教学与思政教育有机融合,使思政教育、专业教学和创新创业教育由"三张皮"拧成了一股绳,对食品专业课思政大格局的形成起到了积极的推动作用。

(四)培养学生创新创业能力

把"食品化学"课程作为创新创业教育的有效载体,提升了学生的创新创业素养。通过创新创业教育在课程中的渗透以及课程创新实验、设计性实验引领的大学生创新创业训练项目、"挑战杯"竞赛、"互联网+"创新创业竞赛等,激发了学生的创新创业兴趣,让学生体验到了自主实践的乐趣,其创新创业意识、精神、能力得到了明显的提升,为培养"大众创业,万众创新"的生力军贡献了力量。

(五)支撑食品科学与工程专业核心课程的建设

"食品化学"课程作为食品科学与工程专业核心课程,为食品科学与工程专业建设与开发提供了支撑。"食品化学"课程就是食品科学与工程专业的"中间石",起着连接基础课和应用型专业课(如"食品工艺学""食品新产品开发""食品添加剂")的作用,在整个食品科学与工程专业课程体系构建中有着不可替代的作用,推动了食品科学与工程专业建设与实施。在食品工程专业工程认证达成度评价体系下,2017级、2018级、2019级食工专业以及2017级、2018级食品创新班学生的"食品化学"课程完成度都超额达标,并逐年提升。

参考文献

[1] 郑清,张红,张龙,等.食品专业课程融入思政教育的探析[J].广东化工,2020,47(19):224-225.

[2] 隋晓,赵爱云,郭群群,等.《食品化学》课程思政教学的探讨[J].中文信息,2021(01):200.

[3] 胡燕,王钊."食品化学"课程思政建设的探索与实践[J].农产品加工,2020(19):132-134.

[4] 翟硕莉.食品化学课程中融入"课程思政"元素初探[J].绿色科技,2020(05):235-236.

[5] 林淑琴.食品化学课程思政教学模式探索和实践[J].食品界,2020(12):88.

[6] 徐文思,贺江,杨祺福,等.课程思政融入"食品化学"课程的教学探索与反思[J].农产品加工,2020(23):85-87.

[7] 刘卫华,王向红,米思,等.食品化学课程思政教学模式探索与实践[J].轻工科技,2020,36(11):142-144.

[8] 翟硕莉.基于超星学习通的课程思政在食品化学课程中的实践研究[J].现代农村科技,2020(06):96-97.

[9] 冀晓龙,侯春彦,杨留枝,等.课程思政背景下的《食品化学》课程体系与教学内容改革的探讨[J].轻工科技,2020,36(06):161-162+194.

[10] 陈文丽.校园食品安全教育与思政教育的融合发展研究——评《食品化学》[J].食品科技,2021,46(04):320-321.

[11] 满在伟,郭静.课程思政教育背景下《食品化学》的课程改革与实践[J].广州化工,2020,48(23):231-233.

[12] 王伟光.马克思主义哲学与自然科学[J].哲学研究,2010(9):3-9+118,127.

"知识—能力—素质"三元并举人才培养模式下课程思政探索

——以"城市管理学"为例①

周　德②　徐建春③　李翠珍④　王　莉⑤

刘　霞⑥　张　琦⑦　曹玉香⑧　顾　杰⑨

（浙江工商大学公共管理学院）

摘　要：本文以"城市管理学"课程为例，从"知识—能力—素质"三元并举的人才培养模式与课程思政的价值诉求契合点入手，就"城市管理学"课程思政的育人目标、切入点与建设路径等问题展开讨论，将社会主义核心价值观融入专业课程，旨在全方面提升学生综合素质，培养符合新时代城市管理需求的复合型人才。

关键词：课程思政；城市管理学；知识—能力—素质

在社会多元价值交织、渗透的复杂背景下，思政课对于大学生价值引导的局限性日益凸显。2016年，习近平总书记在高校思想政治工作会议中指出要做好高校思想政治工作，且要用好课堂教学这个主渠道，使各类课程与思想政治理论课同向同行，形成协同效应。

浙江工商大学土地资源管理系"知识—能力—素质（MTH）"三元并举的人才培养模式与高校课程思政建设的价值诉求高度吻合。课程思政的目标是实现教育价值和社会价值的耦合，而"MTH"模式正致力于培养"懂技术、会管理、重人文"的人才队伍，在传授知识的过程中增强学生技能，提高学生素质，进而使其实现全方位的自我提升，并在日后工作中从社会主义核心价值观出发，运用所学管理知识和实践技能实现社

---

① 2021浙江省第一批省级课程思政教学改革项目（课程思政示范课程）；浙江省高等教育"十三五"第二批教学改革研究项目（jg20190184）；2021年度校级研究生教育改革项目（YJG2021406）；2021新文科研究与改革实践项目；浙江工商大学教学改革项目（1150XJ2918427）；浙江工商大学高等教育研究课题（xgy19047；xgy18015）；2018校级"课程思政"教改项目（1150XJ2918816）。

② 周德，浙江工商大学公共管理学院土地资源管理系主任，教授，博士，研究方向为土地利用与调控。

③ 徐建春，浙江工商大学中国土地与城市治理研究院院长，教授，博士，研究方向为土地利用规划。

④ 李翠珍，浙江工商大学公共管理学院土地资源管理系副主任，副教授，博士，研究方向为农户土地利用。

⑤ 王莉，浙江工商大学公共管理学院土地资源管理系讲师，博士，研究方向为土地利用生态保护。

⑥ 刘霞，浙江工商大学公共管理学院土地资源管理系讲师，博士，研究方向为经济地理学。

⑦ 张琦，浙江工商大学公共管理学院土地资源管理系讲师，硕士，研究方向为土地测量与制图。

⑧ 曹玉香，浙江工商大学公共管理学院土地资源管理系讲师，硕士，研究方向为地理信息系统。

⑨ 顾杰，浙江工商大学公共管理学院土地资源管理系教授，博士，研究方向为房地产政策。

会价值。

"城市管理学"是浙江工商大学公共管理学院各专业的一门主要专业选修课,属于公共管理学科重要的分支学科之一,主要面向土地资源管理专业本科低年级学生。该课程通过厘清"人文精神与现代城市管理科学知识和技术"的辩证关系,构建基于"人文素质、管理知识、技术能力"耦合的城市管理学课程教学理论体系、目标体系、内容体系、方法体系。课程主要围绕社会主义市场经济条件下如何进行城市管理这一中心,按照现代城市管理的一般原理、现代城市管理的主体、现代城市管理的手段体系、现代城市管理的客体以及城市发展与城市管理的变革五个层次展开,系统地阐述了现代城市管理的基本原理和基本知识。运用人本主义学习理论,将课程思政理念融合到"城市管理学"课程教学中。

一、"城市管理学"课程思政育人目标

根据《高等学校课程思政建设指导纲要》和《浙江省高校课程思政建设实施方案》等文件的要求,结合习近平总书记任浙江省委书记期间就从经济与文化并重的角度出发赋予的浙江精神新内涵"求真务实、诚信和谐、开放图强","城市管理学"课程围绕城市管理的"人文素质、管理知识、技术能力"三个维度落实"课程育人"功能,通过"教学资源多元化、授课形式多元化、课程实践多类化"的课程思政教学创新模式,旨在培养符合新时代所需的既掌握新管理知识、新技术能力,又具有人文情怀的高精通复合型城市管理人才,解决学生发展后劲不足、"谋食不谋道"、可能陷入贪腐泥潭的问题,实现专业成才与精神成人的有机融合。具体课程思政的育人目标包括三个方面:

(一)知识目标

知识、能力、素质三元并举,全面高质提升。通过对城市的发展与演变、住房管理、生态环境管理、文化管理等城市管理学知识的学习,充分理解城市管理学的学科地位和在城市管理工作中的实践意义,完善土地资源管理专业知识体系,加深学生对于城市形成与发展的理论认识,掌握现代城市管理主体、客体和手段,现代城市管理的变革,以及当前国内外城市管理过程中的主要问题与关键问题。

(二)能力目标

管理、技术、人文三者融合,既谋食,又谋道。通过对城市管理学相关知识的学习,使学生掌握现代城市管理的基本理论、基本过程,提高其分析不同资源禀赋与社会经济条件下城市发展的策略与机理,并提出针对不同区域差异化发展路径的能力,为今后从事公共管理、土地管理、行政管理等工作打下一定的理论基础,培养学生经济学与管理学等基础人文社会科学分析能力、国土资源与城乡规划分析及应用能力和政府管理能力。

(三)素质目标

公开、公平、公正三公同在,立浩然之正气。通过对现代城市管理学理论与实践发展的学习,使学生了解新发展格局、新型城镇化与高质量发展背景下城市发展面临的机遇与挑战,理解不同发展阶段下城市管理理念的差异,进而培养学生重视差异化发展的意识,因地、因时制宜地作出个人发展选择与工作中面临的种种决策,并使其在日后工作中树立"以人为本"的原则与不断创新的意识,全面提升其素质。

二、"城市管理学"课程思政切入点

"城市管理学"课程通过耦合习近平新时代中国特色社会主义思想、"求真务实、诚信和谐、开放图强""天下为公、经世致用"的浙江精神、浙江工商大学(大商科)、公共管理学院(宽管理),提出城市管理学"人文精神与现代科学"的课程教学理念,注重培养学生"公开公平公正三公同在、知识能力素质三元并举、技术管理人文三者融合"的教学理念,厘清"人文精神与现代城市管理科学知识和技术"的辩证关系,将城市管理知识体系分解为三个维度,即人文素质、管理知识和技术能力,解构课程发展理念与知识结构体系、育人模式、课堂教学模式等的耦合关系,构建基于"人文素质、管理知识、技术能力"模式的城市管理学课程教学理论体系、目标体系、内容体系、方法体系(如图1所示)。

图1 "城市管理学"课程教学中的切入点

(一)管理知识与思政育人元素结合

一方面,通过讲授城市功能及其演变,使学生掌握城市发展的过程及驱动机制,了解城市管理学学科缘起,理解城市管理学的发展历程以及与相关学科之间的关系,进而拓展到学生人生成长、未来职业规划,培养学生正确的价值观;另一方面,从以人为本的城市管理原理出发,讲授在高质量发展背景下,"以人为本"理念在各项城市建设与城市管理中的重要性,培养学生"天下为公、经世致用"的人文精神及"先天下之忧而忧,后天下之乐而乐"的爱国意识与公德精神。

(二)技术能力与思政育人元素结合

首先,由讲授城市法治建设与城市综合执法的相关内容,拓展到法治中国、法治政府等治国方略,开展法治教育,使学生在理解城市法治含义与意义的基础上,思辨自由与规则之间的关系,并感悟社会主义核心价值观;其次,在课堂上引用智慧城市建设的案例,让学生主动查阅资料,在教师的指导下由学生对案例进行分析,通过教师启发等方式培养学生积极思考、主动学习的能力;最后,结合华为5G事件和中兴事件,讲解中国应构建自己的知识产权的城市大脑,技术不能受制于国外,激发学生为中国特色社会主义事业奋斗的信念和决心。

(三)人文素质与思政育人元素结合

第一,从房价走势入手,讲授诸如房屋建设管理、地价与房价调控等城市住房管理相关内容,激发学生的兴趣,引导学生关注时事、热点问题,并培养其终身学习的能力,以适应新的变化、新的局面。介绍"不忘初心跟党走:坚持房子是用来住的、不是用来炒的定位"的中央方针,拓展到国家的各项宏观调控政策,分享最新的制度与政策,让学生切实感受到我国政府执政为民的理念,增强学生的获得感。第二,在城市安全管理的相关内容授课过程中,讲授城市公共安全及其特征、城市公共安全管理原则、城市灾害特征与类型等内容,结合案例教学,拓展到个人安全与公共安全的关系,开展国家安全、粮食安全、生态安全、个人安全等安全教育,从宏观到微观,全方位增强学生的安全意识。第三,在城市环境管理相关内容的讲授中,讲解城市生态环境保护的含义和内容及城市环境管理的一般手段。并从发展理念的转变入手,介绍习近平总书记"和谐中国""美丽中国""生态文明建设""低碳经济发展""两山论"等生态环境保护理念,加强学生的生态保护意识及可持续发展观的培育。第四,通过对城市文化管理相关内容的讲授,培养学生的家国情怀,树立文化自信。第五,通过对城市规划原理的讲解,结合案例分析,介绍不同资源禀赋、社会经济条件的城市在发展与规划中的差异性,进而引发学生基于自身条件对其自我发展的思考,选择正确的道路,并对大学生开展正确的职业规划教育;另外,通过对杭州市城市规划展览馆的参观与调研,帮助学生理解抽象的理论知识,使学生在实践中加深对城市规划的历史和目标的理解,并使其意识到实践在学习和生活中的重要性,不仅要"读万卷书",更要"行万里路",培养学生唯物主义的世界观及方法论。

三、"城市管理学"课程思政育人建设路径

依据课程思政的教育内容,将课程思政教育融入课堂,重构"城市管理学"课程教学内容体系。将思政元素融入专业知识教学,将思政教育贯穿于专业教育教学的全过程,将教书育人落实于课堂教学的主渠道之中,充分发挥课堂教学在育人中的主渠道作用。"城市管理学"课程建设机制具体包括创新课程教学内容体系、创新教学手段和教学载体、加强授课队伍建设、改革考核体系和方式等4个维度(如图2所示)。

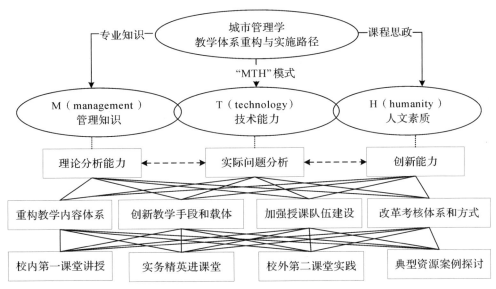

图2 "城市管理学"课程思政育人和专业知识教学建设路径

(一)创新课程教学内容体系,融入思想政治教育元素

根据"城市管理学"课程各章节的不同内容,从知识传授、能力培养与价值引领三方面准备教学素材,在知识传授中强调价值观的同频共振,创新课程教学内容体系,以实现思政元素与专业课程的高质量融合(如表1所示)。

表1 "城市管理学"课程教学内容体系

章节名称	知识传授	能力培养	价值引领
绪论	城市管理的一般过程及原理	了解城市管理学的学科缘起;理解城市管理学的发展历程以及与相关学科之间的关系	将城市管理的一般过程拓展到学生人生选择与发展方面,对其进行职业规划教育
城市管理原理	以人为本的城市管理原理	掌握城市管理的基本原理与一般规律	培养学生"天下为公、经世致用"的人文精神;培养学生"先天下之忧而忧,后天下之乐而乐"的爱国主义精神与公德精神
城市法制	城市法制的含义;城市法律规范的类别、作用	掌握城市法制的含义;了解城市综合执法的内容与意义	将城市法制拓展到法治中国建设,开展法治教育,使学生思辨自由与规则之间的关系,树立遵纪守法意识
城市环境管理	城市生态保护含义和内容;城市环境管理的一般手段	了解城市环境管理的基本内容、原则与一般手段;掌握城市环境管理中的循环经济理念、循环经济中的3R原则	增强学生的生态保护意识;引导学生树立可持续发展观
城市住房管理	土地开发管理、房地产建设与经营管理	掌握城市住房管理的内容及运作方式、我国城市住房管理的主要手段与实现方式	通过对各项国家宏观调控政策的案例分析,使学生切实体悟到我国政府执政为民的价值取向

(二)创新教学手段和教学载体,提升思想政治教育效果

在"城市管理学"课程的教学中,融入"校内第一课堂、校内校外翻转课堂(第二课堂)、第三课堂(实践教学)"的耦合教学模式。校内第一课堂主要由教师讲授"城市管理学"相关原理及理论;在第二课堂中,由学生提前收集资料学习相关知识,授课教师根据学生课前反馈进行针对性备课并讲授重点与难点知识;在第三课堂中,基于所授理论知识,安排相关实践教学环节,如参观杭州市城市规划展览馆等。通过第一课堂、第二课堂与第三课堂的耦合,培养学生主动思考、主动学习的意识,并引导学生将所学理论知识与实践相结合,提升思想政治教育效果。

(三)加强授课队伍建设,提升教师开展思想政治教育的能力

教师是实施课程思政建设的主体,课程思政建设与实施的关键在教师。授课队伍的建设工作应从以下几个方面展开。首先,需深化教师对课程思政重要性的认同,具体措施包括拓宽教师对课程思政的认知途径,营造重视课程思政的文化氛围,完善对教师的考核评价体系,将课程思政建设纳入对教师的考核中,等等。其次,提升教师课程思政建设能力。大多数专业教师缺乏思政理论基础,因此,应构建专业课教师与思政教师定期研讨机制,共同探讨如何将思政元素融入课程中,提升教师将思政元素融入课堂的能力。最后,改单一备课为集体备课,加强课程间思政元素的联系与融合。集体备课一方面可以弥补单一备课中教学方法单一、备课不充分的缺点;另一方面,在集体备课中,通过教师之间的交流与研讨,可以加强课程间思政元素的联系与融合,提升思政元素融入课程的效果。

(四)改革考核体系和方式,既注重专业知识考核,更要注重"思政教育"考核

在当前主流的课程考核体系中,主要重视对学生知识与技能掌握程度的评判,欠缺对学生情感、态度、价值观等思想道德素养方面的考核;在课程思政的背景下,应强化对学生思想政治素养的考核,增加思政内容实践教学效果的过程性评价,实现对教学效果的有效监控和管理。由于课程思政对学生思想政治水平的影响是循序渐进、潜移默化的,因此,对学生政治素养的考核应以定性评价为主。具体考核形式包括案例分析与讨论、小组作业与汇报、报告、论文等。

四、结 论

在课程思政视域下,"城市管理学"课程围绕城市管理"人文素质、管理知识、技术能力"三个维度构建教学体系,旨在促使学生知识、能力、素质三元并举,全面高质提升。包括管理知识与思政育人元素结合、技术能力与思政育人元素结合、人文素质与思政育人元素结合。在实施路径上,包括创新课程教学内容体系、创新教学手段和教学载体、加强授课队伍建设及改革考核体系和方式,让思政教育贯穿课程建设始终。

参考文献

[1] 毕晶.构建"课程思政"的"三位一体"——以《经济学》课程为例[J].山西财经大学学报,2020,42(S2):57-60+71.

[2] 高德毅,宗爱东.从思政课程到课程思政:从战略高度构建高校思想政治教育课程体系[J].中国高等教育,2017(01):43-46.

[3] 高珊,黄河,高国举等."大思政"格局下研究生"课程思政"的探索与实践[J].研究生教育研究,2021(05):70-75.

[4] 李文洁,王晓芳.混合教学赋能高校课程思政研究[J].中国电化教育,2021(12):131-138.

[5] 邱伟光.课程思政的价值意蕴与生成路径[J].思想理论教育,2017(07):10-14.

[6] 习近平在全国高校思想政治工作会议上强调:把思想政治工作贯穿教育教学全过程　开创我国高等教育事业发展新局面[N].人民日报,2016-12-09(1).

实践教学篇
SHIJIAN JIAOXUE PIAN

阿拉伯语语音课"渲染式"教学法实践与探索

周　玲①

（浙江工商大学东方语言与哲学学院）

摘　要：积极探索阿拉伯语语音课教学的创新路径,是为了让学生更好地掌握阿拉伯语入门的基础知识,培养学生对阿拉伯语专业的兴趣。语音课上得好,就能为阿拉伯语精读课的教学提供更多辅助意义上的时间和空间。"渲染式"教学法的提出,对探索阿拉伯语语音课的教学法具有一定意义。

关键词：阿拉伯语语音课;"渲染式"教学法;实践与探索

一、阿拉伯语语音课"渲染式"教学法

(一)何谓"渲染法"语音教学

所谓渲染,是国画的一种技法,使用水墨或淡彩涂抹画面,显出物象的明暗向背,以加强表现效果,使人感觉情景更加真实。所谓"渲染法"教学,即带领学生使用多种练习方法的同时,格外注重阿拉伯语所特有的发音习惯、部位、语气、语调,不断地和母语即汉语、第一习得外语英语进行横向比较,使学生更加体会阿拉伯语语音特色美感,感觉到该语言的内在实质,打破一切旧的发音习惯,在短短2个月的语音语调阶段,打下最扎实的语言基本功。就像一幅国画作品,在不断的色彩比较中,突出画作的主题。在不断突出特色的各种描绘与解说、练习、比较中,突出阿拉伯语最真实的发音特色。

(二)我系语音教学情况回顾

2018年底,浙江工商大学东方语言与哲学学院阿拉伯语系,重新设置了第二轮的人才培养方案。在这个新的方案中,增添了大一年级的语音课这门课程。本课程设定为学科共同课,是一门集中实践课。本课程目的在于：系统介绍语音和语调的知识,使学生通过学习和练习掌握阿拉伯语的发音部位、发音规律,通过语音语调实现语义

---

① 周玲,浙江工商大学东方语言与哲学学院特聘教授,硕士学位,研究方向为阿拉伯社会、阿汉互译、阿拉伯语教学。

表达功能,从而能够基本正确使用阿拉伯语语音语调朗读、陈述和沟通交际所需要的语言感觉。

那么,在此之前的阿拉伯语教学中,我系语音内容的教授情况如何?

专业开设之初,我系对语音课内容没有一个必要的设计,认为每天两节的阿拉伯语精读课应当能够保证语音的教学。按照以前的教学语音法则,机械和生硬地练习是主要的途径,学生别无选择,跟着录音一遍遍地听发音,没有外力作用下的所谓"渲染",凸显不出语言内在的优美和抑扬顿挫的韵律,缺乏"水墨"和"颜料"是语音教学中最大的问题。学习者缺乏语言本身的沟通效果,纯粹地把语言当成一种知识性学科进入,不免在将来的学习中陷入先入为主的死板的学习怪圈,造成学习上一些消极的影响。

(三)语音课"渲染法"教学势在必行

在经过 3 年的教学实践后,师生们深刻地认识到了在基础入门阶段,仍然跟着2002 年出版的教材中的内容和节奏,在课上课下一轮一轮地"念老经"已不可行,甚至产生厌烦情绪。本身学习语音语调的 2 个月时间,反复练习字母和单词发音,就是一个枯燥的过程,而课堂上的按部就班和过了时的永不更新的单词,更使教师感受到了教学中的乏味,提不起兴趣来,一个失去教学兴趣的教师,注定不会有灵活的思维和腔调。因此,应该及时调整思路,采取行动,对基础入门教学增加新的内容和方式。

"渲染法"教学三大要素:教材、教师、学生。作为三角形的三条边,哪条边动摇、短缺,都不能使三角形牢固,也不能使教学顺利进行。

二、"渲染法"教学中的教材

阿拉伯语语音课,在我国阿语教学领域,属于新型课程,往往被同化在精读课中,不会单独成为一门教学课。因此,语音教材,相对于其他门类的教材,短缺程度令人担忧。至今,还无一本正式出版的阿拉伯语语音教材。

(一)国内语音课教材分析

和其他外语类的情况相似,从全国阿语教学情况来看,目前阿拉伯语语音教学仍然缺乏系统和完整的语音教材和配套的视听材料。

随着新媒体的兴起,网上阿拉伯语入门的教学课程花样繁多,西方国家的、阿拉伯国家本土的及国内大陆的、中国台湾的阿拉伯语基础教程,充斥着各种口音的教师在网上授课,各行其是。有关语音的教材也是五花八门,属于待开发、待整理的状态。

我系学生使用的精读课教材是外语教学与研究出版社出版的《新编阿拉伯语》,该系列教材均配备了一张朗读 CD。由于实际授课教师的发音与 CD 中外教的发音有很多不一致,再加上播放机器的选择等实际问题,在 5 年的实践教学中,学生对该 CD 的使用率明显不高。

年轻人对未知世界充满了好奇,学生对阿拉伯语的兴趣,不可谓没有。作为一门使用了上千年的古老的语言,它的内涵和外延并不能说是枯燥的。但是之前的语音阶段学习,完全按照基础阿拉伯语课本来练习,缺乏变化,学生在练习过程中,往往读过几遍后,就失去了再读、反复读的兴趣和热忱。沙迦大学语言学院的埃及籍教师曾对笔者坦言:中国学习阿语的学生所使用的教材内容,实在是落后了,这样的教材对培养学生对阿拉伯语的兴趣,灵活运用语言,没有一点好处。精读课情况如此,对于语音课的教学,更是没有一本全国通用的固定教材。

(二)我系自创语音课材料

自 2015 年阿语专业开始招生,一直是由笔者担任大一年级的基础课程教学。借助阿拉伯语系微信公众号,开辟了《基础阿拉伯语 1》朗读录音栏目,便于学生迅速快捷地找到语音范读。

同时,选取阿拉伯国家的原版诵读资料。朗读练习的材料以新颖、富于变化为基本要求。内容涉及面非常广,有儿歌、诗歌、网上课堂、歌曲、动漫、纪录片、风光片、新闻、电视剧、电影等,所提供的配音均为来自以阿联酋、沙特为主的海湾国家,埃及、突尼斯等北非国家,黎巴嫩、约旦等沙姆国家的标准语配音。

每次语音课前 15 分钟,笔者都会选择合适的视频资料给学生播放(更多的是发给学生课后观看)。尤其是提醒学生困难字母的发音,字母在单词句子中的读法,等等。

阿拉伯语的叠音是学生较难掌握的音,虽经教师反复强调,但还是不太会注意到单词中出现叠音时应该夸张地朗读的要求。在语音课教材编写中,笔者加进去了一段类似绕口令的、由叠音较多的单词组成的句子,"渲染"需要加强的部分,令学生练习时印象深刻。

الذَّهَبُ بالذَّهَبِ وَزْنًا بِوَزْنٍ ، والفِضَّةُ بالفِضَّةِ وَزْنًا بِوَزْنٍ ، والبُرُّ بالبُرِّ مَثَلًا بِمَثَلٍ ، والشَّعِيرُ بالشَّعِيرِ مَثَلًا بِمَثَلٍ ، والتَّمَرُ بالتَّمَرِ مَثَلًا بِمَثَلٍ ، والمِلْحُ بالمِلْحِ مَثَلًا بِمَثَلٍ

三、"渲染法"教学中的学生

教学的主导应该是学生,作为高校中的主人,如何使学生真正领悟到 Alfred Charles Gimson 这位英国著名的语音学专家说的"学会一门语言,一个人只要学会它的 50%~90% 的语法,10% 的词汇就够了,但语音必须近乎 100% 地掌握"这句话,的确需要教师有足够的智慧和努力。充分了解学生特点,以便拓展课内教学新技巧。本文以 2019 班的学生为例,他们也是第一届接受"渲染式"教学法的学员。

2019 年 11 月 6 日,我系对 2019 级学生进行了第一学期的期中口语测验,也是对 2 个月的语音语调教学进行一次验收。本次口试的题目相对于之前的试题,虽然保持原先的题型不变,但无论是在量上,还是在困难程度上都做了较大幅度的提高,这也是为了和学生的真正水平相适应。

1. إقرأ الحروف التالية: (1×20=20%)

زّ رى ذَا جْ ظِ زَا ضْ دِ غْ خُّ

غَى آ غُ ضِي قَا هُوْ خُ ثُوْ طُو صَوْ

2. إقرأ الكلمات وشبه الجمل: (2×12=24%)

خِدْمَةُ الشَّعْبِ وُضُوءُ الإِصْطِدَامُ الإِسْمُ

الدُّبُّ البُنِّيُّ جَامِعَةُ القَاهِرَةِ الدَّوْلَةُ الشَّقِيقَةُ التَّعَلُّمُ المُسْتَمِرُّ

ثَمَانِي سَاعَاتٍ المُدُنُ الكَثِيرَةُ بِرْكَةُ المَاءِ مُمَرِّضُونَ مُجَدُّونَ

3. إقرأ الجمل التالية ثم ترجمها إلى الصينية: (8×5=40%)

(1) هَلْ لَكَ هَاتِفٌ نَقَّالٌ جَدِيدٌ؟

(2) أَمَامَ مَسْكَنِ الطَّالِبَاتِ حَدِيقَةٌ وَاسِعَةٌ.

(3) أَدْرُسُ فِي كُلِّيَّةِ اللُّغَةِ العَرَبِيَّةِ.

(4) هُمَا مُهَنْدِسَتَانِ نَشِيطَتَانِ.

(5) أَنَا مِنْ أَهْلِ شَانْغْهَايْ.

4. أجب عن أسئلة الأستاذ بالعربية: (4×4=16%)

(1) مَا اسم كليتك؟

(2) كم طالبة في فصلك؟

(3) كم كتابا عربيا لك؟

(4) ماذا على مكتب الاستاذة بثينة؟

(5) ما الغد في الأسبوع؟

自 2019 年 9 月 9 日正式上课以来,语音语调课程整整进行了 2 个月,就 2019 级学生的发音情况来看,除了两三位同学有一些困难之外,其他学生都非常不错,甚至有 3 位同学达到优秀和完美的程度。

阿拉伯语以它朗朗上口的音调打动学习者,但是如何在语音阶段就让学生体会到这种韵律美,只有借助诗歌的"渲染"作用。本次语音课一共选择了 4 首诗歌,有古代悬诗作品、叙利亚爱情诗歌王的作品,还有埃及诗人的 2 首带有哲理的、充满民族情感的作品。不要求学生能够懂得里面的深意,只要跟着朗读并且背诵,即算达到语音课效果。学生们在被激起浓厚学习兴趣的同时,主动将诗歌翻译成汉语,不见得是学得最好的学生,却能够意译出最符合汉语风格的新诗再创作,在令笔者欣喜的同时,深切地感受到"渲染式"教学的好处。

四、"渲染法"教学中的教师

1. 阿拉伯语的特性

(1)阿拉伯语和其他语言一样,随着社会的高速发展,语言的变化非常巨大,新的词汇和表达,尤其是外来语层出不穷。

(2)众所周知,阿拉伯语是一门关于词汇的语言,它拥有 1200 万个词汇,是所有语言中词汇量最丰富的。阿拉伯国家众多,每一个国家都有其固定的词语用法,很难统一。

(3)阿拉伯语有口语与标准语的区别。广义来讲,沙姆地区、北非地区、阿拉伯半岛国家有三大块发音区别;狭义而言,22 个国家中每一个国家和地区各有一定的发音特质。

正因为以上的特点,学生在学习阿拉伯语的入门阶段,普遍存在着入门困难的问题。

2. 优化举措之"渲染法"教学

笔者接触阿拉伯语 36 年,在漫长的学习和使用阿拉伯语工作的过程中,深刻感受到,正确的发音是外语学习的基础,是学习者对于学好语言的自信心的来源所在,学习者语音的好坏会直接影响到对单词的记忆和理解。因此,语音课程应该被视为语言教学的出发点,学会外语口头交际的基础。由于语音语调教学时间仅为 7 周,时间紧、任务重且难,就好像是"筹划"一幅完整的油画创作,要对教学活动程序、教学组织形式、教学方法手段、教学媒体等画面因素进行全盘考虑。

根据阿拉伯语的特点,与时俱进,针对语音课的教材和教授方式不断进行有益的创新探索,不断反思总结,理顺教学思路。针对学生学习中的具体问题,不断改进和优化教学方式。而"渲染法"教学的推进,借助多媒体辅助课堂教学加网络自主学习模式,能在以下几个方面改善教学:

(1)使语音教学内容趣味化,克服了教师讲得多、学生说得少,重知识、轻训练的问题,以及缺乏师生互动,课堂气氛沉闷的陋习。

(2)使语音教学形式多样化,克服了以往授课方法单调,重规范、轻美感的痼疾;通过录音、录像、语音实验、声调分析等高科技教学手段的运用,"渲染"启发学生重视声调、口型、语音对比、语言与文化等因素,既能增强教学内容的科学性和准确性,又可以减少教师的劳动强度,这也是各类语音教学发展的必然趋势。

(3)使语音教学层次高端化,克服了学生视野狭窄,把语言当数理化知识学习的僵化毛病。语音阶段的学生朗读背诵阿拉伯著名诗歌的首创,得到了北外资深教授朱凯先生的高度赞扬,他认为这对提高学生的语言感觉和欣赏能力非常有帮助。

五、结　语

通过对 2019 级学生"渲染式"语音课教学的实践,学生基本掌握阿拉伯语语音之区别于汉语、英语的特点,了解阿拉伯语语音的基本知识,达到能够熟练正确地运用语音语调进行交流的目的。在语音实践的过程中,尽量排除了母语语音以及英语对阿拉伯语语音学习的影响。通过本次实践,几乎全部学生能够正确地发出阿拉伯语 28 个字母 336 个音素的发音方式,正确地读出在单词和句子中的语音组合,尤其是一些阿拉伯语特有的音素的发音特点,熟悉并掌握了阿拉伯语的各种特殊发音现象,如辅音、浊音、摩擦音、喉音、齿间音、顶音、小舌音、颤音、咝音、连读、叠音、太阳太阳字母在单词中的读法等,以正确的重音、节奏、停顿和语调,按照正确适当的语速,循序渐进地进行练习,继而进行流利的朗读,语流顺畅,语调自然而不受母语发音的负面影响。

通过本次实践,学生也发现了自己语音和听力等基本技能方面所存在的问题和不足,以便在之后的学习中及时采取补救措施。总之,通过"渲染式"语音课的学习,学生为进一步完善自己的专业知识和专业技能,为以后的专业学习打下了坚实的基础。这是我系教学改革中一次非常有益的尝试。

"学生兴趣"与"课程爱育"相融合的国家一流食安专业核心大实验的设计与实践①

陈可先②　宋亦超③　田师一④　石双妮⑤

（浙江工商大学食品与生物工程学院）

摘　要：针对当前食品质量与安全专业 00 后学生的学情特点，结合国家一流食安专业核心大实验的教学计划和国家一流专业培养方案的要求，笔者以食品中重金属含量的检测实验为例，分享了近几年来将"学生兴趣"与"课程爱育"融合于实验教学的设计理念与探索实践经验，提出了"兴趣—爱育—美育—能力—细节"深度融合的课内课外学习相融通的课程教学方法，探讨了学生兴趣激发、学生专业综合能力培养、学生博爱情怀引导和学生美育感知等方面的工作经验，以期为新时期食品类实验课程的教学与育人提供一些方法参考。

关键词：实验教学创新；形成性评价；学生兴趣；教学效果

一、引　言

2016 年初，《教育部 2016 年工作要点》提出了世界一流大学和一流学科建设的"双一流"建设计划。2018 年 9 月，习近平总书记在全国教育大会上指出，要坚持把立德树人作为根本任务，教育引导学生培育和践行社会主义核心价值观，踏踏实实修好品德，成为有大爱大德大情怀的人。2019 年 4 月，教育部发布《关于实施一流本科专业建设"双万计划"的通知》，计划于 2019—2021 年建设 10000 个左右国家级一流本科专业点和 10000 个左右省级一流本科专业点。2019 年 10 月，教育部发布《关于一流本科课程建设的实施意见》。习近平总书记的教师节讲话和这些文件的精神明确了建设一流大

① "三全育人"视域下国家一流食安专业课程教学质量评价新模式与课程爱育体系的构建与实践，浙江工商大学省级及以上教学平台自主设立校级教学项目，编号 1110XJ0520120；"可可食学"视域下国家一流专业"三全育人"新形态与大学生幸福感间的深度融合研究，浙江工商大学高等教育研究一般课题，编号 1110KU221114；"可可食学"爱育中心，浙江工商大学思想政治工作质量提升工程系列培育项目，编号 1110KU521009。

② 陈可先，浙江工商大学食品与生物工程学院教师教学发展中心主任，助理研究员，博士，研究方向为分子味觉与分子模拟。

③ 宋亦超，浙江工商大学食品与生物工程学院实验师，硕士，研究方向为食品分析。

④ 田师一，浙江工商大学食品与生物工程学院副院长，教授，博士，研究方向为智能感官、电子鼻与电子舌。

⑤ 石双妮，浙江工商大学食品与生物工程学院实验师，硕士，研究方向为食品微生物分析。

学、一流学科、一流专业、一流课程和一流品德修养在一流人才培养中的重要性。因此，高校要以此为契机，以教学育人为一线核心载体，为国家的人才培养战略贡献力量。

在这一背景下，浙江工商大学食品质量与安全专业近几年通过不懈努力，已获评国家一流专业、国家一类特色专业、浙江省重点专业、"十二五"浙江省优势专业和"十三五"浙江省特色专业，专业致力于培养学生具备扎实的化学、生物、食品科学、食品质量及安全控制、管理、检验检测等基础理论知识和专业综合运用与发展能力。这种能力主要体现在以下几个方面：一是一流课程体系的建设；二是一流师资的引领；三是一流平台的依托；四是一流爱育与美育环境的熏陶。笔者始终认为，一个专业如果没有给予学生足够爱与美的熏陶，也就意味着缺失了育人的灵魂，而这种美育与爱育穿插于教师与学生间日常教学与交流互动的方方面面。因此，一个好的专业必定具备这些基本育人元素，而教师的课程教学质量及其日常言行举止等方面均为重要的育人指标。

食安专业核心课程大实验是建立在专业核心课程体系的基础上，面向食安专业大四学生的一门专业必修课程。针对当前国内外面临的各种食品安全与品质问题，课程教学涵盖了营养、安全、消化与感官四个前沿领域的内容，每年精选并实施 7 个主题实验，以探索精准、快速检测的方法与技术为主要技术方法，开展了发现问题、分析问题、解决问题和表达问题等专业综合能力训练。该课程于 2017 年首次开设至今，累计已有 6 轮教学经历，实验时间在大四第一学期或大三下暑假短学期，已经开设过的班级包括食安 2014 级 3 个班、食安 2016A（专升本）班、食安 2015 级 2 个班、食创 1501 班、食安 2016 级 3 个班、食创 1601 班、食安 2017 级 2 个班、食安 2018 级 2 个班和食创 1801 班，累计学生人数 500 多人。笔者有幸参与其中两个主题实验的教学：食品中维生素含量的测定和食品中重金属含量的测定。在国家"三全育人"文件精神和"可可食学"博爱育人理念的引领下，在国家一流专业课程培育的要求下，在食品学院"基于科研、产品、消费和信息技术深度融合"的课程课堂教学改革政策的指引下，笔者在食安专业核心课程大实验里以食品中重金属含量的测定为内容，开展了基于"学生兴趣"与"课程爱育"相融合的实验教学思考、设计和探索实践，以食安专业学生为目标人群，初步探索了适合新阶段"00 后"大学生的、有助于实验教学质量与学生专业综合能力协同提升的课程教学体系，提出了"兴趣—爱育—美育—能力—细节"深度融合的课内课外学习相融通的课程教学方法，以期为提升学生的博爱情怀，增强学生的专业自信，提高学生的自主学习能力，养成学生良好专业素养和提高教师教学水平等方面提供一些方法参考。

二、以学生兴趣为导向的实验设计，助力课程教学质量提升

在食安专业核心课程大实验前，课程会对学生的学情情况进行系统分析。参加课程的学生已完成大学前三年的学习，具备课程要求的基础理论知识与实践技能，包括食品品质学、食品营养生物学等食品类课程，食品检验学等食品化学类课程，有机化学等基础化学类课程和相关基础实验的操作，掌握了实验方案的基本设计方法、实验操作的基本规范和撰写实验报告的主要注意事项。目前课程学生多数是"00 后"，他们的科学好奇心重，喜欢动手操作实验，且具有较强的文献查阅、撰写文本与总结能力。因此他们有足够的能力在课程实验的方向上根据自己的兴趣爱好开展实验的设计与实施。

在食品重金属含量的检测实验中,笔者结合学生的学情特点,结合国内外近期的食品安全事件,让学生根据自己的兴趣自主设计个性化实验方案。主要体现在以下几个方面:(1)实验对象可以自由选择,比如猪、鸡、鱼和虾等动物或者苹果、青菜等水果蔬菜,可以考察动物瘦肉、肥肉或者内脏中,蔬菜根茎叶中的重金属含量;(2)可以研究有害重金属砷、铅、镉、铬或者人体所需的一些金属如铜和硒;(3)可以研究重金属的存在形式及其价态,如有机砷与不同价态的镉;(4)前处理方法可以选择湿法消解、微波消解、干法消解等;(5)检测方法可以选择电感耦合等离子体质谱、原子吸收光谱等。在此基础上,可以设计出考察不同动物(植物)间、同一动物(植物)的不同区域里的重金属及其形态分布,探索不同前处理与检测方法对结果影响的规律。

总体上要求学生以最简单的方式设计与呈现实验方案,但方案要规范,可操作性强,方案的研究结果能为保障食品安全事件或解答日常生活问题提供一种结果参考,且要有自己独立的思考,考虑是课程实验,实验的课时设计不宜过长,且其范围不宜过宽。在此基础上,任课教师对实验方案进行评价并提出修改意见,在考虑可行性的前提下,再择优作为案例开展实验探索。这里需说明下,如果在个性化实验条件不允许的实验课程中,教师可让学生对比并实施教师自主设计的创新实验方案。实验前学生的自我探索和教师的修改与评价让学生的综合实验能力得到大幅提升,也有助于达到提高教学质量的目的。

三、以疑激思的实验设计,提升学生的专业综合能力

在自主实验设计与操作过程中,学生会有很多疑问,教师可以有意识地加以引导,激发学生对于实验细节的深度思考,这往往能起到很好的作用。学生在实验方案设计起初阶段可能会有以下疑问:到底选择什么实验对象?设计实验的时候要不要考虑很全面,比如把猪的各个部分都采样进行分析?选择哪些重金属作为目标分析对象,一个实验可否同时测多种重金属?不同重金属检测的要求是否不同?要不要考察重金属的存在形态或价态?不同的形态与价态应采用哪种仪器方法检测?不同的重金属形态与价态在前处理过程中会不会发生变化,又如何控制?如果重金属形式和价态发生了变化,最后会变成什么模样?测出来的结果是否可用或怎么用?不同的前处理方法选择的依据是什么?各有什么优缺点?不同的检测方法的原理是什么?各有什么优缺点?如何选择?是否需要做溶剂空白实验?重金属检测中对玻璃器皿有什么要求?设计的方案方法与国家标准方法相比有哪些优缺点?设计的分析仪器资源在哪里?且是否可以使用?如何操作?实验报告应该怎样设计,才能既体现简洁,又符合学术规范?小组团队如何协作完成实验方案及其操作?实验试剂如何选择?哪里购买?怎么申请?如何防范安全事故发生?哪些操作需要格外注意?通过这个实验,学生团队需要先自己查阅各类文献资料尝试回答诸如此类的疑问,反复深究相关问题并对方案进行可行性分析,试图找出一种能解决实际问题的相对简要、安全且合理的方案。在学生通过自我查阅文献以释疑的基础上,教师再给予一定的辅导与答疑。

在实验过程中,引导学生产生很多疑问也非常重要。比如学生可能会纠结以下问题:不同组之间的实验现象为什么会不同?同个样品不同组之间数据结果为什么有很

大的差异？为什么文献中同类实验对象某种重金属含量超标，但自己的实验结果并不是如此，实验方案设计或操作是否存在不足？为什么实验过程要用超纯水而不是常规的去离子水或自来水？为什么需要5％的硝酸保存消解的样品而不常用超纯水？如何取样或称取样品才合适？天平是否需要校准？消解过程中硫酸、硝酸或高氯酸如何选择？不同的加入顺序会有怎样的影响？怎样的消解样品是适合进样分析的，检测仪器对其酸度和颜色等有没有要求？消解液体样品是否需要过膜？消解液可否用容量瓶定容？实验图谱如何解析？如何开展含量分析，选择内标法还是外标法？通过教师有意识地引导和解答诸如此类疑问，加上学生团队间的前期协作及其对实验中疑问的反复深究，学生的专业综合能力可以得到大幅提升。

作为一门一流专业的必修课程，学生专业素养的养成需要教师以学生对每个实验及其步骤的方案设计与操作作为入手点，从各类细节上加以把关，确保学生有独立的想法和充分的思考。毕竟作为综合性实验，需要学生充分借用以往学过的各课程的理论知识与实验操作经验，才能有专业综合能力质的提升。

四、以实验现象为载体，增强学生的课程美育感知

食品化学类实验课程与食品加工类课程往往都具有丰富的实验现象。在实验过程中，学生需要记录这种实验现象的变化过程。多数学生在实验后会分享实验过程中的现象图片，并与现实生活中的一些例子进行对比，这往往能增强学生对美的感知能力。虽然实验操作过程比较枯燥，但细心观察，实验过程中处处涵盖着美。

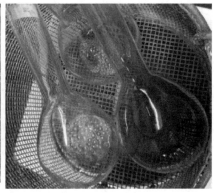

图 1　湿法消解过程中样品的颜色变化

以猪肉中重金属含量测定的实验为例，采用硫酸和硝酸相结合的湿法消解方法对猪肉进行消解。硝酸一般是无色的，如果其见光分解后则呈现黄绿色。硝酸与猪肉接触后，硝酸颜色起初并没有变化。随着加热过程开始，溶液逐渐变成淡黄色，随后呈棕色，凯氏烧瓶中也冒出相应颜色的烟雾（如图1所示）。待反应缓和后，溶液颜色变淡。但如果加热温度过高，烧瓶内会出现黑色碳化现象。在冷却后加入硫酸与硝酸，随着加热过程的继续，溶液又可以变成棕色或淡黄色，最后烟雾颜色会出现白色，溶液变成白色或微黄（如图2所示）。虽然上述颜色的变化是整个实验过程中一小部分，但这些视觉冲击和感官刺激（刺鼻的味道）能引起学生对实验操作安全防范和实验效果评价方面

的思考,比如:冒棕色烟雾或者白色烟雾是否合理?什么原因形成这些烟雾?最终样品应该是什么颜色?出现黑色是否代表实验失败?黑色与棕色或者黄色之间如何转化?学生对样品颜色的敏感性对于实验的成功起着非常重要的作用。因此,通过学生对实验现象的细心观察,可以增强学生美育感知能力,从而有助于学生实验技能的提高。

图2　湿法消解后的样品颜色

五、以课程爱育引领,将博爱情怀深植学生心田

笔者始终认为教学过程中除了传授知识本身之外,更重要的是传授学习知识的方法和态度,传递教师关心学生的点点滴滴和教师为学生成长成才所做的各种不懈努力,让学生心中始终感受到爱与温暖,提高学生的幸福感与获得感,将博爱的情怀深植学生心田,以期学生在未来的工作中始终带着爱。

笔者在实验过程中一直坚持这一理念,将"可可食学"的博爱育人理念和高校"三全育人"文件精神贯穿于教学过程。比如针对学生在实验教学过程中容易忽略的细节,笔者撰写"大学生实验记录需注意的事项""实验报告的高分秘诀"和"赢得老师的心也许没那么难"等"可可食学"微信公众号推文,引导学生形成良好的实验习惯;比如在实验思路讲解方面,专门制作简化的流程图,方便学生理解实验的核心内涵和关键注意事项;比如要求简化实验报告,避免大量内容抄写自实验方案,特别注重核心内容和可重复性内容等的规范撰写,同时减轻学生完成实验报告的工作量;加强学生课内课外的辅导,在学生操作过程中进行观察并及时给予纠正,在课外及时解答学生的疑问;自费向仪器公司租用微波消解仪用于教学实验,并邀请相关专家对学生进行培训。笔者认为,教师的心灵美能直接传递给学生,从而促进教学相长,实现高校师生间的精神共同富裕。

六、总结与展望

在"双一流"和"新农科"等多重背景下,食安专业的建设与人才培养方面均面临着很多机遇与挑战。以学生成长成才为中心的教学改革与实践是当前高校人才培养关注的焦点。目前大量的教学实验已经发生了本质的变化,比如从原先的教师主导的观念逐步转变为以学生自主探索、以教师为辅的观念,从原先的选用教材案例实验转变为由最新教师科研成果转化而来的实验,从原先的纯粹教学实验转变为融合各类创新竞赛元素的实验。无论实验教学的观念和方式如何转变,教师与学生之间的紧密协作与有爱交流都将有助于课程质量的提升和学生能力的培养。笔者近几年来的实验教学探索表明,坚持"学生兴趣"与"课程爱育"相融合的方法,开展"兴趣—爱育—美育—能力—细节"相融合的教学实践,传递挑战杯、化学实验设计竞赛等创新比赛与课题研究的注意事项,确实可以提高学生的专业素养,提高学生的获得感、成就感与幸福感,也有助于提升学生对专业、对课程的自信心。

随着"互联网+教学"的普及与推广,虚拟仿真实验教学等"互联网+实验教学"形式给线下实验教学带来了很多机遇与挑战,特别是存在疫情影响的环境或者具有一定危险的实验。当然,线下实验教学与线上实验教学各有优缺点,在教学过程中可以达到优势互补。因此,新的形势下,如何开展线上、线下相结合的一流专业必修实验课程的建设,实现"实验教学质量+学生专业素养"和"学生兴趣+美育感知+博爱情怀"间的深度融合,将会是未来几年综合实验课程教学改革的重中之重。

参考文献

[1] 习近平总书记在全国教育大会上的讲话[OL]. http://www. moe. gov. cn/jyb_xwfb/s6052/moe_838/201809/t20180910_348145. html.

[2] 教育部关于印发《高等学校课程思政建设指导纲要》的通知[OL]. http://www. moe. gov. cn/srcsite/A08/s7056/202006/t20200603_462437. html.

[3] 教育部办公厅关于实施一流本科专业建设"双万计划"的通知[OL]. http://www. moe. gov. cn/srcsite/A08/s7056/201904/t20190409_377216. html.

[4] 教育部关于一流本科课程建设的实施意见[OL]. http://www. moe. gov. cn/srcsite/A08/s7056/201910/t20191031_406269. html.

[5] 陈可先.赢得老师的心也许没那么难(升级版)[EB/OL]."可可食学"微信公众号,2019 年 10 月 8 日.

[6] 陈可先.实验报告高分秘诀[EB/OL]."可可食学"微信公众号,2019 年 9 月 24 日.

[7] 陈可先.大学生实验记录需注意的事项[EB/OL]."可可食学"微信公众号,2021 年 2 月 23 日.

美学融入自然科学的教学实践[①]

——以"化学与生活趣味实验"为例

陈　青[②]　韩晓祥[③]　潘伟春[④]　牛付阁[⑤]　王奎武[⑥]

（浙江工商大学食品与生物工程学院）

摘　要：目前中国高等教育更加重视学科教育中的美育培养。美育不仅仅限于文学、美术、音乐等课程，在科学课程中同样可以实施美育。"化学与生活趣味实验"是一门针对全校学生开设的通识选修课，蕴含着丰富的美学元素。在"化学与生活趣味实验"中开展美育教学，有利于培养学生的核心素养，促进学生的全面发展。

关键词：化学与生活趣味实验；美育；核心素养

2020 年 10 月国务院办公厅印发的《关于全面加强和改进学校美育工作的意见》，明确了各学科要融合美育的教育理念，充分挖掘各学科所蕴含的美育资源，有机整合相关学科的美育内容。但目前国内高校中的美育教育基本处于边缘化的地位，即使开设相关课程，也局限于艺术课程，与专业课程的教育没有衔接融合。"化学与生活趣味实验"是浙江工商大学的一门通识选修课，面向全校所有专业学生开设，该课程隶属于化学这一自然科学，其在美育培养上具有独特性，积极探索在"化学与生活趣味实验"教学中融入美学原理，开展美育教育，使美育在高校中能有效贯彻实施，对真正发挥"以美育人"的效果具有重要的现实意义。

一、化学教学中实施美育的内涵

黑格尔曾经说过："美是人类最早的老师，美的教育具有解放思想的品质。"美是指"人对自己的需求被满足时所产生的愉悦反应的反应"，即对美感的反应。它包含四个层面，分别是艺术美、自然美、社会美和科学美。我国近代著名的教育学家蔡元培先生

---

① 校级教改项目，编号：1110XJ0520121-01 和 1110XJ0520141-10。
② 陈青，浙江工商大学食品与生物工程学院副教授，博士，研究方向为食品化学。
③ 韩晓祥，浙江工商大学食品与生物工程学院副教授，博士，研究方向为食品化学。
④ 潘伟春，浙江工商大学食品与生物工程学院教授，博士，研究方向为物理化学。
⑤ 牛付阁，浙江工商大学食品与生物工程学院副教授，博士，研究方向为食品化学。
⑥ 王奎武，浙江工商大学食品与生物工程学院教授，博士，研究方向为分析化学。

在《美育实施的方法》中指出：凡是学校所有的课程，都没有与美育无关的。著名音乐学家赵宋光提出了"立美育人"的概念，他认为立美教育是建立美的形式的教育活动，是人类按照美的规律来塑造物体的宏伟历史在教育领域中的缩影，强调了人类构建美的形式、塑造物体的教育，让受教育者在教学中进行创造。他还认为没有立美的活动，智育、德育、体育都不能收到应有的效应。所以在化学教学中需要建立美的形式，这样才能让学生在美的形式的建立过程中成功地、高效地进行化学知识、化学层面的德育美育等学习。

化学之美存在外在美。外在美主要表现为两个方面：一是物质外观，比如宝石的璀璨、玻璃的晶莹剔透、花朵的姹紫嫣红、勾践铜剑的冷峻、孔雀石的斑斓等；二是实验之美，精美的实验设备和仪器犹如件件艺术珍品，它们是科学进步的象征，凝结着古代化学工匠、炼金术士和无数化学家的创造精神和审美思维，是一种美的创造。在化学实验过程中，常常会伴随醒目的实验现象，比如颜色的骤变和消失、发热、发光等。实验中仪器药品选择、方案设计、装置搭建、实验实施等均体现了科学、流畅、巧妙等实验流程美。

化学之美的内在美则在反映化学客观规律的实践活动中，主要表现为化学的和谐性、简洁性与对称性。和谐是多样化的统一，是在对立因素中实现相互联系的协调，最终体现出的不是无序，而是来自内在的统一。简洁性则主要指理论的数学表达精简且包含的逻辑前提简单，也是内在化学性质的客观规律。对称性则来源于日常生活，比如化学中的分子、晶体大多具有对称性。

在化学教学中进行美育教育，可以提升学生的爱国热情。商代的青铜器、春秋晚期的铁器、东汉的造纸术、隋唐的黑火药等无不体现了我国古代化学的辉煌成就。近代中国，侯德榜、吴蕴初等爱国知识分子创立的民族化学工业的事迹感人至深。在化学学科教学中，通过引入科学史，让学生了解我国化学发展历史，激发他们对化学的学习兴趣，提升民族自豪感和爱国情怀。

二、化学与生活趣味实验中美育实例

以化学与趣味实验中的"叶脉书签"为例，阐述如何在化学教学中实现美育教育。叶脉书签是化学与生活趣味实验中深受学生欢迎的一个实验。该实验的基本原理是利用氢氧化钠溶液腐蚀树叶的叶肉细胞，留下清晰的叶脉，并利用染色剂将得到的叶脉书签染色，该实验可以带领学生领略自然之美、实验之美和制作之美。

（一）实验教学设计上处处体现化学美

第一，在原料选择上，为学生提供类型和叶形截然不同的叶片，经过大量的前期试验，选择了樟树叶、桂花叶、南天竺叶等叶片，它们在外形、颜色、制作难度上差异较大；桂花叶片选择了外形边缘光滑和带有锯齿的两种叶形，让学生充分了解自然之美。第二，在进行实验流程设计时选择简洁版，尽可能用数量较少的仪器设备完成实验。将叶片放入氢氧化钠溶液，并利用电炉加热，让学生体会科学、流畅、简洁的实验过程美。第三，在进行仪器设备选择时，以玻璃烧杯作为加热容器，可以让学生在实验过程中便捷地观察溶液颜色、气味以及叶片的改变,领略化学过程之美。第四,樟树叶、桂花叶和南天竺叶制作好后外观差异较大:南天竺叶脉书签外形较小,看起来非常秀气,本色为淡黄色;桂花叶脉书签外形较大,叶脉晶莹剔透,很像蝉翼,在阳光下观察,让学生立刻领略了"薄若蝉翼"的文学之美;樟树叶叶脉密集,本色为淡棕色,很像古代淑女用的团扇,体现了优雅之美。第五,在制作叶脉书签时,学生可以利用各种色素进行染色,每个学生最后呈现的作品都不一样,有的叶脉书签像凤凰的尾翼,有的利用了层染,同一片叶片上多种颜色,像山水画一样,产生了"层林尽染"的意境,让学生体会创作之美。学生制作的叶脉书签如图 1 所示。

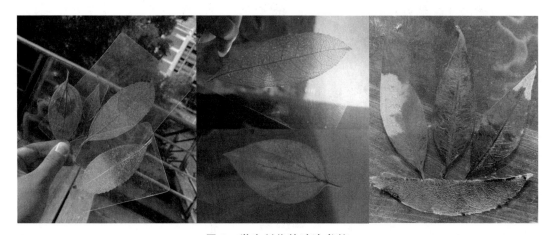

图 1　学生制作的叶脉书签

(二)在课堂讲授中引导学生发现化学美

选择"化学与生活趣味实验"的大多是非化学专业的学生,基本没有或很少做过化学实验,因此从他们进入化学与生活趣味实验的课堂,就可以采取一切方式来感悟化学之美。第一次绪论课,利用选修过本课程学生作品的照片让他们感知化学元素,体验化学之美。在课堂教授时,利用讲故事的形式引入科学史,让学生了解化学发展史,了解化学与生活的紧密联系,激发他们的学习兴趣及探索化学之美的激情,并激发他们对化学知识的求知欲。

(三)美育与德育的统一融合

在"化学与生活趣味实验"教学中时刻注意美育与育人相融合。在给学生讲解实验设备仪器时,以玻璃烧杯为切入点,结合化学发展史,讲述烧杯的发明过程,让学生了解古代实用化学家的发明为近代化学的发展做出了不可磨灭的贡献。

在讲解实验原理时提到利用碱性溶液腐蚀叶肉,教师提出新问题:"如果在家里制作叶脉书签,还可以选择什么试剂?"学生会想到利用苏打(即碳酸钠,也叫纯碱)/小苏打(碳酸氢钠),就可以用讲故事的方式引入我国著名化学家侯德榜的事迹,他曾经发明了纯碱的制作工艺——侯氏制碱法,为世界制碱事业的发展做出了重大贡献,并无私地将侯氏制碱法分享给全世界,以此提升学生的民族自豪感,激发他们的爱国情怀。

<h2>三、结　语</h2>

美育教学是一种形象性、情感性和具体性的教学方式,它可以和任何一种学科教学进行很好的融合,实现学生的全面发展。但目前美育与化学教学的融合研究还不深入,也没有引起广大教师的重视。为了实现多样化、全覆盖、高质量的美育教学,化学教师必须将美育思想融入学科教学过程中,充分挖掘教学内容、教学过程中美的元素,做好课程设计,实现专业教育与美育教学的充分融合,让学生从内心深处体会到化学之美,提升学生对美更深层次的认知水平以及核心素养。

参考文献

[1] 中共中央办公厅、国务院办公厅印发《关于全面加强和改进新时代学校体育工作的意见》和《关于全面加强和改进新时代学校美育工作的意见》,http://www.moe.gov.cn/jyb_xxgk/moe_1777/moe_1778/202010/t20201015_494794.html.

[2] 蔡元培.蔡元培选集[M].北京:中华书局,1959.

[3] 吴可迪.赵宋光立美教育与审美教育关系的思想与实践研究——以音乐美育为例[D].广州:星海音乐学院,2022.

新时代金融专业硕士研究生协同培养创新与实践①

——以浙江工商大学金融专业硕士为例

周春喜②　钱水土③　柯孔林④　马　丹⑤　李义超⑥　邓弋威⑦

（浙江工商大学金融学院）

摘　要:大数据、云计算等科技的快速发展以及国际政治经济格局的变化对金融业提出了新要求,对金融人才培养提出了新挑战。本文针对金融专业硕士研究生培养中面临的主要问题,提出金融专业硕士研究生协同培养改革的目标和重要性,从协同优化培养方案、协同打造导师队伍、协同改进课堂教学、协同提升实践创新、协同把关论文质量等方面提出具体措施。

关键词:金融专业硕士;协同培养;应用型人才

21世纪全球金融业正发生着深刻的变化。一方面,互联网、大数据、云计算、区块链、人工智能等科技发展正在影响并改变传统金融业的运行模式;另一方面,全球政治经济格局的变化以及国际政治经济不确定性的增加,影响全球汇率、资本流动和货币体系。这些变化既对金融业的发展提出了新要求,也对金融研究提出了新课题,对金融人才的培养提出了新挑战。金融硕士专业学位的培养目标是培养具备良好的政治思想素质和职业道德素养,充分理解金融理论与实务,系统掌握投融资管理技能、金融交易技术与操作、金融产品设计与定价、财务分析、金融风险管理以及相关领域的知识和技能,具有较强的解决金融实际问题能力的高层次、应用型金融专门人才(周春喜,2014)。为了满足和适应新金融发展以及研究生教育自身发展规律的要求,在新金融背景下,创新金融硕士专业学位研究生协同培养模式,培养出金融理论扎实、实践能力和科研能力强、适应现今社会经济发展要求的金融硕士研究生人才队伍,具有十分重要的现实意义。

---

①　本文是浙江工商大学研究生教育改革项目"新时代金融硕士专业学位研究生培养模式创新研究与实践"(YJG2018203)的部分研究成果。

② 周春喜,浙江工商大学金融学院教授,硕士,研究方向为金融理论与实践。
③ 钱水土,浙江工商大学金融学院教授,博士,研究方向为货币政策。
④ 柯孔林,浙江工商大学金融学院教授,博士,研究方向为金融风险管理。
⑤ 马丹,浙江工商大学金融学院教授,博士,研究方向为国际金融。
⑥ 李义超,浙江工商大学金融学院教授,博士,研究方向为公司金融。
⑦ 邓弋威,浙江工商大学金融学院副教授,博士,研究方向为金融风险管理。

一、金融专业硕士研究生培养面临的主要问题

我校金融专业硕士研究生项目于 2011 年 1 月开始招生,是全国首批金融专业硕士试点单位。经过 11 年的改革实践,总共培养全日制金融专业硕士研究生 450 余人、非全日制金融专业硕士研究生 100 余人。根据邱均平《2018 年中国研究生教育及学科专业评价报告》,在全国 191 所拥有金融学专业研究生的高校中,我校金融学专业排名第 25 位,进入全国前 13%。以金融专业学位研究生培养质量为重要支撑,应用经济学学科建设成效突出,在 2017 年教育部第四轮学科评估中进入 B+。金融专硕在《金融研究》等期刊发表论文 36 篇;获省级以上创新创业竞赛奖项 15 项;新增省级教学名师 2 名、省级优秀教师 2 名、省级师德先进个人 1 名;承担教育部产学合作协同育人项目 5 项,获得中央与地方财政专项 3 个;获评全国金融硕士教学案例大赛优秀案例 4 个;新建国家级实验教学示范中心 1 个、省级校外教育实践基地 1 个、产学研育人中心 11 个,在全国起到示范作用。《中国教育报》《浙江教育报》、光明网、新华网、人民网等 10 多家媒体进行报道;通过钱塘江金融港湾高等教育联盟和中国金融教育论坛等平台,成果逐步推广到全省、全国,被国内 30 多所院校借鉴与应用,共接待 50 多批次调研交流团队。

经过这些年的努力,尽管取得了较好的成绩,但也发现在金融专业硕士研究生培养过程中还存在以下几个方面的问题:

(1)长效合作机制缺失。尽管这些年金融专业硕士研究生在"政、产、学"三方协同培养育人方面做了较大的努力,与 30 余家金融机构和政府金融监管部门展开了较广泛的合作,从中国人民银行杭州中心支行、浙江省银监局、浙江省金融办、浙江省股权交易中心、商业银行、证券公司、期货公司等金融机构聘请了 50 多位实践经验丰富的专家、学者担任实务导师,参与学生专业技术课程、实践教学、学位论文等多个环节的指导工作,但以金融专业硕士研究生培养为抓手的多方共赢合作长效机制尚未建立,学校一头热,金融机构参与积极性不高,未能较好地将校外实践资源系统、有效地融入高校人才培养体系中。

(2)服务金改有待加强。浙江省是我国金融改革先行地,先后进行了温州金融综合改革、丽水农村金融改革、台州小微金融改革、义乌国际贸易综合改革、湖州绿色金融改革、衢州绿色金融改革等六大国家金融改革试点,并全力打造钱塘江金融港湾。作为八大万亿级产业之一,金融产业新业态、新机构、新模式层出不穷,涌现出蚂蚁金服、敦和资产管理公司等一大批知名新金融机构、新金融载体,金融创新的区域优势十分明显。国家金融改革试点和金融行业创新发展对金融专业学位研究生培养提出了更高要求,但我校金融专业学位研究生教育培养目标和定位不够清晰,人才培养供给侧和产业需求侧融合度欠缺,金融专业硕士研究生培养质量和水平不能完全适应产业发展需求。

(3)创新实践能力不足。这些年先后有一部分校内导师去银行、证券公司、期货公司等金融机构挂职锻炼、兼职或者担当顾问,与金融机构合作开展科学研究,参与金融领域的项目研究,不断积累教学案例。但总体而言,目前存在导师队伍实践经验不足、

实践类课程占比不高、创新实践载体缺乏等问题,难以全面有效训练研究生从金融实践中提炼问题、分析问题和解决问题的能力。

二、金融专业硕士研究生协同培养的必要性

协同理论认为与外界有物质或能量交换的复杂开放系统,能够通过子系统间的协同作用,自发地从不稳定的无序状态转变为稳定的有序状态(刘冰和闫智勇等,2019)。若子系统之间围绕共同目标相互协调配合,就能产生协同倍增效应;反之,若子系统之间冲突、摩擦或离散,则整个系统陷入内耗和无序状态,各子系统也不能发挥应有的功能。金融专业学位研究生培养要求学生具有较高的职业道德素养,熟悉金融行业标准,系统掌握投融资管理技能、金融交易技术与操作,强调职业素养、专业能力以及实践创新能力的培养,是学术性与职业性的高度统一(赵丁选和王敏等,2021)。金融专业硕士职业性的特征决定了其培养过程必须具有大量的创新实践活动,这就需要依赖金融机构和金融管理部门的大力支持。金融理论的学习与金融专业实践相融合是提升金融专业硕士研究生实践创新能力的有效途径。金融专业硕士培养可以看作是由高等院校、金融机构、金融管理部门等多个主体围绕金融专业硕士人才培养的共同目标实施的复杂系统,各个参与主体的活动可看作子系统,参与主体之间的关系状态将直接影响金融专业硕士研究生的培养质量。因此,需从复杂系统的视角来探究金融专业硕士研究生参与主体的特点和优势,明确各自的功能定位与权责范围,形成相互协调配合的关系,以期产生协同倍增效应,实现金融专业硕士研究生培养目标与金融行业需求以及经济社会发展高度契合。

金融专业硕士研究生协同培养模式中,高校、金融机构、金融管理部门作为联合培养主体,通过特定的机制将政产学各主体整合到金融专业硕士培养体系中,形成一个利益共同体(刘亚敏和姜秀勤,2016)。这种协同培养模式具体从以下五个维度开展合作。

(1)培养目标协同。金融专业硕士研究生培养目标既要面向国家金改重大战略,适应地方金融产业发展需求,又需兼顾金融专业硕士研究生未来职业发展,提升自身的知识更新能力和实践创新能力,满足金融行业对高端应用型金融人才的需求。这就需要高校、金融机构、金融管理部门协同培养目标,优化培养方案和课程体系。

(2)培养师资协同。高校拥有金融理论扎实的师资队伍,金融机构则有实践经验丰富的实务导师,金融管理部门有政策制定、金融发展规划的管理人员。通过整合各个主体的资源优势和政策支持,形成优势互补、深度融合的师资团队,为金融专业硕士研究生培养提供保障。

(3)培养过程协同。掌握前沿金融理论的高校与提供高端实践平台的金融机构,在金融管理部门的协调下,以金融专业理论知识学习为起点,以金融机构的实践创新为纽带,以金融知识的传授、应用为依托,以金融问题解决方案、金融产品创新为路径,共同提供金融专业硕士研究生培养所需资源,协同管理培养过程,实现高层次应用型金融专业硕士研究生的人才培养目标。

(4)创新实践协同。高校、金融机构、金融管理部门通过共建校内实践模块、校外实践基地,为多主体协同培养提供平台支撑。三方全程参与金融专业硕士研究生实践创

新能力的培养,共同发挥各自的资源优势,提高资源配置效率。这种协同不仅是提高金融专业硕士研究生实践创新能力的重要保障,也是适应新时代金融人才培养战略的必由之路。

（5）论文质量协同。硕士论文是衡量金融专业硕士研究生培养质量的重要依据。基于"问题导向,任务驱动"的理念,以应用型项目为抓手,选题来源于实践,能力依托于实践,研究反哺于实践。采取政产学多主体、多元化、多维度的金融专业硕士论文质量评价手段,使硕士论文的评价结果能够反映金融专业硕士研究生的理论水平和实践创新能力。

三、金融专业硕士研究生协同培养的主要措施

我校是一所地方院校,商科专业优势特色鲜明。金融专业学位研究生人才培养应基于浙江金融产业人才需求结构,服务国家金融改革战略。因此,我校将金融专业硕士研究生培养目标制定为"面向国家金融改革重大战略,适应地方金融产业发展需求"的高层次应用型复合人才,并构建了面向国家金融改革战略重大需求,以金融专业硕士人才培养为核心,政产学三方深度融合,培养方案、教师团队、课堂教学、实践创新和学位论文五维度协同的金融专业硕士培养模式。

(一)协同优化培养方案

在制订金融专业硕士研究生培养方案时,将金融专业硕士培养目标的内在要求与地方金融人才需求、国家金融改革战略所需的高层次应用型人才相结合,在深入调研的基础上制订培养方案。在与金融管理部门协同学习国家金融改革试点精神的基础上,先后邀请浙江省金融办、杭州市金融办、温州市金融办、丽水市金融办、台州市金融办、中国人民银行杭州中心支行等专家领导来校讲座,召开座谈会,明确国家金融改革对金融人才培养的目标。以钱塘江金融港湾联盟为依托,赴永安期货、杭州银行、蚂蚁金服等金融机构进行多次调研,了解金融机构对金融专业硕士的需求。从 2012 年 4 月起,赴复旦大学、上海财经大学、中央财经大学、中南财经政法大学等 15 所国内知名院校调研,借鉴名校的经验和做法,取长补短。在课程体系上,听取金融机构、金融管理部门的意见和建议,多方论证,不断完善。每年邀请中国人民银行杭州中心支行、浙江省金融办、浙江省证监局、浙江省银保监局、浙江省地方金融监管局、浙商银行、南华期货、同花顺等多家金融机构和金融管理部门的专家学者举行课程论证会;不定期邀请校友恳谈,征求课程设置反馈意见,动态优化课程体系,近年来增设了"金融实务""金融科技""商业银行业务与创新"等课程,提高了实验教学比重,构建了"递进式"实践教学体系。通过与金融机构、金融管理部门的协作,制订科学、合理的金融专业硕士研究生培养方案。

(二)协同打造导师队伍

针对目前校内导师理论知识丰富,但实践能力普遍较弱的状况,一方面,通过"大地计划"等方式,选派多位教师赴温州市金融办、台州市金融办、丽水市金融办等单位直接参与国家金融改革试点工作。教师积极承担浙江省金融研究院、杭州银行、台州小微金

融研究院、民泰金融研究院等机构委托的国家金融改革试点和区域金融改革的课题,了解金融改革的动向。另一方面,选派多位教师到温州市金融办、杭州银行、浙商银行、财通证券、中信证券、永安期货等金融机构挂职或兼职,锻炼实践能力,不断积累教学案例,以便更好地开展金融专业硕士研究生的教学工作。充分发挥金融机构、金融管理部门专家学者的优势,将校外实务导师请进来,实现优势互补。聘请金融领域有实践经验的专家全流程参与金融专业硕士研究生的培养工作。一方面,与校内导师合作编写《Excel 与金融数据分析》《Matlab 与金融数据分析》《R 语言与金融数据分析》和《SAS 与金融数据分析》等系列实验教材;另一方面,每学期邀请 5～10 位校外专家承担金融专硕"金融实务"课程教学,讲授金融实务前沿,共同开发金融实践教学案例,指导金融专业硕士学生论文。

(三)协同改进课堂教学

通过"实务精英进课堂"系列活动,激发学生的学习动力,提高学生发现问题的能力。密切关注国家金融改革试点实践中的热点问题,搭建"实务精英进课堂""钱塘金融实务论坛""金融实务讲座"等交流平台,聘请金融业界精英进校园,实施"课堂教学融合实务精英"工程。先后聘请中国人民银行研究局局长、中国人民银行杭州中心支行行长、蚂蚁金服董事长、永安期货总经理、浙商银行副行长、龙旗科技董事长等业界精英,就金融改革开放、金融风险防范、金融科技发展、金融产品开发设计等金融前沿热点问题进行深度剖析与解读。截至 2021 年底,累计组织实施实务精英进课堂 200 余次,拓宽了师生视野,拉近了学生与金融现实的距离,激发了学生自主发现金融实际问题的能力。

在教学组织中,强化案例教学,培养学生分析问题的能力。课堂教学注重理论联系实际,课堂讲授与案例教学相结合,培养学生的思辨能力和分析问题的能力。开发了"公司金融""金融风险管理""金融机构与管理""投资学""商业银行业务与创新""金融数据挖掘与处理"等 11 门专业课程 40 余个教学案例,形成了教学案例库并动态更新。为适应国家金融改革试点与大数据融合发展的客观要求,突出大数据技术,提升学生解决问题的能力,近年来持续强化学生金融数据分析处理的能力,先后开设了"时间序列与面板数据分析""金融数据挖掘与处理"等一系列实验课程。学院还购买了 CSMAR,Wind,iFinD 等主流金融数据资源和 SPSS,SAS,EViews,Stata,MATLAB 等主流数据分析软件,形成了"理论教学＋数据资源＋软件应用"的大数据实验教学模块,切实提升金融专业硕士研究生解决金融问题的能力。

(四)协同提升实践创新

近年来,与杭州银行、永安期货、国信证券、同花顺、和瑞控股公司等机构建立了全面战略合作关系,打造校外实践基地群,金融专业硕士研究生全面参与校外专业实践。先后举办 7 期"永安期货黄埔班",以及多期"同花顺量化交易班""国信程序化交易班""和瑞新星成长班"等,对接金融新业态对高端人才的迫切需求,校内外累计参与研究生数 200 余人。作为钱塘江金融港湾规划编制牵头承担单位,以服务金融港湾建设为契机,联合浙江大学等 32 家兄弟院校和金融机构,2017 年组建钱塘江金融港湾高等教育联盟,围绕钱塘江金融港湾建设中面临的重大战略性问题设立专项委托课题 6 项,联合开展攻关研究。积极响应配合国家金融改革试点,学院教师积极承担了 70 余项横向课题。政府出题,学院导师解题,实务导师助题,金融专业硕士研究生全面参与,大多数课题直接或间接转化为研究生毕业论文,实现了政府、企业、高校与研究生的共赢,形成了"课题+论文"金融专业硕士研究生培养模式。通过"政、产、学"协同育人,开展专题培训、专业实习、课题研究,提高学生创新实践能力。

(五)协同把关论文质量

按照"多元融合、交叉指导、发挥特长、优势互补"的原则,组建金融专业硕士论文指导团队,聘请 50 余位实践经验丰富的校外专家、学者担任实务导师,全程参与学位论文选题、指导、预答辩和答辩的所有环节,保证金融专业硕士研究生培养质量。论文选题紧跟国家金融改革试点前沿,对接实践,突出创新性、实践性、应用性。金融专业硕士论文要求以案例分析、金融产品设计、金融问题解决方案或金融调研报告等形式,力求解决实际问题,突出实践应用价值,兼顾理论创新。通过全流程产学研融合,严控论文质量。

参考文献

[1] 周春喜.金融硕士专业学位研究生培养模式探索与实践——以浙江工商大学为例[J].金融教学与研究,2014(04):60-64.

[2] 刘冰,闫智勇,潘海生.基于协同治理的专业学位研究生教育质量治理体系构建[J].学位与研究生教育,2019(01):56-63.

[3] 赵丁选,王敏,卢辉斌.多主体协同的工程专业学位研究生培养模式探索与实践[J].学位与研究生教育,2021(12):9-19.

[4] 刘亚敏,姜秀勤.专业学位研究生培养模式的系统分析[J].学位与研究生教育,2016(06):80-85.

基于 CBL 模式的国际经济学
课程思政教学实践与探索[①]

任婉婉[②]

（浙江工商大学经济学院）

摘　要："国际经济学"是典型的涉外课程。在全球意识形态深刻变化的背景下,有效设计思政元素,帮助学生理解、认同并践行正确价值观,成为"国际经济学"教学中面临的重大课题。实践证明,CBL 教学模式以案例为载体,能够将理论与时事案例紧密结合,更好地实现思政育人元素与课堂知识点的"无缝"对接,提升课堂教学效果。

关键词：CBL 模式；课程思政；国际经济学

一、引　言

"国际经济学"是经济大类专业的核心课程,也是所有涉外专业的基础导论课程。该课程主要研究国际贸易及金融产生、发展及其特点与运动规律,涉外属性明显,且大多涉及意识形态问题。在国际环境日趋复杂,不稳定性不确定性明显增强,新冠疫情影响广泛深远,世界经济陷入低迷期,经济全球化遭遇逆流,全球能源供需版图深刻变革,国际经济政治格局复杂多变,全球意识形态深刻变化的背景下,通过将中国贸易发展的历史和发展趋势、中国改革开放 40 年的发展成就以及建设开放型世界经济、构建人类命运共同体等对外开放思想内涵引入国际经济学思政教育,引发学生对讲好中国故事、探索中国模式、寻求中国方案的思考,有助于引导学生坚定"四个自信",深刻理解中国作为世界大国的责任担当,厚植爱国主义情怀,激发学生的历史使命感、自豪感和责任感。

国际经济学课程思政改革仍处于探索阶段,主要存在如下两个问题:一是课堂教学为"理论—模型"的教学范式,侧重讲解基本原理,强调复杂经济模型的推导,课程思政元素挖掘不充分,存在着充当西方理论搬运工的现象;二是课堂教学以教师理论讲授为主,思政教育停留在说教层面,教学方法单一,效率较低。因此,在教学中要坚持去粗取

---

① 浙江省级平台校级教学项目(国际电子商务教学中双创人才培养新模式与实践);浙江工商大学经济学院院级教改项目(跨境电商教学中双创型人才培养模式与路径研究)。

② 任婉婉,浙江工商大学经济学院讲师,国际贸易系副主任,博士,研究方向为国际贸易。

精、去伪存真,坚持以我为主、为我所用,对其中反映资本主义制度属性、价值观念的内容,对其中具有西方意识形态色彩的内容,不能照抄照搬,要结合马克思主义基本原理、中国特色社会主义实践引导形成正确的世界观、人生观、价值观。

事实上,改革开放 40 年来中国特色社会主义对外开放之路为国际经济学课程思政提供了丰富的教学素材和教学案例。而 CBL(Case-based Learning)教学模式能够从学生最关切的问题着手,通过对中国对外开放鲜活案例的引入,将价值引领与专业知识相结合,引导学生充分识别理论背后的制度属性和价值内涵,引导学生正确认识党和国家的大政方针政策,帮助学生树立正确价值观。

二、基于 CBL 的国际经济课程思政改革方案

1. 确定课程思政改革目标

根据教育部《高校思想政治建设工作质量提升工程实施纲要》要求,国际经济学课程思政改革目标主要有:

(1)专业知识目标。掌握开放经济条件下经济运行的一般规律和政策。了解开放领域的国家战略、法律法规和相关政策。培养学生综合运用理论分析中国开放实践及国际经济现象的能力。

(2)价值引领目标。深入挖掘专业知识蕴含的思想价值和精神内涵,引导学生正确认识改革开放道路和方向的正确性,深刻把握中国特色社会主义开放道路的本质内涵,加强爱国主义教育、中华民族传统文化教育、社会主义核心价值观教育,树立正确的世界观、人生观与价值观。

(3)职业技能目标。培养一批了解国际贸易金融理论,通晓世界经济体制规则,具备正确研判全球经济形势的能力,能够从事国际贸易金融业务、国际企业经营管理和国际经济研究的全球型创新人才。

2. 深入挖掘课程思政元素

在明确基本教学内容的基础上,基于中国特色社会主义对外开放的实践与理论,充分挖掘思政元素,从学生们最关切的问题着手,将价值引领潜移默化与专业知识相结合,实现立德树人润物无声。主要思政元素体现在:

(1)阐述中国对外开放发展战略。改革开放为中国道路、中国制度、中国模式提供了不容置疑的经验事实支撑。通过对不同历史时期中国"点—线—面"的渐进式开放战略、出口导向型发展战略、加工贸易转型升级战略、进口促进战略、自由贸易区战略、双循环新发展战略的学习,帮助学生理解社会制度的历史性变革和国家取得的历史性成就,进一步引导学生坚定中国特色社会主义道路自信、理论自信、制度自信和文化自信的"四个自信"。

(2)讲好中国对外开放发展故事。改革开放 40 年创造了历史奇迹,是当代中国最显著,也是最为壮丽的气象。通过梳理对比近代世界各国对外开放发展政策,总结国家兴衰与发展经验教训,结合中国对外开放发展取得的重大历史成就,帮助学生厚植爱国主义情怀,引导学生充分了解中华民族伟大复兴的重要性意义,激发学生的历史使命

感、自豪感和责任感。

（3）聚焦中国参与全球治理方案。依托区域经济一体化、多边贸易体制等内容的学习，帮助学生深刻理解推动共建"一带一路"高质量发展、构建高标准自由贸易网络、提出全球发展倡议、推动构建人类命运共同体等战略构想的理论依据，彰显中国参与全球治理的大国担当与智慧，鼓励学生勇担历史使命，成为能够担当民族复兴大任的时代新人。

3.精心选择课程思政案例

思政案例的选择必须符合"国际经济学"课程特点，还需要考虑学生的能力水平。因此思政案例的选择要做到难易适当、针对性强，且要与时俱进，注重鲜活性、代表性和及时性，在知识呈现上利用中国故事、中国元素和中国文化，不生搬硬套，不走形式主义，从学生们最关切的问题着手，最大限度激发学生兴趣，提高思政教学效果。立足国家"十四五"规划和2035年远景目标纲要，本课程汇聚了以中国比较优势动态变迁、多双边贸易政策升级、高标准自贸区网络建设、人民币国际化演变等体现中国改革开放成就的基本事实为依据的思政案例（如表1所示）。

表1　国际经济学课程思政案例选择

知识点	思政切入视角	可能的思政案例
引力模型	高标准自贸区网络建设	①"一带一路"中的五通，即政策沟通、设施联通、贸易畅通、资金融通、民心相通；②RCEP、中日韩自贸区等建设，积极考虑加入CPTPP；③申请加入DEPA与中国数字经济发展
比较优势	推进高水平对外开放	①中国加入WTO的内在逻辑与政策导向；②改革开放以来中国比较优势的动态变化以及中国加工贸易转型升级的正确性
要素禀赋理论	中国外贸结构转型升级	①中美贸易结构、贸易战重点领域及福利分析；②人口红利下降与中国制造业转型升级；③中国率先在广东、福建两省实行对外开放的可能原因
标准贸易模型	推进需求侧管理与供给侧改革有效协同	①从要素开放向制度型开放转变的内在逻辑；②进博会及其意义；③"双循环"新发展战略的重要意义
外部规模经济	"双循环"新发展格局	①充分发挥超大规模市场优势是中国新的比较优势；②深入实施区域重大战略（粤港澳大湾区发展战略）
全球经济中的公司	创新驱动发展战略	①中国企业出口生产率悖论；②美国制裁华为、中兴事件；③服务业开放与中国企业走出去
贸易的政策工具	全面提高对外开放水平	①持续深化商品和要素流动型开放，稳步拓展规则、制度、管理、标准等制度型开放；②自由贸易试验区建设；③中美贸易摩擦；④中国新能源汽车产业政策
发展中国家贸易政策	对外贸易转型升级	①拉美国家进口导向型发展战略与中国出口导向型发展战略；②出口导向型战略与亚洲四小龙崛起；③中美贸易摩擦；④人类命运共同体与全球发展倡议
汇率决定理论	人民币国际化	①中美贸易模式及外汇储备规模特征；②1985年广场协议、美日贸易摩擦与美元霸权地位；③英国脱欧与最优货币区；④三元悖论与中国汇率制度改革

4.多种手段实施课堂教学

在案例教学过程中,要巧妙利用多种教学方法,提高课程思政教学效果。例如,在中美贸易战的专题分析中可以开展课堂讨论与主题辩论,让学生自主查阅相关材料、整理思路,挖掘中美贸易战背后的深层理论与实践因素,辩证看待国际经济局势。又比如在讲解中国"渐进式"开放发展进程时,设置相关情境,让学生融入并体会、思考其内在合理性。此外,还可以综合利用纪录片、微视频、漫画等多媒体形式进行课程思政,提高课程思政效果。

5.高度重视课后反馈总结

课堂教学完成后,及时"复盘"授课体验,收集学生课后反馈,深入总结课堂教学过程中存在的问题与不足,思考优化方案,不断完善案例讲述方式与教学手段,以期打磨出更优的课程思政的案例故事。

三、基于 CBL 的国际经济学课程思政教学应用

该部分将以要素禀赋理论中美贸易战的讲解为例,说明 CBL 模式在国际经济学思政教学中的实施过程。

1.案例导入

在复习相关要素禀赋理论及其结论的基础上,发放案例材料。案例导入中美贸易战发生及事件演进过程。在此基础上,观看 2019 年上映的纪录片《美国工厂》,使学生通过美国铁锈带萧条景象了解美国制造业空心化现象及其导致的美国国内收入差距扩大问题的严重性。在此基础上,提出本节课核心命题:中美贸易模式特征是什么? 中美贸易是不是导致美国国内收入差距扩大的核心原因? 如果不是,导致美国收入差距扩大的核心因素是什么? 中美贸易战的本质是什么? 对中国未来外贸发展有什么启示? 通过引导式提问,调动学生积极性,引发学生思考。

2.案例解析

采取启发式教学方法,启发学生基于要素禀赋理论剖析中美贸易结构、中美贸易导致的福利分配效应,从理论层面分析中美贸易导致不同收入群体差异的可能性。坚持理论联系实际,分析要素禀赋理论下南北贸易导致美国国内收入差距扩大的前提条件,引入墨西哥高技能劳动力工资水平不断上涨的现实案例,引导学生基于现实情况剖析导致美国国内收入差距扩大的可能原因。在此基础上,采取小组专题讨论,让学生思考引起美国国内收入差距扩大的核心因素以及对中国的启示。整个案例讲解循序渐进,激发学生学习兴趣和积极性。

3.思政引导

案例讲解过程中,要求学生带着辩证性思维分析与解决现实问题,引导学生思考中国模式、中国道路、中国经验、中国方案的伟大性。基于此案例,切入如下思政内容:①中美贸易战背后源自中国经济实力的飞速崛起,据此引导学生了解入世后中国实施改革开放的战略意义和伟大成就,激发学生民族自豪感;②从贸易保护视角,分析中国出口

产品遭遇国外非关税壁垒的政治经济缘由,探讨在当前逆全球化思潮下,中国持续推进高水平对外开放,构建开放型经济新体制,构建人类命运共同体的内在逻辑及战略价值;③基于中国是全世界唯一拥有联合国产业分类当中全部工业门类的国家的事实,与美国产业空心化现状相比较,分析中国建立完整工业体系的重大意义;④立足中美贸易战的主要领域,以芯片战为核心,讨论我国实施创新驱动发展战略的必要性与紧迫性,增强学生历史使命感。

四、总结和反思

与传统讲授型课堂相比,CBL 教学模式能够引入时事案例,实现思政育人与理论知识的有效衔接,提高国际经济学思政教学效果。为此,主讲教师要不断提高自身业务水平,及时关注国内外热点事件,结合自身科研方向,精心设计、潜心研究、用心安排,选取鲜活性、代表性、及时性的案例用于国际经济学教学,提升人才培养质量和效果。

参考文献

[1] 张兴泉.基于 PBL 理念的案例教学课程思政切入及成效分析——以"国际经济学"课程案例为例[J].当代教育实践与教学研究,2020(12):172-173.

[2] 孙智贤.国际贸易理论与实务课程思政教学实践与探索——以"幼稚工业保护论"模块为例[J].延边教育学院学报,2021,35(05):182-184,187.

[3] 毛静,李瑞琴."三全育人"背景下课程思政教学理念与实践方式探索——以《国际贸易学》课程为例[J].国家教育行政学院学报,2020(07):78-84.

[4] 王敏.国际贸易课程思政教学分析[J].商业文化,2020(29):102-103.

[5] 王文静.PBL&CBL 教学法在计量经济学教学实践中的应用[J].统计与管理,2017(09):49-51.

[6] 张毅强.LBL—CBL—PBL—RBL 四轨模式在管理教学实践中的整合与运用[J].产业与科技论坛,2011,10(07):139-141.

以"PBL"为核心的"国际财务管理"教学创新与大学生实践指导的互联耦合[①]

贾　驰[②]　张翼茹[③]

（浙江工商大学经济学院）

摘　要：在"国际财务管理"课程的教学实践中，不仅要达成学生的知识目标，也期望能同时实现课程的能力目标及情感目标。因此，我们以"PBL"为核心，构建并实施国际财务管理线上线下混合教学的新授课模式，并探讨如何使教学内容创新与学生实践指导互促互动。

关键词：国际财务管理；"PBL"；线上线下混合教学

一、教学创新改革与学生实践指导互联耦合的背景及简介

教学创新改革与学生实践指导的互联耦合基于原有教学层面的几大痛点问题。第一，教学方法在改革之前是以教师为中心、以单向授课为主的教学模式，教材内容与国际形势、经济发展的时事和前沿脱节，缺乏对学生价值层面的引领和情感提升。第二，指导学生创新创业方面，互联耦合形成之前教学团队对此缺乏足够的重视，指导学生选题和论证都比较偶然松散，缺少整体平衡和联动。第三，教学和实践存在一定的割裂，课内教学与课外活动割裂、理论与实践割裂，缺少从专业教学到实践创新的联结渠道。

因此我们将教学创新与学生实践进行互联耦合，并运用到国际贸易专业的主要课程和指导学生创新创业实践方面。简单来说，教学创新链条方面，我们进行了教学方法、教学内容、教学手段和思政融合的改革。在指导学生创新创业实践方面，形成了一整套从选题论证到创意设计，再到实践手段和情感培养的双链条培养机制。而这双向链条之间，是环环相扣、互相促进的螺旋上升关系。课程创新要求以学生发展为中心，学生实践则需要结合专业和解决实际问题的能力，我们构建了两者互动的微生态循环系统。具体如图 1 所示。

---

①　浙江工商大学经济学院代表性成果培育"以'PBL'为核心开展国际财务管理线上线下混合教学改革研究"，项目编号 1050JYN6520110G-05。
②　贾驰，浙江工商大学经济学院副教授，博士，研究方向为国际经济与贸易。
③　张翼茹，浙江工商大学经济学院 2021 级国际商务专业硕士研究生。

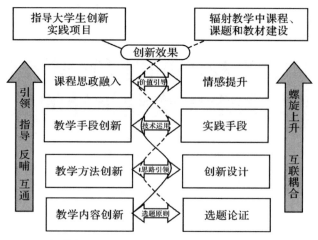

图 1 教学创新改革与学生实践指导互联耦合的示意图

二、以"PBL"为核心的国际财务管理教学创新的内容及实施

(一)教学内容的重构、增补和调整

近年来,全球经济形势发生重大变化,民粹主义兴起、逆全球化潮流涌动、贸易战时有发生,再加上金融危机、新冠疫情等黑天鹅事件,国际贸易专业所使用的教材显然更新不够及时,跟不上国际经济形势的变化。我们通过长期积累和追踪,在教学资料和内容上完成了内容重构和素材夯实。主要包括以下两个方面:

1.课程资源的重构和创新

教学团队在以下 4 个板块做了内容重构:(1)汇率问题研究:增加我国汇率改革和人民币国际化两个板块。(2)国际直接投资:增加我国外汇储备投资、跨国并购、华为国际化等板块。(3)国际间接投资:增加"安邦魔术"投资、间接投资巨亏案例、三大评级公司等板块。(4)国际避税:增加避税天堂、"星巴克"避税、"黑石"避税等案例。

2.课程专题的增补和拓展

经过多年实践和跟踪,我们在以下 8 个方面做了拓展:(1)拓展一——全球价值链问题及我国在全球价值链中的提升;(2)拓展二——皮凯蒂不平等经济学的解读和讨论;(3)拓展三——三大金融危机发生的理论背景及防范机制;(4)拓展四——全球化与逆全球化问题;(5)拓展五——我国对外贸易和经济合作 40 年回望;(6)拓展六——中美贸易冲突;(7)拓展七——新冠疫情对中国外向型经济的影响及应对;(8)拓展八——双循环的新格局与我国对外经济新拓展。

(二)教学方法改革

1.PBL 导入+文献分析教学

我们由原来以教师为主的授课方式逐渐拓展为以"PBL(problem based learning)"为出发点,以引发学生主动思考和文献分析为主的教学模式。该教学模式的特点是以

学生为中心,将课本内容转化为问题,将讲授转化为研讨,将答案转化为共识。在问题设计、分组讨论、总结拓展时,教师将引导式教学融入其中。图 2 为该方法在国际财务管理课程中"国际投资"章节的运用。

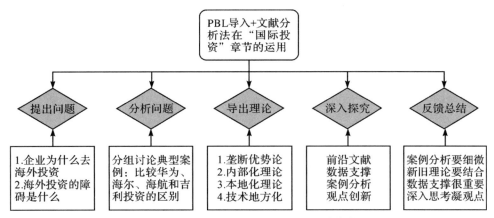

图 2　PBL 导入＋文献分析法在"国际投资"章节的示例

2.课堂辩论＋场外线上讨论

国际经济与贸易的专业课一般需要理论和实践相结合,理论模型构建要根据现实世界调整,而理论的发展和延伸也有观点相异的争论。基于此,我们在国际财务管理课程中安排了线下辩论＋线上讨论的教学方法。课堂 6 位同学辩论和线上腾讯会议的场外讨论同时进行。这种方法没有固定答案,引导学生主动思考,拓展思路、均衡分析和避免偏颇。课程中我们设置了人民币汇率改革的进程、中国对外经济增长是依靠"灵感"还是"汗水"、中企海外投资是先"图名"还是先"图利"、全球化与逆全球化、"贸工技"还是"技工贸"等五大辩题。教学流程如图 3 所示。

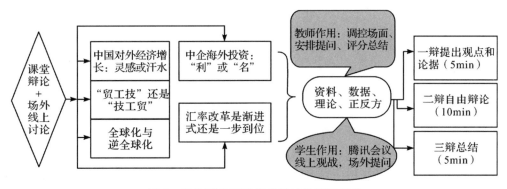

图 3　国际财务管理部分辩论选题及安排

3.多重案例比较教学

在长期授课中,基于国际经济历史、事件和政策分析,我们积累了大量的经典案例。这些案例的发生背景、发生条件、解决办法及影响效果各不相同,因此我们通过多重案例比较教学法,引导学生由被动参与变为主动探究,在教学形式上由"探究"和"研讨"两个基本环节构成。"探究"越充分,"研讨"就越深入,"研讨"越深入,建立的概念就会越清晰准确。如图 4 所示。

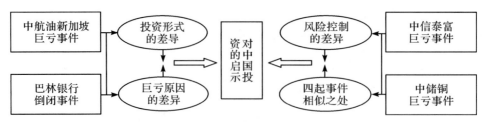

图 4　多重案例比较法在"国际间接投资"章节的应用

(三)教学手段创新

1.现代信息手段的运用

我们拟使用超星系统进行线上线下混合教学,并且结合翻转课堂、网络讨论、问卷调研、实践软件等现代化手段丰富教学资料、拓展研究、追踪前沿文献及共享案例,优化教学成果。这样既能弥补线下教学的局限,又能帮助学生拓展兴趣和加深理解。

2.翻转教学在线上线下教学过程中的运用

翻转教学法是指重新调整课堂内外的时间,将学习的决定权从教师转移给学生。教师首先在课堂布置任务给学生,学生则通过线上学习、资料收集、课外阅读及数据分析自主规划学习内容、学习节奏和实践环节。我们尝试在双循环战略、"一带一路"倡议、全球收入不平等和国际经济合作的基本理论等环节中使用翻转教学。如图 5 所示。

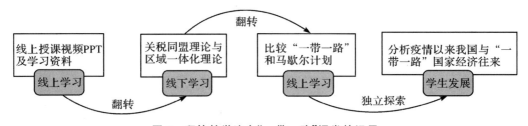

图 5　翻转教学法在"一带一路"课堂的运用

(四)课程思政的全面融入

当全球经济发生重大变化时,中国一直坚持双向合作、双向开放的战略。在国际经济与贸易领域,中共中央和中国政府均有重大的论述和指导。这可以与我们的课程内容做一个全面的融合。因此我们在课程里安排了思政内容,在国际财务管理课程里做到章章有思政、节节有安排,坚持理论引导与中国时事相结合,数据分析与政策方针相联系,解决问题与价值重塑相辉映,民族情感与爱国爱党共提升。如图 6 所示。

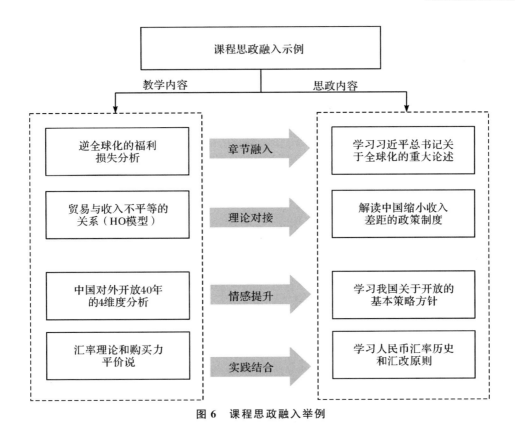

图 6　课程思政融入举例

三、以"PBL"为核心的教学模式创新与学生实践耦合的机理分析

以"PBL"为核心的教学模式创新构建了以学生为中心的教学互动模式。一方面可以提升教学效果,形成对传统教学模式的有益补充,优化学生的思维模式,提高解决问题的能力。另一方面,我们发现教学上的创新可以推广使用至指导学生实践创新项目。首先是理论和知识水平的提高,然后是应用和解决实际问题能力,因此我们探寻了从教学创新到学生实践的机理和渠道,发现它们之间的双螺旋上升关系。具体如下:

(一)教学内容创新与指导实践中的选题论证互促互动

根据前文所述,教学内容的创新有三个角度——内容重塑、素材增补和思政融入,而内容、素材和思政的遴选原则是结合中国具体问题、对理论延展有一定意义、具有经典性和系统性。用此原则指导学生实践,重点启发他们结合生活、结合理论,从细微入手寻找选题。反过来,指导学生实践选题的过程又能对教师教学内容的选择带来一定启发意义,教师在内容选择上也会逐渐宏观微观结合、理论实际兼顾、实践政策协同,与实践指导互相促进。

(二)教学方法创新对学生实践设计的思路引领及反哺

根据前文所述,教学方法的创新有三个内容:PBL 导入＋文献分析,课堂辩论＋场外线上讨论,多重案例比较法。这三种教学方法对学生创新实践的启发主要有以下三

方面:一是培养他们使用思辨的眼光分析问题,对实践项目的论证更加全面;二是多重案例比较法可以直接借鉴到项目论证中;三是 PBL 导入+文献分析法培养学生从文献中发现问题,不迷信不盲从文献的能力,在项目论证中以解决问题为导向。

(三)教学手段与学生实践手段之间的技术互通

教学手段改革中,我们借助现代信息技术、互联网、计量软件和超星系统等多样手段丰富上课方式,优化上课效果,对于指导学生实践起到了引领和优化作用。原先学生完成实践项目基本是靠文献分析+实践调研的方式,经过与教学的互动影响后,现在教师在指导学生实践项目过程中,也指导他们使用计量软件、知网数据库、Web of Science等现代网络技术查找数据、建立计量模型、实证检验以及国内外比较等。而学生实践项目的指导过程也能对教学的手段实现革新和促进。

(四)课程思政对指导学生实践的价值提升及需求反馈

近年来国际形势发生了巨大变化,一方面是中国经济的迅速崛起,另一方面是美国等西方国家对中国的压制和冲突。再加上新冠疫情、金融危机等事件的发生,因此我们需要在授课的过程中将理论、事实与中国的方针政策、习近平总书记的重要讲话、中华民族的伟大复兴结合起来。让学生不仅有理论学习,而且要有国家情怀、民族复兴、正确价值观和对我党正确方针的拥护支持。所以当教学改革中将思政与课程结合后,教师在项目指导方面也会引导学生在选择题目、进行论证和提出政策方案时能够有对民族和人民的情感融入,有对弱势群体的关注及对国家重大方针政策的把握,有在文化、道德和国家利益方面的价值提升以及具有通过所学理论知识服务社会、解决实际问题的能力。

参考文献

[1] 颜琪,蒋梦姣.PBL 教学模式下的线上线下混合制教学方法探索与研究[J].数字通信世界,2021(12):264-266.

[2] 刘晗.基于 PBL 的区域经济学"线上+线下"教学方式研究[J].重庆文理学院学报(社会科学版),2019,38(02):118-125.

[3] 漆仲明.论人文社科通识课程"PBL 模式实践教学法"构建与大学生综合能力培养[J].佳木斯大学社会科学学报,2013,31(04):150-153.

[4] 郑海英.以学生为中心"国际财务管理"课程的混合式教学模式探索[J].工业和信息化教育,2021(08):73-77.

"思政课实践教学"改革最新状况跟踪调查

——以文管 2001、信息 2001、信息 2002、哲学 2001 和通信 2001 教学班为例[①]

詹真荣[②] 郑泽钰[③]

（浙江工商大学马克思主义学院）

摘　要：浙江工商大学思想政治理论课社会实践教学（以下简称"思政课实践教学"）课程历经 10 多年建设，教改成果丰硕，课程特色鲜明，2019 年、2020 年先后被认定为浙江省级和国家级一流课程。为进一步推动"思政课实践教学"活动走深走实，提升学生思政课实践教学获得感，课程负责人詹真荣坚持守正创新，持续对社会实践教学形式进行新探索。为跟踪观察学生社会实践情况，总结教学经验，根据"思政课实践教学"计划，在 2021—2022 学年第一学期，助教郑泽钰协助课程负责人詹真荣教授开展教学活动并跟踪观察——将詹真荣教授的 5 个本科行政班作为研究对象，全程考察师生在本课程中的行为表现，总结经验教训，以期深化本课程教学改革，进一步提高思政课实践教学实效性。

关键词：思政课；实践教学；最新状况；暑期返乡调查

"思政课实践教学"课程是高校思政课教育教学体系的重要组成部分，是解决思政课教学过程中理论联系实际的重要环节，是提高思政课教学实效性的迫切需要，是思政课的一项重要任务。开设"思政课实践教学"课程的主要目的就是让学生能理论联系实际，走出校园，走向基层，走向社会，在社会实践过程中锻炼其眼力、脑力、脚力和笔力，培养学生的调查研究能力。本学期选取文管 2001、信息 2001、信息 2002、哲学 2001 和通信 2001 等 5 个教学班作为跟踪调查研究对象，其中"暑期返乡调查"的学生人数占总人数的 80% 以上。根据本课程教学全过程观察，形成本篇调查报告——报告重点关注学生暑期返乡调查实施情况，旨在对"大学生返乡调查"进行可行性分析，总结经验教训，为深化"思政课实践教学"课程改革提供参考。

---

① 首批国家级一流课程（社会实践类）——浙江工商大学"思想政治理论课实践教学"（高教函〔2020〕8 号）阶段成果。

② 詹真荣，浙江工商大学马克思主义学院二级教授，博士，研究方向为马克思主义理论与世界社会主义。

③ 郑泽钰，浙江工商大学马克思主义学院硕士生，詹真荣教授助教，研究方向为马克思主义中国化研究。

一、实践教学动员与实施过程简要回顾

詹老师接受本学期"思政课实践教学"任务后,根据课程安排,立即着手召开动员大会对全体学生进行动员。在助教协助下,2021 年暑期之初詹老师利用钉钉采取线上直播的方式对学生进行动员;本学期开学后采取课堂授课方式进行二次动员。在动员的基础上,每位同学根据自己的兴趣爱好、家乡特点等进行组队、定选题、写策划书等环节,各项步骤有条不紊地进行。

1.动员学生进行暑期返乡调查

2021 年 7 月 16 日,我们在线上召开首次动员大会,詹老师就本门课程开设的目的和任务做了说明,并就暑期返乡调研做了具体安排和部署。詹老师共设置了 17 个主要选题方向供大家策划调研课题选择,让同学们结合自己的专业优势和兴趣爱好借题发挥,设计返乡调查选题。詹老师结合自己过去进行调查研究和指导学生社会实践的经历,向大家说明掌握调查研究本领的重要性,强调青年大学生既要读好有字之书,也要读好无字之书,并说明采用"暑期返乡调查"的教学方式的主要原因:家乡是我们生于斯长于斯的地方,做返乡调查能借助天时地利人和的优势,帮助同学们进一步了解自己家乡的经济社会发展状况,通过返乡调查,加强对乡情、县情、区情、市情的了解。詹老师还鼓励同学们与学校团委和各学院组织的暑期社会实践任务相结合,充分利用好每一次田野调查的机会。詹老师和助教在线上为同学们提供指导和服务。

本学期返乡调查任务启动后,每位同学根据当地疫情实际情况,开展组队、定选题、写策划书等步骤,多数同学选择自己进行返乡调查。策划书是社会实践活动的开始,我们严格把关学生策划书撰写情况,对于不是在同县域内组队的同学宣布其策划书无效,劝其各自在本家乡进行调查。我们要求,一周之内上交全部策划书给詹老师审阅。待詹老师下达审阅后的策划书后,各小组或同学个人根据詹老师批改意见进行修改,着手进行返乡调查。根据策划书撰写情况,选择进行返乡调查的学生占到80%以上。

2.动员学生前往我校示范实践基地开展调研

本学期开学后,2021 年 9 月 29 日下午,我们召开詹老师教学班本学期第二次动员大会,邀请我校思政课示范实践基地——乔司街道朝阳村实务精英导师周晨亮进校园为同学们授课,目的是让同学们从朝阳村发展历程、产业发展、村民生活水平提升以及全域土地综合整治后村庄发展等多个方面全方位了解朝阳村,让未进行暑期返乡调查的同学做好选题策划,准备赴朝阳村实地调查。

本学期共有 9 个小组,围绕朝阳村共同富裕、产业发展、信息化建设、变迁史和外来务工子女教育情况等相关问题进行选题策划。詹老师详细批改同学们的策划书,不清楚的地方由助教协助解决。

2021 年 10 月 23 日,9 个小组的同学在詹老师和助教带领下赴朝阳村进行实地调研。到达朝阳村文化礼堂后,詹老师进行现场部署动员,实务精英导师周老师对当天的调查任务做了周详的安排。每个小组在组长带领下分别围绕各组的选题与朝阳村实务精英导师和村民代表进行座谈,就自己心中疑惑问题进行反复交流、反复讨论,以期得到满意答案。后期 9 个小组同学陆续结对赴朝阳村进行二次调研,取得了不错的效果。

二、学生进行返乡调查的优势

从社会实践选题来看,本学期思政课实践教学最大的特点是以"暑期返乡调查"为主,调研人数占到总人数的 80%。在这里,我们要明晰返乡调查的优势所在。

1. 返乡调查有利于学生克服社会调查畏难情绪

同学们对自己从小生长的故土比较亲切,对家乡经济、政治、文化、社会和生态等方面的情况都有一定了解,更重要的这是有烟火味儿的地方,把思政课堂搬到自己的家乡,可以让同学们更加了解村情、乡情和县情,对学生来说是一种全新的体验。学生不会因为陌生环境而不敢去调研,不会因为语言不通而造成沟通障碍,所以同学们可以借助天时地利人和的优势,更好地了解自己家乡的发展状况。

2. 突破地域差异,提高调查效果

返乡调研采取的主要方法是座谈法。同学们通过与自己的亲人或邻居或乡亲们进行座谈交流,可以突破地域与文化之间的差异,不会因为语言或风俗习惯的不同而使过程中断,从而使调研活动有条不紊地进行下去。学生通过与家乡人员进行无地域和文化差异的交流后,可以快速收集调研材料,汇总整理调研信息,如果有些问题调研不清晰,可以进行多次回访,这种做法实际上大大提高了调研效果,把更多真实信息充实到调研报告中,从而使调研结果事半功倍。

3. 增强学生对家乡的认同感和归属感

同学们通过走访调查可以了解自己不熟悉的家乡历史和人物,进一步体会到家乡浓厚的历史文化底蕴,在体验家乡人文历史气息的同时感受时代脉搏。比如,段舒杭同学在调研大理市下关镇凤阳邑村后表示,古村具有厚重的历史感,在新时代的今天仍焕发出勃勃生机,充满现代气息。通过走读家乡,发现家乡的历史美和现代美,二者相互交织,共同构成新时代乡村振兴的美景,从而使学生增强对自己家乡的认同感和归属感。

4. 发挥专业优势,为家乡发展添砖加瓦

每位同学在返乡调查过程中,可以根据自己选题和调研情况,并结合自己所学专业知识,发散思维,对自己所捕捉到的信息和相关问题做深入思考,重点抓住家乡在某些问题上存在的不足,直面困难和挑战,或与社区(村委)负责同志或与受访对象进行反复交流反复交谈,讲清讲明自己的真知灼见,为家乡发展出谋划策。比如,文管班林冠宇在调研温州市鹿城区南汇街道三育情况后,针对当地三育的详细情况和受访者的感受,提出要提高课堂教学质量、平衡优质教育资源等措施,既符合当地实际情况,也具有一定借鉴意义。

5.缓解学生校内学习压力

现在大学生校内课程逐渐增多,课内学习压力不断增大。根据教学计划,"思政课实践教学"课程是利用周末、节假日安排学生开展实地调查活动,完成教学任务。但近几年,很多专业学院也利用周末安排各类竞赛、培训活动,思政课实践教学时间受到挤压。学生进行返乡调查,不仅可以修满本课程学分,更重要的是加深自己对家乡的认识和了解,同时缓解了自己校内学习压力,可谓一举多得。

三、本学期思政课实践教学存在的问题

1.选题同质性现象较为突出

参加本学期返乡调研的学生占到总人数的80％以上,单就这部分同学的选题情况来看,同质性太强。尤其是对于家乡三育问题的调查占到大多数,有的同学在撰写策划书时,没有结合自己的实际,直接搬用詹老师提供的"选题参考及说明",不能凸显出各自调查内容及特色。相同选题由不同学生在不同地方调研,故而受访者不同、收集材料方式方法不同,但撰写报告分析问题千篇一律,没有对自己所调研的当地情况分析到位,甚至没有提出自己的见解,留下遗憾。

2.部分学生积极性不高,有畏难情绪

暑期第一次动员大会结束后,80％以上的同学响应进行返乡调查的号召,还有一部分同学因为种种原因并没有参加暑期社会实践。暑期返乡调查的同学占到大多数,是我们跟踪调查的主要对象。跟踪观察发现,部分学生在组队、撰写策划书、上交佐证材料和调研报告等环节极不配合,缺乏调研的积极性和主动性。大多数任务是在助教催促下才勉强完成,甚至有些同学认为本课程任务多,从而打退堂鼓,产生畏难情绪。这也从侧面反映出部分同学对本课程兴趣度不高,不能有效完成课程任务。

3.返乡调查存在"打酱油""搭便车"现象

本学期思政课实践教学调查形式主要是学生个人调研和组队调研。通过审阅学生调查报告和佐证材料的情况看,这两部分学生均存在"打酱油""搭便车"甚至材料造假现象。一是部分学生的调研报告围绕选题简单罗列政策,对真问题分析不到位,受访者材料没有充实到报告中,难以理解问题的本质。二是部分同学调研材料弄虚作假、敷衍了事。三是部分同学拍摄照片、视频等没有按照课程要求实施,所附照片并非高质量照片,可以看出这部分学生仅仅是为了完成任务而调研,没有利用手中的工具捕捉和抓取有用的信息。

4.调研材料不完整,实践报告不规范

从本学期参与返乡调查的实践报告来看,效果不佳。一是部分同学实践材料不完整——实地调查照片不够清晰,日志敷衍了事,个别学生材料不真实。二是实践报告格式不规范——报告结构混乱、杂乱无章。三是报告内容平铺直叙,较多地记录"流水账"——没有分析关键问题,简单罗列政策,调查报告内容空洞。四是多数报告没有对相关数据进行整体分析——只是一贯地进行文字叙述,易给读者造成视觉疲乏。

四、如何进一步提高"思政课实践教学"课程实效性

1. 思政课教师要把调查研究做深做实，使学生深入实际、了解实际

培养新时代大学生特别是"00后"大学生调查研究的能力，"思政课实践教学"课程承担重要职能。任课教师要千方百计引导学生积极走出校门，深入基层，到人民群众身边去，听取老百姓心中最真实的想法。所以，思政课教师首先要锻炼自己的社会沟通能力、实地调查能力，要成为社会调查的"能工巧匠"，只有这样，才能更好地指导学生开展田野调查。实地调研过程中，教师要和学生一起深入实际、了解实际，必须采取下马看花的方式，运用"蹲点调查""解剖麻雀"等方法，使学生深入到问题本质当中，锻炼学生独立思考的能力。教师要注意对学生进行引导，逐步培养和提高学生的"脑力""笔力""眼力""脚力"等调查研究能力。

2. 要继续总结实践教学经验，鼓励学生进行返乡调查

经过多年的探索和实践，"思政课实践教学"课程体系不断完善，教学案例逐渐充实，对于我校思政课教师来说，当前主要任务是要继续总结教学经验，建立更加完善的教学体系，丰富教学内容、教学案例。学生返乡调查在詹老师实践教学班已经实行多年，在实践中被证明是有效用和价值的。建议继续发挥我校全体思政课教师的主观能动性，进一步探索返乡调查的教学方式为什么能够得到大多数学生的积极响应，在此基础上根据"00后"大学生的成长特点和规律，形成符合我校实际和当代大学生学习特点的特色返乡调查教学方案，向省内外本科高校推广。

应用统计学一流专业建设的探索与实践[①]

陈振龙[②]　　王伟刚[③]

（浙江工商大学统计与数学学院）

摘　要:应用统计学具有显著的实践导向特征,与计算机、数学等学科的交叉融合发展,使其应用范围几乎覆盖社会科学与自然科学的各个领域,而具有相关统计分析能力的人才,社会需求量巨大。本文以浙江工商大学应用统计学为研究对象,对其专业定位、建设成就、改革经验、培养模式进行阐述与探讨,并基于实际形势对未来发展路径进行思考,以期为统计与数学学院乃至学校其他专业建设提供参考借鉴。

关键词:应用统计学;一流专业;探索与实践

建设高水平本科教育、全面提高大学生人才创新实践能力,是适应新时代人才培养的关键一环。随着新一轮高等教育教学改革的启动与国家"双万计划"的提出和实施,一流专业建设已经成为高校提升人才培养能力的重要风口。结合学校自身特色与优势,加强专业顶层设计布局,因地制宜,及时调整与发展需求不匹配的专业,打造专业建设新高地至关重要。

应用统计学作为研究统计学基本理论与方法的专业,将传统统计学与现代计算机技术交叉融合,近年来呈现飞速发展的趋势,具有相关统计分析能力的人才社会岗位需求量不断增加。此外,相较于其他专业,应用统计学具有显著的实践导向性,在学生学习理论知识的同时注重其对实际问题、数据和案例的紧密结合。这些时代特点与专业特征都对应用统计学一流专业的建设提出了新的挑战。而如何完善应用统计人才培养体系、创新应用统计人才培养模式以建设一流的应用统计学专业,迫切需要研究与探讨。

本文以我校应用统计学为例,探讨一流专业建设经验:从专业定位出发,介绍我校应用统计所取得的成就,并进一步结合学校特色与社会发展趋势,介绍专业改革建设经验与调整方式,进而探讨后期发展的思路。

---

　①　本文获浙江省首批省级课程思政示范课程项目(概率论)、首批国家级一流本科课程(概率论)、国家一流本科专业建设点(应用统计学)、浙江工商大学本科教学改革项目(概率论课程思政课堂教学改革的探索与研究、随机过程课程教学改革)资助。

　②　陈振龙,浙江工商大学统计与数学学院教授,博士,研究方向为随机过程与风险管理。
　③　王伟刚,浙江工商大学统计与数学学院教授,博士,研究方向为概率论与数理统计。

一、我院应用统计学专业基本情况

我校应用统计学专业以社会对数据人才需求为驱动,依托学校大商科的办学定位和统计学科优势,旨在培养统计学、计算机科学和经济学"三位一体"的宽口径高层次复合型"数据工程"人才。同时辐射金融、大数据等相关专业领域,注重培养学生的统计思维能力、数据挖掘能力、综合分析能力及创新创业能力。

应用统计学专业所依托的统计学学科是省一流学科(A类)、省重点建设高校优势特色学科,在教育部第四轮学科评估中获得 A-,在浙江省位列第一。依托统计学学科,应用统计学专业 2020 年被评为国家一流专业建设点。自 2013 年获批以来,应用统计学在邱均平中国大学专业排名中稳居全国前三,在武书连 2018 年首次专业等级排名中并列全国第一。

二、应用统计学专业建设经验与成效

(一)深化专业改革,着重培养学生实际问题解决能力

1.精选专业课程,提升教学质量

对于本科生,围绕"基础""应用""拓展",精选统计学基础、统计学应用和统计学拓展课程,打造面向本科生的"三位一体"知识培养体系(如图 1 所示)。

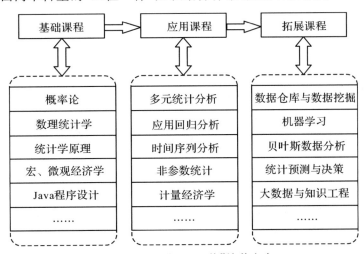

图1 本科生"三位一体"培养方案

2.打造双模块联动的实践教学体系,聚焦统计学应用能力

着眼于政府、企业、研究机构等对统计人才的差异化需求,搭建中国义乌小商品城等 10 多个校外实践平台和统计数据工程协同创新中心等 9 个校内实践基地,形成"校内演练"与"校外实习"双模块联动的实践教学体系。其中"校内演练"依托统计建模大赛、统计优秀案例大赛、"泰迪杯"数据挖掘大赛等赛事开展实践教学,"校外实习"致力于政府导向型、企业导向型、研究机构导向型等差异化能力培养。

3.严把质量管理,培养高素质人才

邀请知名专家把脉培养方案,重点建设3~4门学科核心课,搭建建设团队,形成完善的课程大纲、教案和内容体系;组织专家围绕新开课程的目标定位、课程内容、教学设计、考核方式、师资力量、预期效果等开展全方位论证;对现有课程的教学效果进行动态监测与评估,对不适应培养目标的课程及时调整;通过查课、听课、问卷调查等形式对教学过程进行督察,定期反馈监测结果、追踪整改效果;关注本科生发展,从大一开始安排专任班主任和专业导师对本科生进行学习规划与指导,鼓励学生之间良性学术竞争;对毕业生答辩实行首轮末位淘汰制、二次答辩成绩降级制等措施,严把毕业论文关,为社会培养高质量人才。

4.积极引智引才,开阔国际视野

通过跨学科培训课程、学术交流等渠道和引进具有交叉学科背景的海内外人才等措施,优化专业教师队伍;依托学校搭建的短期国外交流项目及学院搭建的合作办学计划,加强学生的国际化培养;通过邀请中国科学院院士严加安、长江学者邱东等教授开展学术讲座,聘请美国密西根州立大学肖益民、弗吉尼亚理工大学洪益力等10多名海外知名学者来校短期授课,提升学生专业学术素养。

(二)巩固师资队伍,加强专业教学质量保障体系建设

1.加强高层次人才引进,强化师资队伍培养

多措并举引进高层次人才:一是新设"职称认定制"与"直通车制度",招聘优秀人才;二是"年薪制"和"普通制"并行,吸引顶尖人才;三是通过柔性特聘等方式,聘请高端学者;四是国际青年学者论坛常规化,进而吸引海外学者参加;五是强化博士后流动站,引进师资博士后。同时,培育现有师资队伍,提升教学技能水平。一是国际化。依托校蓝天计划,选派5名教师赴境外访问,资助5人次参加国际会议,举办14场国际学术交流活动。二是梯队化。通过以老带新、团队培养等方式,形成多个教学团队。三是双师化。依托学校大地计划,与企业交流,培养师资。

2.加强教学质量管理建设,跟踪落实规范教研活动

建立由教学副院长、系主任、专业负责人、教学督导及专职教学管理人员组成的教学质量管理队伍。制定系列制度,规范课堂教学、实习实践、毕业论文等重要教学环节,鼓励教师重视教学工作,积极参与学生的创新活动。同时,跟踪落实学院规范教研活动,以反馈优化教学质量管理。具体包括:一是例会制度——一月一次活动,均有详细记录;二是检查制度——听评课加强教学质量的跟踪评测,双向交流,倾听学生声音;三是落实制度——课程负责人制度,加强课程建设,本科生导师制,推动教师参与;四是团队提升——依托校教师发展中心,推出诊断提升课、示范观摩课,提升教师教学能力。

3.完善质量监控体系建设,构建专业持续改进机制

制定教学委员会制度、教学督导制度、听课评估制度、学评教制度、教学开放周制度、期中教学检查制度、班级学风评估制度、试卷检查制度、毕业生回访制度等,完善教

学质量监控体系。持续跟踪学生的培养质量,构建多方参与的人才培养质量评价机制;定期评估培养目标达成情况,形成专业教学质量的持续改进机制(如图2所示)。

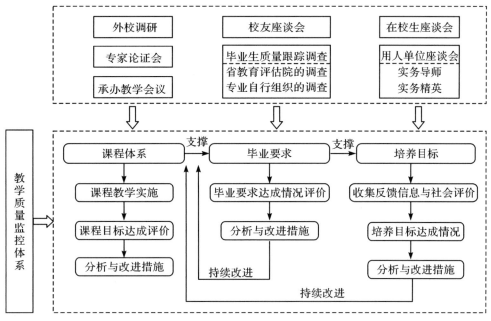

图 2　专业持续改进机制

(三)专业建设成效

1.专业实力显著提升

本专业自 2013 年获批以来,在邱均平中国大学专业排名中稳居全国前三,在武书连首次专业等级排名中并列全国第一。

2.学生素养全面增强

学生积极参加全国数学建模竞赛、"互联网+"创新创业大赛等赛事。近 3 年,获国家级、省部级奖 50 余项;参与义乌小商品、中国杭州跨境电商等 10 余项指数的调研和编制;参加教师的横、纵向项目的研究,在国内 Top 期刊、SCI 杂志发表多篇学术论文。

3.师资力量不断提高

近 2 年柔性引进国家杰青、长江学者 1 名,引进海内外博士各 5 名,聘请海内外专家 6 名;教师积极参与教学改革,共获得省部级教改项目 2 项、校级 4 项、院级 10 余项;获厅级教育教学成果二等奖 1 项、校级一等奖 2 项;建成"概率论""统计学""机器学习"等国家级、省级一流课程;多名教师获得校级优秀教师、省级教坛新秀等称号。

4.毕业生质量持续提升

毕业生深造率从 2018 年的 22.86% 上升至 2021 年的 44.44%,多名学生进入华东师范大学、中央财经大学等知名高校进一步深造,其中一名同学被美国德克萨斯大学达拉斯分校录取为博士生;初次就业率从 2018 年的 94.29% 上升为 2021 年的 97.22%,多名学生进入阿里巴巴、中国人民银行等大型企事业单位工作。

三、进一步推进专业建设与改革的主要思路与举措

(一)主要思路

以浙江省优势特色学科、一流学科(A类)统计学为依托,以科研积累为支撑,以大数据时代对数据工程人才需求为驱动,持续加强专业建设,进一步深化教学改革。从培养方案、课程体系、创新能力和国际化等方面,全面优化人才培养质量,力争在3年内将本专业建成全国一流,在国际上有重要影响的专业,为社会输出更多善于收集、处理、分析和挖掘各类复杂数据的应用型人才。

(二)主要举措

1.优化培养方案,丰富课程模块

为满足学生个性化的需要,本专业拟设立金融统计、生物统计、数据挖掘等多元化的课程模块,如图3所示。

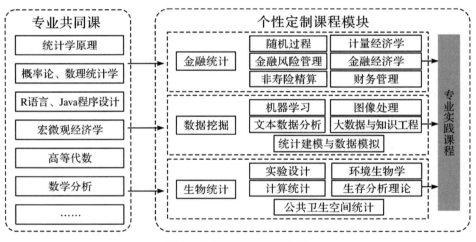

图3 个性化课程模块方案

2.强化教学改革,提高教学质量

通过开展研讨课、示范课、过关课等方式,提升教师教学水平;通过"教学工程"系列建设,推进教学模式改革,注重教学成果凝练;建成金课、在线开放课、微课各3门,完成精品教材3部,全面提升教学质量(如图4所示)。

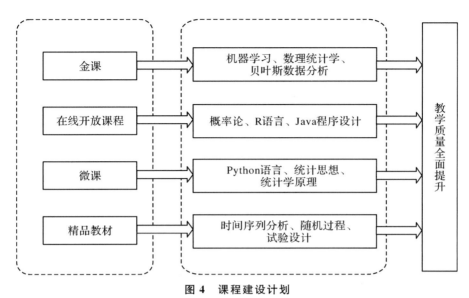

图4　课程建设计划

3.拓宽实践教学平台,增强学生创新创业能力

通过与政府、企业等的协同,拓展校外实践教学基地,优化专业培养方案;鼓励学生参与教师系列指数等课题,开发实训项目,充实课程设计内容;利用产教融合,优化实践教学内容,引导学生将实践与课题调研、学科竞赛、就业创业结合起来;搭建Blackboard、泛雅等网络平台,建成应用统计分析与建模实验中心(如图5所示),为本专业教学实验提供支撑。

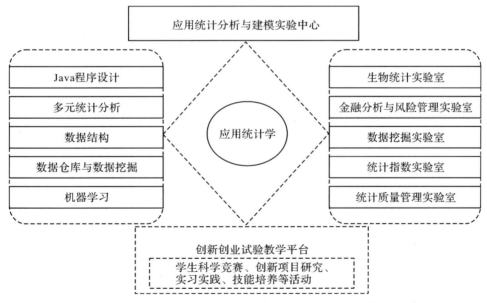

图5　实验教学平台体系建设示意图(已申报省级重点建设实验教学示范中心)

4.拓展国际视野,提升专业国际化水平

借助统计学科平台与更多海外高校建立长期合作关系,深化与英国布鲁内尔大学、立陶宛维尔纽斯大学等高校的合作,建立2+2、3+1联合培养模式及交换生制度;利用

学校和学科资源,招收更多优秀留学生,资助学生出国交流,使本专业出国学生的比例达到 35%;提升师资队伍国际化水平,积极引进具有海外背景的青年学者,通过"蓝天计划"和学科经费资助青年教师出国访学,柔性引进海外高校著名专家开展合作研究及专业指导;拓展师生国际视野,举办国际会议,鼓励更多师生参与国际性学术活动。

参考文献

[1] 教育部.关于加快建设高水平本科教育全面提高人才培养能力的意见[EB/OL]. http://www.moe.gov.cn/srcsite/A08/s7056/201810/t20181017_351887.html.

[2] 黄红梅.应用时间序列分析[M].北京:清华大学出版社,2016.

[3] 陈振龙,陈宜治,龚小庆.概率论与数理统计[M].杭州:浙江工商大学出版社,2016.

[4] 董雪梅.大数据可视化与 DataFocus 实践[M].杭州:浙江工商大学出版社,2020.

基于 CLIL 的"大学英语"课程思政教学实践探究①

翁青青②　贾爱武③

（浙江工商大学外国语学院）

摘　要："大学英语"课程思政是一个强调中华传统文化传承与传播的实践过程。本文基于 CLIL 的两个核心框架——4C 框架和金字塔式课程设计模型，通过呈现真实、具体的教学设计，探索 CLIL、课程思政与大学英语课堂有机融合的方法，旨在为 CLIL 的本土化实践和"大学英语"教学改革提供借鉴。

关键词："大学英语"；课程思政；CLIL

一、CLIL 文献综述及应用

（一）理论框架

CLIL 是 Content and Language Integrated Learning 的简称，由欧洲教育管理人员、研究人员及教学实践者在 20 世纪 90 年代提出（Marsh 2002），是一种兼顾科目内容和语言的双聚焦（dual-focused）教学方式，主张以非学生母语的语言作为媒介，教授数学、地理、历史等课程（Dalton-Puffer，2007）。该教学模式已在欧洲实践了 20 余年，并逐步推广到其他国家和地区。Coyle（2007）用 4C 框架图概括了 CLIL 的核心理念，如图 1 所示：内容（Content）指的是一门科目或某个活动的知识和技能；交际（Communication）指运用目的语展开的互动和交流；认知（Cognition）则强调引导学生构建自己的知识理解系统和技能形成系统，以便于举一反三地将一些元认知策略应用于其他科目；文化（Culture）是一根贯穿所有主题的细线，其内涵是以开放的态度看待多元文化，并对自身文化和他者文化进行积极的反思和评价。

①　浙江省哲学社会科学规划项目"中美主流报刊中的浙商形象对比研究——基于改革开放 40 年来的语料库分析"，编号 19NDQN346YB；浙江省高等教育学会项目"POA 视域下工程技术人才国际化能力培养的教学研究"，编号 KT2022366；中国外语教育基金项目"基于 CLIL 大学外语课程思政体系构建与实践路径"，编号 ZGW-YJYJJ10A001。

②　翁青青，浙江工商大学外国语学院讲师，研究方向为应用语言学和语料库语言学研究。

③　贾爱武，浙江工商大学外国语学院教授，博士，研究方向为应用语言学和外语教师发展研究。

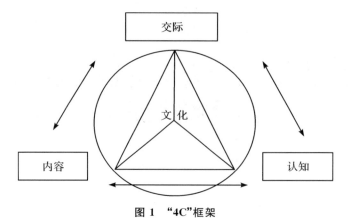

图 1 "4C"框架

4C 框架是宏观层面的理论指导,为了将其应用于教学设计和课程实践,Meyer(2010)提出了 CLIL 金字塔式模型(CLIL Pyramid),包括四个环节,如图 2 所示。第一,主题确定,这是课程规划和资源建构的基石。第二,媒介选择。教师应整合来自真实交际场景的、多模态的媒介素材,搭建"输入"脚手架,减少科目内容输入给学生带来的认知和语言负荷,引导学生掌握学习技能(策略)。第三,任务设计,这是该模型的核心。任务的设计要满足:(1)在认知上,具有挑战性,激发学生的高级思维能力,如归纳、演绎、分析、综合、分类、应用等;(2)在交际上,基于真实的、有意义的交际语境。此外,为辅助学生完成系列任务,教师应提供"输出"脚手架。第四,内容与语言回顾,即为巩固科目内容和语言知识而设计的练习或活动。

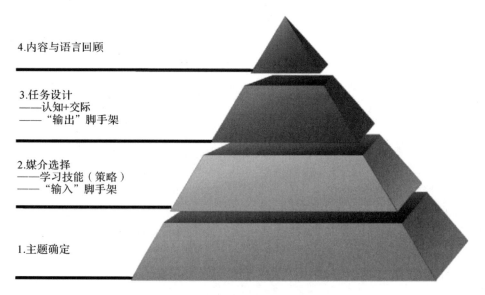

图 2 CLIL 金字塔式课程设计模型

(二)文献综述

CLIL 研究在国外颇具规模,在我国仍处于起步阶段。2018 年之前,国内研究主要为理论层面的介绍与探讨,如黄甫全、李灵丽(2015),米保富(2015)。2018 年起则转向实践层面,包括:(1)CLIL 在中国高校本土化应用的探讨,如赵永青、常俊跃、刘兆浩(2020);(2)CLIL 在各类专业课程中的应用,如沈克华(2019)将其应用于国际经贸专业课;(3)定性定量相结合对 CLIL 教学效果开展追踪调查,如张莲、李东莹(2019)的研究表明,在英语专业的精读课中应用 CLIL 可促进学生语言、思辨和学科能力的协同发展。

上述研究论证了 CLIL 应用于中国教学语境的必要性、可行性和有效性,但在以下几个方面仍有拓展空间:(1)研究内容上,已有研究侧重于宏观的课程体系设计,如何使之在实践中落地,如何设计本土化的 CLIL 教材、教案等亟待跟进;(2)研究视角上,学界对 CLIL 教学效果的关注度较高,而有关 CLIL 教学过程与设计的探讨寥寥无几;(3)研究对象上,已有研究更多针对商科类、专业外语类的课程或学生,鲜有关注大学英语;(4)研究背景上,虽然已对 CLIL 在中国的本土化应用做了初步分析,但结合课程思政层面的研究仍是空白。鉴于此,本文基于 CLIL 的两个核心框架——4C 和金字塔式课程设计模型,通过真实的教学案例来展示大学英语课程思政的实践路径。

(三)CLIL 与大学英语课程思政的关系

首先,根据 4C 框架,CLIL 教学目标为掌握科目知识、发展语言能力、提升认知水平和培养跨文化意识,这与工具性、人文性有机统一的课程思政的目标相契合。其次,CLIL 可以为如何实现课程思政和"大学英语"的有机融合提供思路。Byram, et al.(2017),Porto(2019)分别在欧洲、阿根廷试点以 CLIL 为媒介整合外语教学和跨文化公民教育。结果表明,这一整合路径不但提升了被试的外语学习能力,也强化了他们的跨文化公民意识。本文认为,为了避免生硬灌输思政内容,国内也可借鉴这种思路——基于 CLIL 来整合"大学英语"和课程思政。最后,虽然 CLIL 主张以外语为媒介学习一门课程,但 Lasagabaster & Sierra(2009)的研究表明,CLIL 非但不会削弱母语能力,反而有利于增强学习者对母语的认同。因此,不妨尝试利用 CLIL 在"大学英语"课堂中增强学生对传统文化的认同。

二、CLIL 教学案例

(一)基于 4C 的教学目标

表 1　4C 教学目标

内容目标 (Content)	(1)了解广告的类别、目的,及广告设计的六个策略 (2)了解广告词的特点及广告词的设计技巧 (3)理解拉斯韦尔传播五要素
语言交际目标 (Communication)	(1)就广告词的特点展开讨论,并进行汇报 (2)根据广告词的特点,为指定产品或主题设计一则广告词,并点评其他小组的广告词设计 (3)用多样化的形容词概括"好的广告应具备的特点" (4)结合 5W 模式、广告设计六策略,拍摄一则有关中国文化的英文公益广告

续 表

认知目标 (Cognition)	(1)根据中外经典广告词,归纳好的广告词应具备的特点 (2)根据其他小组的广告词,推测对应的产品或主题 (3)应用 5W 模式、广告设计六策略等脚手架,分析央视公益广告《筷子》 (4)体验自制英文广告,提升创造力、想象力、强化社会责任意识、公民意识
文化目标 (Culture)	(1)欣赏中外优秀广告,提升文化差异意识,了解全球本土化这一跨文化宣传策略 (2)在设计和拍摄广告的过程中,关注、了解中国传统文化,熟悉传统文化相关的英语表达,深化对传统文化的认同 (3)通过自制公益广告弘扬传统文化,培养文化使命感

(二)教学过程

1.主题确定

本案例取自笔者任教的"大学英语"后续课"商务英语",涉及的单元主题为广告,案例呈现的是广告这一单元前 2 课时的教学设计。教学对象为非英语专业大二学生。

2.媒介选择

本案例涉及了文本、图片、视频、图表等多种模态的素材,通过分析国内外真实的广告词和广告,构建真实的任务语境。活动形式多样,涵盖了个人、双人、小组和全班各个层面的互动。搭建的"输入"脚手架包括:好的广告词应具备的特点;拉斯韦尔的传播五要素;广告设计的六个策略;如何用全球本土化的视角分析跨文化广告设计。

3.任务设计

步骤一(15分钟):讨论——广告词应具备的特点

首先,选取国内外经典广告词,让学生猜对应的品牌。接着,基于这些经典广告词,组织各小组讨论它们的特点,并选取 3 个小组进行汇报。随后,教师整合学生汇报的结果,搭建"输出"脚手架——如何设计广告词(相关技巧包括使用修辞手法,尽量使用简单、口语化的表达等)。

步骤二(25分钟):游戏——设计广告词、猜产品

教师事先准备好 10 张卡片,卡片上用英文依次写着航空公司、口红、运动鞋、空调、雨伞、黑板等 10 个贴近生活又来自不同范畴的潜在宣传对象。接着,教师手拿卡片,带领学生齐读上面的单词,读罢打乱卡片顺序,分发给各组。每组拿到一张卡片,限组内成员知道卡片上的单词,不能透露给其他小组。然后,学生进行小组讨论,以本组拿到的单词为潜在宣传产品,用步骤一中的技巧,设计一则广告词。该环节旨在引导学生使用已搭建好的脚手架进行输出,变被动知识为主动知识。待设计完毕,各组派一个代表到黑板上写广告词,全班一起猜这些广告词分别对应了什么产品。最后,教师引导学生再次基于步骤一的脚手架,点评各组设计的广告词,评选出最佳广告词。

步骤三(5分钟):讨论——一则好广告应具备的特点

广告词讲完后,进入下一块内容——广告。通过两则中外广告视频,引入话题讨论"一则好广告应具备什么特点"。在各组展开讨论之前,教师搭建"输出"脚手架,向学生提供若干形容词,供讨论使用,如 snappy,original,humorous,informative,entertaining,convincing,impressive,等等。这一方面可为讨论提供方向和框架,另一方面能促使学

生使用多样化的语言表达。

步骤四(35分钟):分析——5W 模式

教师介绍拉斯韦尔传播五要素(即 5W 模式:Who,Say what,In which channel,To whom,With what effect),引导学生用该模式分析广告。鉴于篇幅有限,下文只阐述后三个要素:

(1)In which channel:学生根据传播渠道,头脑风暴广告的类别,诸如印刷广告、电梯广告、户外广告牌、电视广告、网络广告等。

(2)To whom:教师指出,同一款产品在不同国家推广时,要注意文化差异。于是向学生展示可口可乐一系列颇具地域特色的外包装图片。学生根据图片上的区域文化元素,推测这些广告分别面向哪个国家发行。此环节旨在引导学生树立文化差异意识,并初步认识全球本土化这一跨文化宣传策略。

(3)With what effect:教师向学生下发一篇短文,文章包括电视广告的目的,以及促使广告达到预期效果的六个设计策略两块内容。关于第一块内容,教师制造信息差,将文本材料转换为填空题,让学生概括广告的目的;关于第二块内容,教师播放六则广告视频,让学生鉴别这些广告分别使用了哪个设计策略。

4.内容与语言回顾(15分钟)

教师播放央视公益广告《筷子》。视频长约 5 分钟,围绕着春节和筷子,凸显了中国元素。接着,基于前面搭建好的脚手架,教师引导学生对这则广告进行分析(如表 2 所示)。这既是回顾、巩固的过程,又是一次语言输出的操练。分析完毕,教师布置小组作业:以《筷子》为范本,结合课堂所学知识,拍摄一则公益广告,宣传中国文化。广告主题要与中国文化相关,但切入点要小,内容要贴近大学生、老百姓的现实生活,发挥创意,以小见大。

拍摄公益广告这一环节找准了知识与情感教育、文化传承的结合点,实践了课程思政的理念:首先,这是应用、内化课堂知识点的过程;其次,学生在设计、拍摄广告的过程中能提升语言表达能力、创造力和团队协作能力;最后,该任务能培养学生的文化使命感,引导其更多关注、了解中国文化,为弘扬传统文化做贡献。

表 2 内容与语言回顾环节的设计思路

对应的脚手架		对范本广告《筷子》的分析、解读	小组视频基本信息介绍
步骤一、二:广告词设计		一双筷子,承载中国数千年的情感;有滋有味,幸福中国味	广告词是什么?
步骤三:使用多样化的形容词描述一则广告 步骤四:5W 模式及广告设计的六个策略	(1)Who	官方媒体	小组成员是谁?分工情况如何?
	(2)Say what	以筷子为主线,将除夕夜发生在 8 个地方(从南到北,从城市到乡村,从中国到海外)的故事串联起来,诠释了筷子所承载的深厚的中国文化——启迪、传承、明礼、关爱、思念、睦邻、相守、感恩	广告的基本内容、故事情节是什么?这样的设计旨在表达什么主题?
	(3)In which channel	2014 年春节前在网络、电视上播出	这则广告适合在什么媒介、通过什么渠道播放?

续 表

对应的脚手架	对范本广告《筷子》的分析、解读	小组视频基本信息介绍
(4)To whom	海内外华人	潜在受众群体是谁？
(5)With what effect	①采用讲故事的策略,着力刻画普通老百姓的故事,更容易引起广大群众的共鸣 ②从筷子切入,视角细腻,以小见大,亲切感人 ③8个小故事的对话使用了当地方言,显得自然质朴、年味十足	该广告主要使用了六个策略中的哪一个？

参考文献

[1] Byram M，Golubeva I，Hui H，et al. From Principles to Practice in Education for Intercultural Citizenship[M]. Bristol：Multilingual Matters，2017.

[2] Coyle D. Content and language integrated learning：Towards a connected research agenda for CLIL pedagogies[J]. International Journal of Bilingual Education & Bilingualism，2007，10 (05)：543-562.

[3] Dalton-Puffer C. Discourse in Content and Language Integrated Learning (CLIL) Classrooms [M]. Amsterdam：John Benjamins，2007.

[4] Lasagabaster D，Sierra J M. Language attitudes in CLIL and traditional EFL classes[J]. International CLIL Research Journal，2009，1(02)：4-17.

[5] Marsh D. CLIL/EMILE-The European Dimension：Actions，Trends and Foresight Potential [M]. Jyväskylä，Finland：University of Jyväskylä，2002.

[6] Meyer O. Towards quality-CLIL：Successful planning and teaching strategics[J]. Pulso，2010(33)：11-29.

[7] Porto M. Does education for intercultural citizenship lead to language learning[J]. Language Culture and Curriculum，2019，32(01)：16-33.

[8] 黄甫全,李灵丽.新兴课语整合式学习的有效实施策略[J].外语界,2015(03):16-24.

[9] 米保富.内容与语言融合型教学研究的新进展[J].现代外语,2015,38(05):715-724.

[10] 沈克华.国际经贸人才创新应用能力培养探索——基于CLIL实践与效果检验[J].上海对外经贸大学学报,2019,26(03):99-108.

[11] 张莲,李东莹.CLIL框架下语言、思辨和学科能力的协同发展[J].外语教育研究前沿,2019,2(02):16-24.

[12] 赵永青,常俊跃,刘兆浩.内容语言融合教学的中国高校本土化实践[J].中国外语,2020,17(05):61-67.

钉钉宜搭低代码开发人才培养实践和探索①

诸葛斌② 胡延丰 汪 盈 王正贤 王冰雁 杨诗凡③ 王欣宇④

（浙江工商大学信息与电子工程学院）

摘 要：钉钉宜搭低代码技术是指无须代码或者少量代码开发就能实现应用程序的新数字化开发方式。目前低代码让越来越多的企业和组织找到了高效、低成本的数字化创新路径，本团队依托阿里云产学合作协同育人项目，获得校级精品课程立项，联合钉钉宜搭公司共同撰写全国第一本低代码开发教材，同步开展在线教育，在中国大学MOOC等平台同步发布教材配套教学视频；邀请宜搭高级开发专家在校内开展毕业实训讲座及课程，采用线上教学线下实践的方式指导学生，利用低代码助力新型数字化人才培养。响应"大众创新、万众创业"国家战略，团队指导在校学生申报创新创业项目，实现产学融合，通过指导学生围绕低代码开发创新创业项目，带领在校学生创办以低代码开发为主营业务的大学生创业公司，与企业接轨，实现共同成长。

关键词：宜搭低代码；在线教育；创新创业；数字化

一、宜搭低代码高校人才培养背景

低代码开发指的是无须编码或通过少量代码就可以快速生成应用程序的新型开发方式。相比传统的输入代码，低代码将原本晦涩的代码字段封装成图形化组件，使用者只需拖曳组件即可开发完成一套系统，就像搭积木一样，只要有想法，人人都能开发应用。

与传统开发相比，低代码开发通过可视化操作方式，让没有代码基础的业务人员也能参与开发与搭建应用，让想法落地更快，减去大量沟通、代码测试等环节，大大节省了时间成本。拖曳式开发，代码少，BUG（缺陷）自然也少，系统更稳定。外采系统价格昂贵无法按需定制，企业自建系统投入成本高，性价比低。低代码开发能根据业务实际需

① 2021年度浙江工商大学高等教育研究课题（项目编号：Xgy21012；Xgy21034）；国家级大学生创新创业训练计划（项目编号：202210353005）；浙江省普通本科高校"十四五"教学改革项目（项目编号：jg20220247）。

② 诸葛斌，浙江工商大学信息与电子工程学院教授，博士，研究方向为线上教育大数据。

③ 胡延丰，汪盈，王正贤，王冰雁，杨诗凡，浙江工商大学信息与电子工程学院研究生，研究方向为线上教育大数据。

④ 王欣宇，浙江工商大学信息与电子工程学院本科生，研究方向为线上教育大数据。

求个性化定制系统,降低对开发人员的依赖,让最了解业务的职能人员动手搭建应用,快速验证快速调整,大大节省了开发成本。在传统模式下,企业系统间的数据相互隔离,形成了一个个数据孤岛,造成资源浪费。低代码开发能实现统一的平台构建与集成互通,用统一的数据规范加强各部门、业务之间的关联,打破数据孤岛,建立企业大数据库,保障企业数据安全。传统开发动辄几个月甚至数年,无法应对瞬息万变的市场环境。若用户需要添加新模块或修改现有模块,低代码开发只需修改个别字段,几分钟就能完成,帮助组织变得更加敏捷。未来低代码或将跟 Word,Excel,PPT 一样,成为人人都必备的技能,因此开设低代码课程对培养现代大学生数字化意识有着巨大而深远的意义。

为了了解和掌握行业前沿数字化技术,结合社会行业发展及学校发展现状,探索学校教学改良新突破口,通过进入知名企业学习,不断完善和提高学校内信息技术教育的水平,打造校内课程与业内知名企业发展对标新课程。研究生团队参加阿里云天池举办的 2021 年暑期 AI 实训平台师资训练营课程并通过考核,获得"2021 年天池 AI 实训平台师资培训证书"和"阿里云产学合作协同育人计划师资培训证书",如图 1 所示。

图 1　获得阿里的师资培训证书

目前,钉钉宜搭低代码开发技术是新技术,放眼全国,各大高校均未开展此类课程。在"教育部-阿里云产学合作协同育人项目"支持下,团队能够依托校企合作,快速整合资源,建设以学生为中心,通过案例实战来讲授相关知识和培养相关实操技能,开设高校、线上首次低代码课程。通过这些课程推动学生养成数字化新思维,将低代码作为一项办公人员必备技能,融入学习工作的方方面面。

二、宜搭低代码人才培养模式探索

"低代码"这一概念由 Forrester 在 2014 年正式提出。7 年来,低代码技术在中国逐渐成为主流趋势。在数字化的大背景下,低代码不仅能够提升应用程序交付效率、降低运营成本,还能够凭借云生态优势促进业务协同,实现多样化的云环境部署。

在数字化时代下,数字化转型已成为当前中国产业升级的急迫需求,而做好数字化转型的前提是需要有合适的数字化人才。目前数字化人才的供需关系严重失衡,数字化人才成为当前社会重要热点问题。数字化人才主要由两部分群体构成:高校学生和企业员工。对于高校低代码人才培养,从广度上讲,积极开设低代码课程并作为面向所有专业的计算机文化基础课程,鼓励学生参与各项创新创业竞赛,激发学生的创新能力和数字化思维;从深度上来看,数字化不仅要创新,还要将数字化的理念深入大家的生活中,沉淀到生活的每个角落,学习、工作、生活中的小事也能够第一时间想到使用数字化平台或工具解决问题。

本团队深刻地认识到宜搭低代码的前景,并明确了将低代码作为现阶段研究方向和培养数字化人才的方式。为了在校内更好地开展宜搭学习,本团队邀请阿里宜搭培训专家黄雨丝(花名:红缨)为浙江工商大学学生开展"走进低代码"讲座,如图2所示。讲座通过介绍低代码的背景和发展前景,为学生开阔视野,为培养高校数字化人才做好启蒙教育。

图2　2021年11月开展"走进低代码"讲座

本团队通过联合阿里宜搭培训专家高级认证开发工程师于欣鑫(花名:欣鑫)在2018级信息与电子工程学院本科大四学生中开展低代码技术毕业实训讲座,并开展为期5天的钉钉低代码入门与实践毕业生实训课程,来培养同学们掌握自主开发低代码、零代码应用能力,使同学们从能够满足日常工作个性化业务需求转换为能灵活操作应用软件,提高自身数字化水平,高效解决日常生活、学习和办公中的通用场景业务需求。目前,参与培训的30名大四学生均获得钉钉低代码初级和中级开发认证证书,如图3所示。

图3　2021年12月2018级本科大四学生毕业实训课程

在课程建设的同时,本团队指导同学根据研究成果在中国科技论文在线上发表低代码开发论文13篇:

[1]胡延丰,诸葛斌,董黎刚.低代码开发的分析及项目管理系统应用[J].2021.

[2]陆琴,诸葛斌,李传煌.基于低代码开发的拼单统计系统[J].2021.

[3]戴卫,诸葛斌,魏贵义.基于低代码的在线考试系统[J].2021.

[4]任倩烨,诸葛斌,董黎刚.基于低代码的智慧党建系统应用[J].2021.

[5]徐密,诸葛斌,董黎刚.基于低代码平台开发支部学习管理系统[J].2021.

[6]许孔豪,诸葛斌.低代码开发的项目管理系统[J].2021.

[7]杨创,董黎刚,诸葛斌.基于低代码的慕课管理系统应用[J].2021.

[8]徐莼,诸葛斌.基于低代码的校园防疫管理系统[J].2021.

[9]陈喆,诸葛斌.基于低代码的人才招聘系统应用[J].2021.

[10]何宇宽,诸葛斌.基于低代码接口开发的油站信息管理系统[J].2021.

[11]毛德欢,诸葛斌.基于宜搭低代码开发高校财务管理系统[J].2021.

[12]陈锋,诸葛斌.基于低代码的企业疫情防控系统设计[J].2022.

[13]徐隆增,诸葛斌.基于低代码的预算管理系统应用[J].2021.

宜搭低代码技术是一门新技术,全国目前没有一本关于低代码开发配套的教材,为了打造精品课程,完善低代码教育教学配套教材,本团队与阿里巴巴宜搭公司联合撰写《钉钉低代码开发零基础入门》教材,预计2022年4月在清华大学出版社出版,如图4所示。本书是全国第一本关于低代码开发的教材,获得"教育部-阿里巴巴产学合作协同育人项目"支持,是钉钉宜搭低代码开发师认证指定参考书,为开展信息技术低代码开发通识教育提供官方认定教材。本团队计划在《钉钉低代码开发零基础入门》出版后,继续撰写《钉钉低代码进阶项目实战》系列教材,围绕低代码开发的案例,除了普通的应用场景之外,还包括融入思政元素助力党务工作的智慧党建系统和契合高校数字化改革的智慧校园系统。

图4 《钉钉低代码开发零基础入门》封面

现在越来越多的大学采用线上微视频MOOC来开设信息技术课程,并尝试翻转课堂形式教学,采用线下相互学习和线上自主学习混合教学模式培养学生。为此,本团队在中国大学MOOC平台建设"宜搭低代码开发入门与实战"在线课程资源,同时与钉钉宜搭合作,共同助力低代码课程的开设,号召更多师生加入低代码学习的行列,如图5所示。

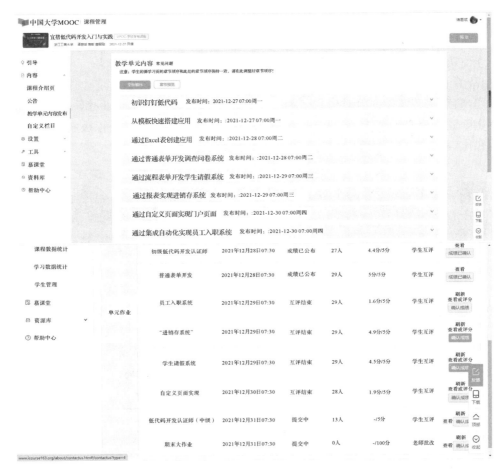

图5 "宜搭低代码开发入门与实战"MOOC平台课程截图

三、宜搭低代码学生创新创业实施

如今,我国教育事业高速发展,为社会主义现代化建设培养大批信息化人才,为现代产业体系做出重大贡献。同时,受多种因素影响,人才培养供给侧和行业需求侧在各方面还不能完全适应,因此,深化产教融合,促进教育链、人才链与产业链、创新链有机衔接,在高校开展宜搭低代码教学,全面提升信息化人才质量,扩大就业创业,具有重要意义。通过鼓励在校大学生创新创业,联合社会知名企业钉钉宜搭公司开展校企合作,响应教育部产学合作协同育人项目,深化产教融合,培养本科生人才创新创业能力和精神。

为了培养本校学生的低代码开发能力和创新能力,推动宜搭项目在本校的影响力,加速学校的数字化转型,本团队指导本科学生以低代码开发为基础展开学习,学生们在实践中学习,培养由不同学院的本科学生组成的开发团队,通过宜搭低代码开发平台开发组队管理系统、智慧党建系统、志愿者管理系统、项目管理系统等,积极参加"互联网+""挑战杯"等竞赛。其中的智慧党建系统通过宜搭管理平台的开发以实现党建工作的数字化,提高党建工作开展的效率以及效果,助力学校数字化改革发展。智慧党建已经能够部署在学院党建组织架构中,并且在后续进行完善,最终扩展到智慧学院和智慧校园的建设中。

本团队带领在校本科生及研究生创业,预计参加 2022 年"互联网＋"本科生创业组竞赛,培养学生走出课堂进入社会和企业的能力,将课外竞赛、创新创业作为学生的第二课堂,实现翻转课堂的教学模式。为了培养学生与社会接轨与企业接轨,积极和当地中小企事业单位交流合作,发现信息化需求,帮助进行数字化改革;积极和钉钉服务商进行合作,承接宜搭开发项目,提高宜搭人才培养质量。

图 6　智慧党建系统获得钉钉低代码创新大赛三等奖

表 1　团队指导学生校级创新项目立项汇总表

项目名称	主持人	成员
"金育"——基于低代码开发的知识变现服务平台	王欣宇	虞晨昕、毛静洁、刘艺佳
基于钉钉生态的智慧党建系统研发	陈艺群	何必钻、林煜航、苏雷、朱亚蕾
基于宜搭平台的救援志愿活动管理系统	张鑫	王子健、许云汉、吴骏达
享赛大学生智能赛事组队系统小助手	陈天玉	罗珊珊、李晓曲
基于钉钉宜搭的低代码开发财务管理系统	孙佳唯	何楚璇、吴骑旎、顾雅妮、刘璇
基于低代码的可视化法务管理系统研发	林怡如	吴骑旎、杜清婷、王智意
"易搭"——中国首个低代码开发的项目孵化基地	顾雅妮	孙佳唯、林怡如、毛静洁
基于宜搭低代码的项目综合管理系统的研发	朱亚蕾	熊璘、杜清婷

本团队指导浙江工商大学在校本科生及研究生以开发钉钉低代码为主业创办杭州毅宇科技有限责任公司,如图7所示。该公司是一家以宜搭低代码为主营业务的大学生创业公司,自公司运营以来,已经成为钉钉产品方案服务商。为培养在校大学生开发团队探索校企合作新思路,钉钉宜搭公司访问交流浙江工商大学信息与电子工程学院,如图8所示。通过深度交流,为了更好地培养在校大学生低代码技术,本团队和钉钉宜搭公司达成合作,目前已经获得钉钉宜搭公司一对一技术支持,为同学们在学习过程中答疑解惑,未来将会提供更多的实习岗位,让同学们走出校园,进入社会,通过在企业中实习的方式了解行业发展和最新技术。与传统的教育教学培养相比,团队开展的低代码信息技术系列课程与企业接轨,不断迭代更新,让同学们能够通过联合校外的培养模式成为与时代齐头并进的数字化低代码人才。

图 7　杭州毅宇科技有限责任公司电子营业执照

图 8　2022 年 3 月钉钉宜搭公司访问交流浙商大信电学院

四、宜搭低代码推动数字化教育发展

　　为深入贯彻落实"数字中国"和"教育强国"战略,2020 年 9 月浙江工商大学启动"数字高校"重点工程,打通系统间数据壁垒,丰富校园数字化应用场景,数字赋能的治理结构逐步成熟。一年多来,学校按照"一事一库一图一生态"框架,贯通校内各业务系统,夯实线上、线下、掌上、自助"四位一体"服务架构,将科研、管理与校园资源和应用系统进行整合,为全体师生提供各项移动智能服务。未来,学校将朝着环境数字化、管理数字化、教学数字化全面升级,将数字化深入贯穿到人才培养的各类场景,丰富学生的数字技术理论素养和实践运用能力,以数字化推动开放大学建设,助力终身学习型社会建设,服务国家和区域经济社会发展。

　　钉钉凭借性能稳定的特点,在疫情期间在线教学的过程中,受到高校的青睐。我校已经在钉钉部署了完善的组织架构,改变了传统课堂管理人工手动操作的形式,极大提高了教与学的效率;钉钉宜搭依托阿里技术体系具有强大的应用搭建能力,对于辐射人群的约束性不大,容易上手,可个性化定制和维护,且开发成本相对于 App、微信小程序低很多,可以作为一条低成本数字化的"捷径"来完成教学全过程的数字化。因此我们选择钉钉宜搭作为课程使用的平台,并将低代码课程打造成非计算机专业的计算机公共基础课程或面向全校的创新实践课程,助力创新型数字化人才培养。

参考文献

[1] 常珊珊,李家清.课程改革深化背景下的核心素养体系构建[J].课程・教材・教法,2015,35(09):29-35.

[2] 王竹立,李小玉,林津.智能手机与"互联网+"课堂——信息技术与教学整合的新思维、新路径[J].远程教育杂志,2015,33(04):14-21.

[3] 孙佳晶,冯锐.面向问题解决过程的计算思维编程教学研究[J].汉字文化,2020(06):125-127.

[4] 王娟,郑浩,高振等."双减"背景下在线教育智慧治理框架构建与实践路径[J].中国电化教育,2022(02):38-46.

[5] 刘燕飞,胡嘉迅.论我国高等教育改革的阶段特征及时代性使命[J].大学,2022(02):11-15.

[6] 逯行,黄荣怀.智能时代的教育改革:教育社会实验的演化及其价值回应[J].清华大学教育研究,2022,43(01):42-54.

[7] 陈园.基于微课的"翻转课堂"模式在高校二胡教学中的应用研究[J].戏剧之家,2022(06):176-177.

[8] 杨洋,田雨晴."扎根"课堂:翻转课堂的扎根式教学创新[J].继续教育研究,2022(04):83-87.

[9] 董平.高等院校计算机教育与改革浅析[J].中华辞赋,2019(06):181.

[10] 宋珍珍.关于我国计算机教育 MOOC 发展的思考[J].科技资讯,2020,18(11):158-159.

基于商业空间 BIM 正向设计的教学实践[①]

赵秀敏[②]　潘嘉宁[③]　石坚韧[④]

（浙江工商大学艺术设计学院　浙江工商大学旅游与城乡规划学院）

摘　要:在建筑行业高速发展的时代下,如何实现更加高效的作业,成为设计师十分关注的问题。本文以商业空间室内设计为研究对象,探寻 BIM 思维的运用对室内设计的正向反馈,提出通过三维协同、数字孪生、信息集成等强化设计师对于设计过程的把控,打破原有二维图纸(人脑建模)的想象局限性,以期对创新性教学及项目全流程构建带来更多的思路启发。

关键词:BIM;正向设计;参数化;工作流

一、BIM 在国内外的研究现状及趋势

BIM 技术理论起源于 1974 年,1992 年因 Autodesk 公司将其描述为建筑信息模型技术,应用于建筑行业之中普遍被人接受,并不断更新其理念,其中主要概念包括设计、造价估算、碰撞检测、可视化、信息化管理等。美国作为走在设计前沿的国家,也是最早使用此项技术的国家之一。美国建筑师协会 AIA 于 2008 年提出全面以 BIM 为主整合各项作业流程,彻底改变传统建筑设计思维。在诸多公共建筑设计与改造中得以成功应用。如 CG＋S 建筑事务所运用 Archicad 以可持续性主题在艾灵顿公爵艺术学校的改造项目中设计出了拥有专业预备水平的百老汇歌剧院,其优势在于只要以 Archicad 制作的建筑信息模型为基础,当遇到问题时便能迅速定位从中获得需要的信息并立即响应,这得益于 BIM 的多维联动、软件协同能力。

国内的设计师事务所及大型企业在使用 BIM 上同样具备一定的能力。如万达集团通过 BIM 正向设计,有效降低了设计图中的三审问题,提升了设计质量。值得一提的是,它还开发出 AI一自动审查系统,可以一键完成全部审查工作,把整体的审查效率

---

① 浙江省自然科学基金"滨水景区声景观感知数字化解析及组景法则可视化表达",编号 LY19E080004;浙江工商大学研究生教学研究与教学改革项目"基于 BIM 与 Python 深度学习算法的城乡规划教学形态创新"研究项目,编号 YJG2021216。

② 赵秀敏,浙江工商大学艺术设计学院教授,博士,研究方向为建筑设计与城市规划。

③ 潘嘉宁,浙江工商大学艺术设计学院研究生,专业方向为环境设计。

④ 石坚韧,浙江工商大学旅游与城乡规划学院副教授,博士,研究方向为城乡规划与设计。

提升 51%。目前我国建筑设计、施工仍然是一种碎片化管理模式,全国各地项目工程标准不一,其产生的结果就是落地完成质量天壤之别。而 BIM 的出现可以很好地成为一个将松散项目的各流程结合起来的载体。由于当前国内的行业形势,BIM 仍需要一段时间和一个很好的机遇来催化环境的成熟。高校作为人才培养基地,合理地利用学校的教育研究资源,在源头上引导学生及建筑行业相关人员进行相关学习是十分必要且有效的。

二、BIM 对于商业空间设计的优势及工作流

随着时代的发展,商业空间必然会渐渐完善,呈现出人性化、多样化、科技化的特性,并在各功能间建立一种相互依存、相互助益的能动关系,从而形成一个多功能、高效率的城市空间区域。对于商业空间来说,BIM 技术的三维协同、数字孪生、代码优化、信息集成等优势,可以使其在设计与建造过程中拥有更多的便利性。

(一)可行性关键优势分析

1.三维协同、图模一致

传统的二维平面设计模式需要设计者分别绘制建筑物的各类视图(平、立、剖等),且各类视图之间缺乏关联,各专业人员需要手工对图,发现问题需要一一修改,并由于频繁性返工易导致工期延误。而 BIM 技术在设计阶段是基于构件(门、窗以及梁柱等)进行三维模型的创建,各类视图自动生成,且模型与各类视图之间紧密关联,配合可视化功能可以实现在模型中修改,立即在各类视图中更新的效果,也就是一处修改,处处更新(如图 1 所示)。

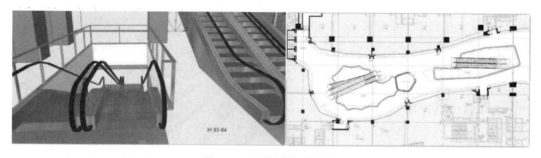

图 1　BIM 的图模联动性

2.数字孪生、移动协同

BIM 的数字孪生意义在于在方案呈现中前置化落地,利用虚拟设计实现方案模型可视化。不同于以往的静态浏览模式,此种操作模式真正实现了通过 VR 浏览、沉浸式体验来丰富甲方及业主的主观感受。同时在项目施工现场中可以通过 Archicad 开发的 BIMX 移动端虚拟现实软件,将模型导入,达到二维图纸与三维模型一键转化、灵活审图的交互模式,真正实现工地无纸化(如图 2 所示)。

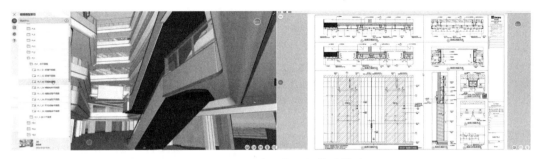

图 2　BIMX 移动端前置化落地模式

3.代码优化、模型合理

BIM 高效的图层管理系统以及自动反馈生成最优模型的算法使得出图的精度及效率更高,其具体原因是软件本身的底层代码和 AutoCAD 不同,BIM 本质上是一种参数化的集合,通过对参数的设定和规制生成合理的模型,和普通的手工建模软件有本质上的区别(如图 3 所示)。

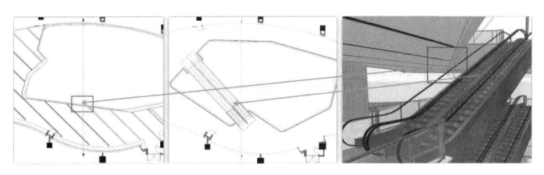

图 3　代码优化生成高精度模型

4.信息集成、管理高效

传统的信息管理就是用大量的 CAD 图和其他文件堆放在一起,一点一点打开查找关闭,而 BIM 将所有二维及三维信息合并到一个文件内且形成链接,直接可以从平面点击剖面索引和反索引到各自的链接处,且能根据提前设定的条件进行信息筛选,譬如图纸信息、门窗数量、材料类别等(如图 4、图 5 所示)。

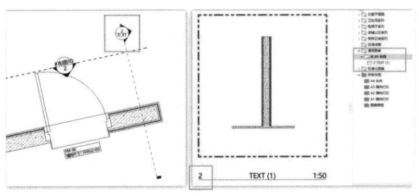

图 4　信息管理图层

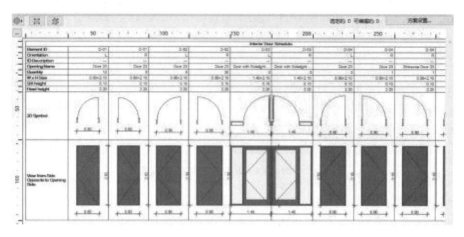

图5　门窗信息存储表

(二)BIM 的正向设计工作流模式

现阶段 BIM 的团队协同工作部分,主要是将项目划为多个部分交由不同人分别进行建模,然后通过链接的形式整合到一个文件之中。这种整合不是常规意义上将一个文件的模型直接拖曳到另一个文件之中,而是一种暂时性的链接,其样式类似于电路中的串联,虽处于同一个框架之中但互为个体,即能在一个平台完成多种类型的工作。其具体工作模式如下(如图6所示):

(1)参照建筑图纸。BIM 设计相较于传统的 CAD 来说,在起手的模型搭建上并没有什么较大的差别性,都是基于建筑图纸进行原点定位,同时设置好各类初始参数,诸如设置好相应的层高和楼层数之后,建立不同的图层,便可以实行高效率的建模工作。

(2)绘制和装饰相接触的建筑结构。在深入设计过程中,较为复杂的建筑结构一直是建筑师比较关注的问题,那么在使用过程中,可以通过预设的方式,制作不同的底层框架模板,其中主要包括图层预设、画笔集预设、图纸集预设、通用节点预设、材质样板预设、对象模型预设。

(3)绘制装饰完成面、添加各类基础部件。合理运用上述的底层模板预设,在设计制图过程中可以快速完成原本需要重复绘制的天地墙完成面、快速摆放不同空间模块内的基础设施等,极大提升工作效率。

(4)通过图层管理各个构建的显示,规范给部件图层摆放达到出图的显示要求,这个图层管理的思路和传统的有类同之处,但不同的是一个是没有数据的二维线,而一个是有材料强度等信息数据的构建。

(5)标注布图。值得一提的是 BIM 图纸管理功能,所有的图纸系统(图号、图签、图纸目录)都自动排序生成,且标注索引会自动索引和反索引对应图号,材料标注自动读取等智能化的功能大大降低工作量和错误率。

(6)导出 PDF 或 CAD 整套图纸。打印图纸的流程只需要先在模型平面图上进行框选放置在预设的图纸集中,即可一键将 1000 多张图纸按照设定的图纸结构进行打包打印,且由于是智能生成的,所有的标注都显得工整美观有序,图纸目录自动生成,包括门表的自动梳理、各区域数据的自动统计等,真正实现了高效率的工作流程。

图6 BIM设计的具体工作流程

(三)全局可视化的正向设计流案例

杭州中心作为首个较为正式的实验性BIM全流程实践案例,在很大程度上弥补了国内认知短板。之前绝大多数人认为BIM模式只能进行简易的翻模,并不能完全理解此模式的优越性。而如图7所表达的正向设计流程,条理清晰、逻辑明确。按照此流程,设计团队可以分配人员各自设计不同区域,如公共区、卫生间、商业中心入口等,并在同一文件内独立进行不同区域的模型搭建、图纸整合导出等,避免了多软件出图修改的多流程复杂性,并且如需浏览整体效果,可以将所有模型文件通过热链接的形式短暂合并。

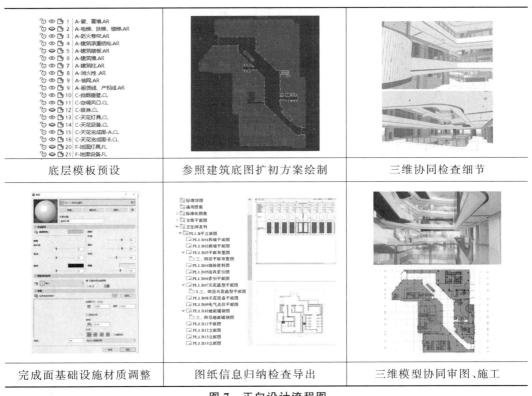

| 底层模板预设 | 参照建筑底图扩初方案绘制 | 三维协同检查细节 |
| 完成面基础设施材质调整 | 图纸信息归纳检查导出 | 三维模型协同审图、施工 |

图7 正向设计流程图

通过此流程的实践所产出的模型、图纸精度高、信息全、易管理，而国内在深化设计与室内精装设计环节的数字化改革尚未成熟，导致在设计施工过程中存在重复、低效、方案难落地的状况。基于 BIM 的工作流实现全过程数字化转型，填补了目前全领域市场的空白。无论是模型精细度、工程量控制，还是多方协同、BIM 与现场的协作等，都做到了"恰到好处"（如图 8 所示）。

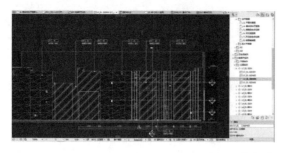

图 8　杭州中心图纸模型

三、改革中的新旧教学模式对比

（一）常规被动式低效教学现状

过去的设计教学单元通常只有 7～8 周，时间非常有限。面对巨大的课程信息量，学生需在短时间内仅仅依靠大脑的空间联想能力并以手绘的形式来进行学习，诸如建筑制图、施工工艺、设计初步等类型的课程，而这类课程往往都需要非常强烈的立体空间感。对于刚刚接触这类概念的学生来说，多会产生倦怠的情绪，从而出现学习自主能动性低、空间感弱、思维能力差等问题。且此类教学方法单一，教学内容和社会需求脱节，学生对在课堂中学到的知识技术无法融会贯通，无法在毕业后快速转变角色成为一个独立的设计师，这是当下教学模式中一个比较严重的问题，并衍生出高校设计类学生部分存在"创意大于技术"的理念问题。

（二）基于 BIM 的三维整体教学模式探索

BIM 的模块化管理体系可以快速地改善当前的教学环境，具体表现为：首先，基于 BIM 的教学体系打破了原有的二维制图再三维建模的教学思路，从根本上改变了学生的设计步骤，二、三维同步的操作理念会使学生在学习初期便更具有空间想象能力，能够不停尝试各类设计方案，实现前置化落地并浏览查看其可行性，萌发在三维中完成一切，二维仅仅是完成制图的一种辅助方式的理念；其次，其智能化的底层模板技术能够锻炼学生的整体把控能力，学生在方案设计完成后，收集需要使用的材质、通用节点、空间对象、图纸集名称并提前准备整合成模板文件，避免了后期缺斤少两的局面，同时提高了设计的整体逻辑性和工作效率；最后，BIM 作为建筑信息模型系统，在辅助教学时必然伴随高度的专业性，使学生在学习过程中关注更多专业技术性环节，对于其职业发展具有促进作用。

四、基于 BIM 技术的教学实践

在当前的设计趋势下,对于软件便捷性、智能化、多样性的功能需求已经成为众多企业设计师想要迫切实现的需求,而 BIM 的出现极大程度地满足了设计群体在设计过程中所追求的高效率、高协作性工作流程。那么在此现状下应当积极开展基于 BIM 的相关课程。

(一)教学进展

本教学计划目前正处于稳步推进阶段,其中已经完成了相应软件基础方面的技术指导,并且部分学生已经拥有一定的自主操作能力。同时在具体的实际项目中也应用了该技术进行了基于 BIM 的工作流实践体验,并发现原有的二维制图模式弊端大、效率低、容错率低。不仅仅是对设计师本身而言,对于甲方、施工方等人员而言,在审图过程中也会有诸多不便之处。以三维协同这种多角度的方式来作为全新的工作流体系将会在未来大大提升工作学习效率。对于学生、设计师而言,系统性、逻辑性的工作模式在方案设计水平提升、基础知识的积累上也会有更大的利处。

(二)后续安排

以建筑信息系统为核心的工作模式在未来是大势所趋,因此接下来将在现有的教学体系下继续改进,让学生在更大程度上高效学习,并通过基础理论与实践相结合的方式继续深度分析现有的工作流模式问题并不断深化。后续将会以工作室的模式在校内开展相关教学,争取更大的学习规模,群体性的学科实践才会在短时间内获得更多方面的信息来弥补当前的不足,从而将经验再运用到这套体系之中,不断拓宽 BIM 工作流的空间维度。

五、结　语

设计类学科具有开放性、时效性、多样性、实践性等特征,那么在教学中就应与时俱进,做到与社会中科技、文化接轨,保持先进的状态。但是在教学改革之中也不能一味摒弃传统教学模式,应当不断探讨、尊重及保留部分传统模式,并融合全新的教学思维模式来保障学科教育的良性发展。

参考文献

[1] 刘洋.BIM 技术在现代化室内设计中的应用探索[J].西部皮革,2021,43(10):28-29.

[2] 陈恒鑫.基于信息模型建构的智慧化室内设计研究[D].北京:北方工业大学,2019.

[3] 马国彪.数字化技术在室内设计的应用[J].大众科技,2018,20(05):165-166,73.

[4] 何罗平.谈 BIM 技术在室内设计领域应用的尝试[J].山西建筑,2016,42(12):257-258.

[5] 吴迪.BIM 技术在室内设计中的应用研究[J].艺术与设计(理论),2016,2(03):44-46.

[6] 李立.基于信息技术的建筑整体设计[D].北京:北京交通大学,2015.